마음속 풍경

인쇄 | 2018년 10월 25일
발행 | 2018년 11월 10일

글·일러스트 | 김순례
펴 낸 이 | 김재련
펴 낸 곳 | 학마을B&M(출판등록 1996. 11. 14 제1-2106호)
디 자 인 | 임영묵 **마케팅** | 김사랑, 김종춘 **제작** | 송대규
주 소 | 서울시 마포구 동교로25길 14(동교동 200-19) 오비브B/D 401
전 화 | (02)324-2993~4 **팩 스** | (02)324-2904
E-mail | kookjeon@hanmail.net

정가 | 16,000원
ISBN 978-89-87576-04-6(03810)

CIP제어번호 | CIP2018030799
이 도서의 국립중앙도서관 출판예정도서목록(CIP)은 서지정보유통지원시스템 홈페이지(http://seoji.nl.go.kr)와 국가자료공동목록시스템(http://www.nl.go.kr/kolisnet)에서 이용하실 수 있습니다.

도서출판 학마을B&M 2018 Printed in KOREA

마음속 풍경

김순례 지음

학마을B&M

추천사

열정은 끓고 있을 때 가장 온도가 높다

임헌영 (평론가, 서울디지털대학 교수, 前 중앙대교수)

"황제들의 영혼이건 구두 수선공들의 영혼이건, 만들어진 틀은 다 하나이다. 왕들의 행동의 중요성과 그 무게를 보고, 우리는 그들 영혼이 더 무게 있고 중대한 원인으로 만들어진 것인 줄로 생각한다." 라고 몽테뉴는 주장하면서 이어 이렇게 해명해준다. "그들의 마음도 우리 마음과 똑같은 원리로 움직인다. 우리가 이웃 사람과 말다툼하는 똑같은 이유로 왕들 사이에는 전쟁이 벌어진다."

실로 모든 인간은 영혼 앞에 평등하다. 신분이나 빈부 혹은 지식의 고하로 몸이나 의상은 치장할 수 있으나 영혼을 풍요롭게 만들 수는 없다. 그래서 이 지상에서 인간 존재의 가치를 가장 객관적으로 평가하는 기준이 있다면 아마 각자 지니고 있는 영혼의 향방일 것이다. 영혼이 아름다운 인간이야말로 진실로 고귀한 존재일 텐데, 보통 사람들의 눈으로는 그런 영혼의 형태를 꿰뚫어볼 수 있는 눈이 없어 세상은 이제 몸치장 차원을 넘어서 자신의 영혼을 아름답게 다듬어내려는 영혼의 성형수술이 성행하고 있다.

이 분야의 시술로 가장 효과가 있는 것이 문학예술인데, 많은 작품들이 각자의 영혼에다 온갖 기교로 장신구를 달아 돋보이게 하고자 진력하고 있다. 그러나 보통사람들은 그런 영혼의 장신구와 화장술을 동원하지 않은 진솔한 자신의 모습을 담아낸 작품에 정감이 쏠리는 게 너무나 당연지사다. 바로 김순례의 수필이 지닌 매력 포인트다.

작가 김순례의 산문은 자신의 영혼을 전혀 꾸미지 않은 채 그대로 드러내면서 독자들에게 '내가 잘 살고 있는 건가요', 라고 묻는 듯이 다가서는데 있다. 그녀의 영혼은 노마드처럼 영원한 미로를 떠돈다. 영혼의 안주지를 찾지 못한 이 작가는 그렇다고 결코 불안하거나 불행하지는 않다. 김순례의 영혼은 안주지가 아닌 유랑의 여정 속에서나마 작은 안락과 한 조각 행복으로 만족할 수 있다는 사실이 특이하다. 그의 구체적인 삶의 자세는 작품 〈마음속 풍경〉에 잘 나타나 있는데, 작가는 이런 자세를 살아가면서 힘 빼기라고 요약해준다.

작가는 "사람들은 어디서 왔다가 어디로 가는지 궁금했습니다. 그들 각자는 자신에게 어떤 색을 칠하며 사는지 들여다보고 싶었습니다." 라고 서문 '책을 내면서' 에서 말한다. 세상살이를 들여다보면서 작가는 '감탄과 부러움의 눈길로 훔쳐보기'도 하지만, '부정하고 싶은' 장면도 살펴보고, 뭐가 뭔지 알 수 없는 오리무중도 보았음을 실토한다. 이런 세상살이 속에서 작가는 '잡히지 않는 생각의 꼬리'를 잡아보고자 하소연 하듯이, 답을 찾듯이 주절주절 써 내려간 게 이 저서로 '글이라기보다는 일기, 잡문에 가깝다'고 겸허하게 고백하는데, 그 고백에 진솔성이 묻어난다.

김순례가 영혼의 아름다움을 측정하는 기준은 '꽃은 활짝 피기 직전이 가장 아름답고 사람은 조용히 사색에 빠져있을 때 가장 인간답게 보입니다.'라는 구절에서 보듯이 명상과 사색에 큰 비중을 둔다. 그 명상과 사색은 몽상이나 만상이 아니라 소망과 꿈을 '가지고 있을 때 더 빛나고 아름답습니다. 이루어졌다고 생각하는 순간 그 빛은 사라지고 말죠.'라는 것에서 찾을 수 있다. 그러니까 인간은 누구나 자신이 이룩한 성과 앞에서 잠시 황홀해 하다가 이내 그 빛을 잃어버리고는 새로운 도약을 꿈꾸기 마련이 아닌가. 그 도약을 위한 사색은 다시 열정을 낳고, 열정에 불타 끓고 있을 때 인간 존재의 열기는 가장 높게 올라간다. 높게 오른 열기가 새로운 성취에 이르면 다시 하강하는 시지포스의 신화처럼 오르내리기를 반복하는 인간의 삶의 모습이 김순례의 수필집 〈마음 속 풍경〉이다.

그래서 그녀(뿐이 아니라 모든 인간)의 영혼은 영원한 노마드가 될 수밖에 없다. 떠돌면서도 영혼은 언제나 소망과 꿈을 향한 명상과 사색에 잠겨 있는 수필가 김순례의 삶에서 가장 소중하게 다가서는 삶의 주제는 아마 작품 '신독(愼獨)의 시간 갖기'에서 읽을 수 있을 것이다.

인간은 누구나 일탈을 꿈꾸며 안주하지 못하는 본성은 아마도 아담과 이브의 에덴동산에서부터 시작된 것이 아닐까. 모든 것을 갖춘 태초의 파라다이스에서 조차 일탈을 꿈꾸어 그 동산을 쫓겨나게 되는 그때부터 우리의 방랑기질이 DNA화 되어있었던 것은 아닐는지. ('신독(愼獨)의 시간 갖기')

그러다 보면 작가는 어느새 영혼의 허물벗기가 시작되고, 이내 새로운 허물에 싸인 영혼의 허물을 또 벗어나야 하는 노마드의 운명(이런 현상은 작품 '허물벗기'에 잘 그려져 있다) 속에서 작가는 '지금의 이 상황이 삶의 더 커진 몸집을 위한 꼭 거쳐야만 하는 '어떤 견딤'이 아닐까. 부딪치고 아프고 찢기며 허물을 벗는 중이다.'라고 독백한다.

이 첫 작품집이 작가 김순례에게 첫 허물벗기 역할로 작용하기를 바라며, 앞으로 두 번 세 번 계속하여 허물을 벗어나며 새로운 세계로 진입해 주기를 기대한다.

책을 내면서

사람들은 어디서 왔다가 어디로 가는지 궁금했습니다. 그들 각자는 자신에게 어떤 색을 칠하며 사는지 들여다보고 싶었습니다. 책을 읽고, 영화를 보고, 가끔은 드라마에 빠져서 정신 못 차리고 있을 때가 있었습니다. 길을 가다가도, 지하철에서도 옆을 스치는 이들의 삶을 예측해봅니다. 가끔은 멋진 그들 모습에 감탄과 부러움의 눈길로 훔쳐보기도 합니다. 사람들 하나하나 사는 모습 속에서 희로애락을 읽습니다. 그들 안에 내가 있고 더러는 내가 부정하고 싶은 나도 있었습니다. 내 안에 내가 궁금하고 답답해서, 잡히지 않는 생각의 꼬리를 잡고자, 하소연하듯이 답을 찾듯이 주절주절 써 내려갔습니다. 글이라기보다는 일기, 잡문에 가깝습니다.

'사람이 희망이고 사람이 꽃'이라는 것을 보고 느끼고 싶었습니다. 꽃은 활짝 피기 직전이 가장 아름답고 사람은 조용히 사색에 빠져있을 때 가장 인간답게 보입니다.

오십이 넘어 글공부를 시작했습니다. 늦게 시작한 만큼 지금 아니면 점점 더 용기 잃을까 두려워 무소의 뿔처럼 밀어붙여 여기까지 왔습니다. 그런 말 있죠. "넌 늙어 봤냐? 난 젊어 봤다!" 살아온 만큼의 무게가 더 많은 이야기를 생성해 내지 않을까요. 내 인생에 더 이상 빠른 시간은 없습니다.

바로 지금이 남은 생애 중 가장 빠른 시간이겠죠.

살면서 책 한 권 내놓는 것이 소원인 여자가 원풀이, 한풀이, 속풀이, 푸념을 늘어놓았습니다. 글도 늙는다는 말이 맞는 것 같습니다. 글도 나도 더 늙기 전에 몇 년 동안 써 놓은 글과 여기저기 발표했던 글들을 모아 첫 개인집을 내놓습니다. 버킷리스트 한 줄이 삭제되었습니다.

소망은 가지고 있을 때 더 빛나고 아름답습니다. 이루어졌다고 생각하는 순간 그 빛은 사라지고 말죠. 영겁결에 예술지원금이 당첨되어 책 한 권이 만들어졌습니다. 많이 부족하고 부끄럽습니다. 글 선배가 그랬습니다. 열정은 끓고 있을 때 가장 온도가 높다고, 아직은 끓고 있습니다. 매끄럽지 못하고 많이 부족하지만 시작이니까, 처음이니까 그렇게 변명을 해봅니다.

Here and Now, 내가 서 있는 상황은 세상 사람이 평하는 근사한 곳도, 높은 곳도 아닙니다. 하지만 보통의 주변 사람들에게 안티(anti)는 아니라고 감히 믿어봅니다. 모든 면에서 중간, 보통 그것이 늘 나의 자긍심이며 자랑입니다. 적당히, 보통사람이 되는 것이 지상 최대의 목표입니다. 마음만은 다가오는 모든 순간을 꽃봉오리로 맞이하고 싶었습니다. 살면서 녹녹치 않음을 눈치채는 데 그리 오랜 시간이 걸리지는 않더군요. 그럼에도 불구하고 지금 이 순간이 내 남은 생애 중 가장 젊고, 가장 행복한 순간임을 각인시키며 최면을 걸어봅니다.

유효기간이 전자제품과 식품에만 해당하는 것은 아니더군요. 사람 간의 만남에도, 연인과의 애정전선에도, 외모에도 유효기간이 존재했습니다. 성격상 많은 사람과 유대관계를 가지지는 못했습니다. 하지만 한 번 알았던 사람과 오래오래 관계를 지속하는 편입니다. 묵은지가 더 깊은 맛을 내듯이 곰삭은 맛을 내는 오래된 관계가 편안합니다. 한 번에 여러 사람과 친교 나누는 것보다 한두 사람과 서로의 눈빛을 바라보며 조곤조곤 상대의 말을 경청하는 교제가 좋습니다. 상대를 알아가는 데 많은 말이 필요하지는 않았습니다. 골수를 쪼개고 핵심을 찌르는 몇 마디면 충분했습니다.

책을 마무리하면서 '삶은 영혼 구도를 위한 여정이 아닐까?' 하는 생각을 지울 수가 없었습니다. 영혼의 무게를 감당하기 벅차서 쏟아낸 문장들과 오랫동안 열애를 했습니다. 삶의 깊이, 폭, 무게를 더 헤아릴 수 없어서 안타까웠습니다. 섬세하게 다 표현할 수 없어서 속상했습니다. 이 한 권의 책이 내 영혼의 가치로는 턱없이 부족하지만 그와의 관계를 그만 놓아주려 합니다. 우리의 유효기간도 여기까지였음을 시인합니다. 더불어 내 능력이 요만큼임을 인정할 수밖에 없었습니다.

파릇한 봄에 시작한 애틋한 사랑이었습니다. 지난여름 태양 빛에 익어가던 모래알처럼 뜨거웠다가 스산한 바람 부는 계절에 내 손아귀에서 스르르 빠져나갑니다. 그저 허무한 무아(無我)였을 뿐입니다.

이 책에 등장하는 모든 분께 감사를 드립니다. 이 사람들 하나하나가 나의 멘토요, 인생의 스승님이었습니다. 그들이 나를 가르쳤고 그들이 나를 채찍질했습니다. 그들을 통해 내가 성장하고 바른길을 선택했고 지금에 와 있다고 해도 과언이 아닙니다.

늦은 글공부에 당근과 채찍질을 아끼지 않으신 임헌영 교수님께 무한한 존경을 표합니다. 부족한 글 매번 봐 주고 조언을 아끼지 않은 문우 '수수밭'과 '안단테' 님들께도 머리 숙여 감사드립니다. 더불어 언제나 내 일에 적극 지원과 격려를 아끼지 않는 남편과 가족들에게 따뜻한 애정을 표합니다.

이 책이 나오기까지 저를 택해주시고 후원해 주신 '문화체육관광부' '제주문화예술재단'에 깊은 감사 인사를 드립니다.

이 모든 작업 위에 내게 영감을 주고 길을 터 주신 하나님께 영광과 찬양을 돌려드립니다.

차례

3부 – 갈색 밀가루

4부 – 상하이의 밤

5부 – 앗싸! 춤바람

마음속 풍경

1부

마음 들여다보기

집으로 향하는 외출

엄마의 자궁 속에서 이탈하는 순간부터 우리는 자의든 타의든 무수히 떠돌아 다녀야만 한다. 인간은 누구나 일탈을 꿈꾸며 안주하지 못하는 본성은 아마도 아담과 이브의 에덴동산에서부터 시작된 것이 아닐까. 모든 것을 갖춘 태초의 파라다이스에서 조차 일탈을 꿈꾸어 그 동산에서 쫓겨나게 되는 그때부터 우리의 방랑 기질이 DNA화 되어있었던 것은 아닐는지.

2006년 여름 홍콩을 향해 떠나는 가족들의 발걸음은 설렘이었다. 모든 꿈을 가슴에 품고 떠나는 소위 직업 이민이었다. 아무도 입에 담진 않았지만 개인이 아닌 가족이 함께 떠난다는 것에 대한 안도감과 불안감이 동시에 가슴 한편에 자리 잡고 있었다.

IMF의 직격탄을 맞으며 남편의 의류사업이 기울자 이것저것 손대보던 일들이 모두 허사로 돌아가고 피폐한 마음에 많이 방황하던 시기였다. 이미 먼저 선교사로 나가 있는 언니를 통해 중국의 정보를 듣고 남편은 날마다 나를 꼬드겼다. 그곳에서 마지막 자신의 야망을 펼쳐보고 싶다고 신기루 같은 말들을 몽실몽실 내게 던져주었다. 처음엔 아예 귀를 막았지만 차츰 나를 간질이는 그의 신기루가 나의 신기루가 되어갔다. 밤마다 머리가 하얗게 되도록 고민을 하던 끝에 큰아이 군 입대를 D-데이로 정하고 준비를 했다. 마침 공부에 관심이 없는 작은 아이는 고3이어서 이 기회에 중국어라도 배우는 것이 나을 것이라고 나름 가야 하는 타당성을 하나 더 만들고 있었다.

이왕 가는 거 홍콩을 경유해 여행 겸해서 가기로 일정을 정했다. 미래에 대한 설렘과 낯선 곳에 대한 흥분이 묘하게 엉키며 홍콩여행을 마치고 중국 남부지방 광저우(廣州)에 도착했다. 홍콩에서 두 시간 정도 기차를 타고 '똥짠(東站)' 역에 도착했다. 상업도시인 그곳은 열대지방 특유의 작은 체구의 한족들이 주류를 이루는 근대산업시대 이전부터 무역이 성행한 도시였다. 일 년 열두 달 각종 무역박람회가 열리고 인구 1억 정도의 대도시로서 보통화를 공용어로 쓰지만, 한족들은 주로 광둥어를 쓴다. 기후는 아열대 계절풍으로 여름은 섭씨 40도를 오르내리고 습기가 많아 겨울은 쌀쌀한 편이다. 2010년 제16회 아시안 게임이 이곳에서 열리기도 했다. 일 년 중 가장 큰 명절인 춘제[春節]에는 인구 대이동이 시작된다. 우리나라 뉴스시간에 주로 나오는 그 장면이 바로 광저우역에서 일어나는 사건이다. 작은아들은 기남대학(暨南大學) 중국어학과에 입학하고 남편과 나는 매일 아침 도매시장으로 나갔다. 일단은 현장을 보고 파악해야 할 것 같아 눈으로 익히기로 했다. 끝을 알 수 없을 만큼 큰 시장 규모가 놀라웠다. 과연 전 세계 의류의 메카, 대규모 시장다웠다. 어쩌면 의류시장이 아니라 인종시장처럼 세계 각양각색의 유색인종들이 하루 종일 붐비는 곳이었다. 전문적인 부자재 시장과 완제품을 만들어 파는 시장 규모도 우리나라 의류의 중심지 동대문시장과는 비교가 안 되었다. 인맥을 통해 한국 기업인들의 공장과 매장, 그리고 미주지역과 유럽 쪽 오더에 관한 정보도 듣고 보고 알게 되었다.

이미 발 빠르고 두뇌가 빠른 한국의 기업인들이 상당량 진출해서 성공가도를 걷고 있었다. 살짝 주눅이 들기 시작한 남편에게 관망의 시간은 점점 길어졌다. 일찍이 실패를 맛본 그는 쉽게 주머니를 열려 하지 않았고, 의심은 많아만 갔다. 평소 남편의 여성 의류사업에 관심이 많던 나는 이번 기회에 디자인과 사업을 배워보고 싶기도 했던 터라 발이 부르트도록 시장바닥을 헤매고 다녔다. 한국 기업에 샘플을 보내 오더를 받고, 원단을 고르고 디자인을 선택하는 일에 남편은 나의 안목을 인정하고 모든 것을 내 의견에 맞추었다. 조금씩 한국의 오더가 들어오고 짬짬이 교민들과 골프도 즐기는 망중한의 시간을 보냈다.

가끔씩 낯선 그곳 많은 이들이 오가는 거리에서 낯선 언어와 낯선 얼굴들이 절대로 통과할 수 없는 큰 성같이 느껴질 때가 있었다. 분명 맑은 하늘에 해가 따뜻하게 들어오는 창가에 앉아 커피를 마시고 있는데도 행복하다는 생각보다는 고독하고 외로운 느낌이 더 많이 밀려왔다.

'밖을 돌아다니는 저들은 모두 행복한 얼굴을 하고 있는데 나는 여기서 뭐하는 거지?' 하는 생각들이 자주 내 마음속에서 출렁거렸다. 적어도 내가 본 관점에서 성공한 사람들조차도 그들 문화를 들여다볼 뿐이지 즐기지도 동참하지도 못하고 있었다. 대부분 한국 사람들끼리 교류하고, 한국 사람들끼리 먹고 마시고, 한국 사람들끼리 사업하고…….

내가 이 낯선 땅에서 표류하고 있다는 생각이 들고 있을 때쯤 군대에 있는 큰아들에게서 비보가 날아왔다. 한국의 경기는 여전히 맥을 못 추고 오더가 다시 끊기고 전전긍긍하고 있던 때였다. 날고 기는 선수들 앞에서 주눅이 들어서이기도 하지만 투자를 더해서 확장을 해야 하나 아니면 적당히 버무리다 가야 하나 기로에 서있던 터였다.

큰아들이 군대에서 훈련 중 문제가 생겨 병원에 입원하고 수술까지 해야 한단다. 애타는 어미의 심정을 뒤로하고 중국에 머물고 있는 것이 아이에게 못 할 짓 하는 것처럼 죄스럽기만 했다. 급한 일들을 미루고 한국으로 날아왔으나 의가사(醫家事)로 제대를 해야 한단다. 갑자기 앞이 캄캄해지고 다시 한국으로 들어와야 한다는 결론이 머릿속에서 계산되고 있었다. 작은 아이를 언니 집에 맡기고 급히 귀국길에 올랐다.

이 일련의 일들이 내 계산으로는 도저히 불가능한 아비규환의 시간이었다. 1년이라는 시간 동안 성공을 향해 달려갔지만 물질을 더 잃었고, 그 이상으로 우리 가족 모두는 많은 것을 경험했다. 돈으로 살 수 없는 귀한 그 무엇을 얻어 돌아오는 기회의 시간들이었다. 우물 안 개구리처럼 한국 땅에서만 살아온 우리에게 기회의 땅인 그곳에서 세계를 보는 안목을 넓히고 돌아왔다. 잃은 만큼 얻는 게 있다는 거, 얻는 만큼 잃는 게 있다는 순수한 진리를 깨닫게 되었다.

내려갈 때 보았네
올라갈 때 못 본
그 꽃

문득 고은의 시가 생각났다. 산을 오른다는 것은 내려오기 위함이라고 했던가. 집을 나서 여행을 한다는 것은 다시 집으로 돌아오기 위함이라고 했던가. 집을 나설 때 볼 수 없었던 귀한 것들을 보고 돌아오는 길이었다. 꼭 치러내야 할 일을 치른 듯 후련하고 개운했다.
갑자기 영화 〈러브레터〉의 주인공처럼 설원이 아닌 뻥 뚫린 대지 위에 서라도 큰소리로 외치고 싶었다. '오겡끼데스까? (おげんきですか.)' 우리말로 해석하자면 '별일 없으신가요?' '평안 하시죠?' 이다. 내가 삶의 갈림길에서 오를락 거리고 있을 때 나를 지켜 보아주고 나를 믿어준 모든 사람들에게 보내는 메시지이다.
산을 내려오거나 여행을 다녀온 후 나는 더 이상 예전의 나는 아닐 터이다. 많은 것을 가슴에 담고 성숙한 나와 만날 것을 믿었다. 또한 나쁜 일을 통해서라도 내게 선(善)을 돌려주시는 하나님의 약속을 보았다.

(2015. 4 〈책과 인생〉 138쪽)

신독(愼獨)의 시간

누군가 후다닥 꼬리를 감추고 숨었다. 돌아보니 아무도 없었다. 다시 발길을 돌려 아무 일 없는 듯 앞을 향해 갈 길을 걸었다. 나는 늘 앞만 보고 걸었다. 살면서 미련 같은 것은 없었다. 대신 순간순간 최선을 다 했다고 생각했다. 설령 실패를 했더라도 빨리 잊고 사는 것이 현명하다 생각했다. 끊임없이 새로운 호기심을 향해 달려갔다. 그런 일상이 반복되면서 어느 날 꼬리의 실체가 살짝 보이기 시작했다.

빨간색 하드 표지의 두툼한 책 한 권을 펼쳤다. 몇 번인가 시도하다가 결국 놔 버린 철학 서적 〈차라투스트라는 이렇게 말했다〉이다. 어린 시절 오빠 방에 몰래 들어가 제목에 끌려 펼쳤다가 몇 줄도 못 읽고 덮어버렸다. 다시 20대에 니체의 사상이 궁금해서 펼쳤다가 철학적 사고가 너무 어려워 던져놓았었다. 마침 이 책을 강의 자료로 삶에 대한 성찰 수업을 한다기에 듣게 되었다. 혼자서 자신이 없으니 교수님의 도움을 받아 완독해 보고 싶기도 했다. 빨간 줄을 그어가며 그의 사고에 빠져들고 있었다. 570여 쪽 되는 두툼한 책 '그림자'라는 소제 안에 심오한 말 한마디가 내 가슴을 찔렀다.

"나의 고독은 어디로 달아나 버린 것일까?"

여성의류를 취급하고 있는 나의 가게엔 많은 이들이 북적대었다. 한 지역에서 오래 가게를 하다 보니 옷을 구입하러 오는 사람도 있지만 막연히 수다가 그리워서 오는 여자들이 많았다. 그들은 빈손으로 오지 않고 뭐든 먹을 것을 들고 와서 몇 시간이고 늘어지게 놀다 갔다. 그들은 스트레스를 풀고 가고, 나는 스트레스가 쌓여만 갔다. 가끔은 꼬리를 물고 이어지는 발길에 잠시도 짬을 내지 못한 날이 잦아졌다. 문제는 손님들에게 가라고 대놓고 말할 수 없는 상황이 겹쳐지면서 내 속은 뭉그러지고 있었다.

그런 날 저녁이면 내 머리를 쥐어뜯으며 남편에게 소리 질렀다. "아! 지구를 떠나고 싶다." 궁여지책에 디지털대학 문창과에 지원했다. 평소 하고 싶었던 공부를 하며 내 취미도 살리고 공부해야 한다고 강제(?)로 손님들을 몰아내기도 했다. 귀여운 내 제스처에 모두 웃고 넘어가 주었다. 님도 보고 뽕도 따고, 도랑치고 가재 잡고……. 그렇게 내 지혜가 끝내주게 좋다고 자만했었다.

한동안 바쁘고 알차게 24시간이 돌아가는데 뭔가 허전하고 불안해지기 시작했다. 그때 "너의 고독은 어디로 달아나 버렸니?" 하고 니체가 내게 묻고 있었다. 내 머리를 망치로 '쿵'치는 듯 몽롱해졌다.

늘 나를 쫓고 있는 검은 그림자, 그를 잊고 있었다. 어느새 그는 너무도 얇고, 검고 속은 텅 비어서 기진맥진하게 흐느적거리고 있었다. 언제쯤 자신을 돌보아 줄지 목을 빼고 기다리는 그를 보았다. 그는 목표도, 돌아갈 고향도 없이 줄곧 내 발꿈치를 따라다니며 쫓고 있는 나그네였다. 그와 대적할 시간이 필요했다.

'나는 목표를 향해 잘 가고 있는 거니? 나는 잘 살아가고 있는 거니? 너는 왜 나를 붙잡지 않았니? 우리가 화해하고 마주 보는 시간은 언제가 좋겠니? 내가 많이 추악해진 거니? 내가 사랑하며 살고 있는 거니? 탐욕을 사랑이라는 이름으로 포장하고 있는 거니? 내가 삶의 수레바퀴 위에 이탈하지 않고 똑바로 잘 서있는 거니?'

사람은, 더구나 창작하는 사람은 특별히 자신과의 시간을 많이 가지라고 한다. 스스로 고독해지는 시간, 절대 고독의 시간이 필요하다. 학자들은 흔히 신독(愼獨)이라고 한다. 사전적 의미를 본다면 '자기 홀로 있을 때에도 도리에 어그러지는 일을 하지 않고 삼감' 이라고 쓰여 있다. 혼자 있을 때 스스로 근신하는 시간이 필요함을 말하겠다. 스스로 돌아보고 성찰하는 시간이 많아지면서 내면이 성숙해지는 것을 일컫는 말이겠다. 나를 돌아보지 않고 앞만 보고 달려갈 때 더없이 추악해지고 부패해짐을 막아 주는 역할이 곧 신독이란다. 혼자만의 시간이 주는 적막함 속에 스스로를 내몰아 보는 거다. 수많은 질문과 함께 사색의 깊이가 깊어질 것이다. 혼자 시간 보내기는 독서와 창작이 최고

이니 그 심연의 바다를 유영해 보는 것도 좋으리라.

중국의 대나무 종류 중에 '모소'라는 종이 있다. 이 대나무는 순을 내기 전에 먼저 뿌리가 땅속에서 멀리까지 퍼져나간다. 뿌리를 내리는 기간만 5년이 걸린다. 그리고 일단 순이 돋으면 길게 뻗은 뿌리로부터 엄청난 양분을 얻어 순식간에 키가 자란다. 새순을 준비하는 기간이 긴 만큼 성장 속도는 눈에 띄게 쑥쑥 자란다. 하루에 70cm씩 자라 나중엔 27m까지 자란다. 대나무에게 5년이라는 시간은 절대 신독(愼獨)의 시간이었을 것이다.

자의든 타의든 살면서 마음 안에 검붉은 절벽 하나쯤 있을 것이다. 어쩌면 그 절벽에 피 흘리고 만들어진 상처가 삶의 연장선에서 더없이 추악해지는 나를 막아내는 역할을 하지 않았을까? 그 상처가 아물기까지 치유하는 법과 대처하는 법을 터득하리라. 시간이 필요하고 그만큼 인내하는 법을 깨우치리라. 또다시 흉측한 바위가 이빨을 내밀며 다가온다 하더라도 이제 예전의 두려움은 아니리라. 이 또한 신독의 시간이었을 것이다.

우선 직진으로만 향하던 발걸음을 잠깐 멈춤으로 놓는다. 한 템포 쉬어가며 나를 돌아볼 일이다. 옆도 보고, 위도 아래도 볼 일이다. 천천히 숲속 길을 혼자 걸으며 돌아온 길을 반추해 볼 일이다. 마음이 견딜 수 없이 힘들 때일수록 더욱 더 혼자만의 고독 속으로 들어가야 할 일이다. 내가 세상 속에서 더없이 추악하고 부패해짐을 막기 위하여…….

내 그림자 속이 꽉 차올라 두툼해지고 힘이 넘쳐나도록 그와 마주 할 일이다.

꽃 피는 춘(春) 3월이다. 삼라만상(森羅萬象)이 깨어나는 그 찬란한 봄을 위해 모든 성장을 멈추고 죽은 듯 얼어붙어 있던 겨울이 나에게 속삭인다. “겨울에 추위가 깊으면 봄에 꽃이 유난히 아름답데, 어때 너도 그 깊은 절대 신독(愼獨)의 시간 속으로 들어가 보지 않으련?”

(2014. 3 〈한국산문〉 등단작)

마음속 풍경

쉰 잔치는 끝났다. 이제 올해가 지나면 나이의 앞자리 숫자가 바뀐다. 중년도 노년도 아닌 어정쩡한 언저리에서 어수선한 마음을 들여다본다.

오카리나를 배우러 다녔다. 2년을 넘게 다녀도 소리는 아직도 초보수준이다. 선생님께서 8년까지는 초보란다. 그러면서 늘 하시는 말씀이 힘을 빼란다. 참, 내……. 수영을 다닐 때도, 붓글씨를 배울 때도, 그림을 그릴 때도, 댄스 교실에 나가도 모두가 한결같이 힘을 빼라고 한다. 그러니까 뭐든 고수가 되려면 힘을 빼는 거란다.

잠시 스쳐가는 나그네처럼 살자고 다짐하며 살았다. 돌아보니 잔잔한 듯 하면서 무던히도 분주하게 살아왔다. 현실의 내 안에 머물지 못하고 마음의 변방에서 서성이고 있었다. 언저리에 머물며 늘 다른 곳을 바라보고 있었다. 이쯤 되니 체력도 정신력도 바닥이 났다. 지쳤다.

쇼핑을 하고 왔다. 양손 가득 물건을 들고 집으로 돌아왔다. 그러나 그만큼의 포만감이 없다. 돌아와 며칠째 방구석만 차지하는 애물단지 노릇이다. 낭비했다. 소유와 공허는 정비례하는 걸까. 평생을 소풍처럼 살자던 내가 이사하는 날 쌓아 놓은 이삿짐을 보며 놀랐다. 25톤 트럭에 짐을 실어 보내며 많은 것을 움켜쥐고 살고 있음을 깨달았다. 그것을 지키려 어깨에 무거운 등짐을 내려놓지 못하고 아등바등 살았다. 표리부동의 삶을 살고 있었다.

고사리를 꺾으러 갔다. 겨울이 지나고 꽃샘추위가 올 무렵이면 부슬부슬 비가 내렸다. 이삼일에 한 번씩 너른 대지를 적신다. 일명 고사리 장마다. 그러면 영락없이 빈들에 푸릇푸릇 새싹들이 자라고 가시나무, 엉겅퀴 거친 줄기에도 여린 잎들이 눈을 틔운다. 그 사이사이로 갈색의 여린 고사리가 불쑥불쑥 고개를 내민다. 잠깐 해라도 비치면 키가 성큼 자라나 잎을 틔워 쓸모가 없어진다. 잎이 피기 직전 갈색머리가 굽어 연한 속살을 품고 있어야 부드러운 제 맛이 난다. 가시에 찔릴 새라 요리조리 피해가며 허리를 숙이고 머리를 조아려 하나씩 꺾는 재미가 쏠쏠하다. 아찔한 손맛이 일품이다. 낚시만 손맛이 있는 것은 아니었다. '아하, 귀한 것은 이렇게 허리를 숙이고 머리를 조아려야 얻는 것이구나. 권력도 돈도 얻으려면 아부를 떨어야 얻어지는 세상 아니던가'. 시중에 고사리 값이 금값이다. 중국산이 판치고 있다. 그래도 맛은 우리나라 토종 고사리가 최고다. 그중에 제주산은 더욱 알아준다. 한 발자국 옮길 때마다 앞뒤좌우 눈과 손이 바쁘다. 부지런히 꺾어 두 손 가득 따면 앞치마에 넣고 그것이 가득 차면 배낭에 넣는다. 그렇게 배낭과 앞치마에 가득하면 다음 사람들을 위해 남겨놓고 집으로 돌아온다. 이 삼일 후에 나가면 또 들판 가득 고사리가 깨어나고 있다.

마치 모세가 광야 생활 중 먹을 것을 찾아 나선 들판에 매일 만나와 메추라기가 널려있었듯이……. 딱 하루치를 주워 와야 했다. 더 이상 가져오면 다음 날 다 녹거나 썩고 마는 만나와 메추라기를 고사리를 꺾으며 생각했다. 하늘의 새와 들에 짐승들은 떠돌며 준비하지 않아도 사철 먹이고 입힌다. 자연의 품 안이 집이고 들판에 널려있는 것이 먹을거리였다. 누렇게 말라가던 나목이 봄이면 푸르게 새순을 내민다. 빈들에도 이름 모를 풀들이 시시때때로 색색의 꽃봉오리를 터트려 지나는 이들의 눈길을 빼앗는다. 대자연이 곧 신의 품 안이며 인간 또한 그 안에서 공존하며 생육하고 번성하라는 가르침이 아니었을까.

한계라는 것이 있는 것 같다. 사는데 열심을 내고 죽도록 노력을 해도 딱 거기까지가 한계였다. 혹자는 팔자라고도 하고 운명이라고도 한다. 각자 한 사람마다 알맞게 주어진 생이 있다고나 할까. 절대자의 섭리대로 각자 필요한 곳, 놓여야 할 곳에 우리는 존재하고 있는 것이 아닐까. 그래, 쉰 잔치는 끝났다. 그렇다 하더라도 내일은 또 오리라. 욕심껏 살아지지 않는 세상을 탓하지 말기로 했다. 이미 각자에게 주어진 시간들이 무수히 지나가고 있다. 이쯤에서 다시 나에게 주문을 건다. 하루 품을 팔아 하루를 사는 품꾼같이 살다 가리라. 조용히 힘을 더 빼고 내게 주어진 오늘을 살리라. 나는 본디 보헤미안의 기질을 타고난 집시 여인이었을까. 길을 떠나 방랑 소풍을 마치는 날, 비로소 천상병 시인이 노래한 그곳으로 미련 없이 귀천하리라. 그곳이 내가 가야 할 내 본향.

나 하늘로 돌아가리라
새벽빛 와 닿으면 스러지는
이슬 더불어 손에 손을 잡고

나 하늘로 돌아가리라
노을 빛 함께 단둘이서
기슭에서 놀다가 구름 손짓하면은

나 하늘로 돌아가리라
아름다운 이 세상 소풍 끝내는 날
가서 아름다웠더라고 말하리라

삐딱함에 대하여

햇살 서너 됫박이 주방 창가에 까르르 쏟아져 내린다. 손으로 빚어 울퉁불퉁 기우뚱한 다육이 화분 몇 개가 일광욕을 즐기고 있다가 반짝 햇살에 화들짝 놀라 더욱 끼우뚱해진다. 나도 같이 햇볕바라기를 하며 그 요망한 것들과 조잘거리며 대화를 나누고 있다가 움찔!

돌아보니 식탁엔 먹다 남은 찻잔이 식은 채 덩그러니 앉아있다. 싱크대에는 빈 그릇 몇 개가 쌓여있고 수도꼭지에서는 덜 잠근 물방울이 똑똑 소리 내어 떨어지고 있다. 거실 소파에는 금방 일어선 듯 찬기가 가시지 않은 무릎담요가 흐트러져 있다. 그 옆엔 보다 만 책 몇 권과 아무렇게나 던져놓은 TV 리모컨이 나뒹굴고 있다.

평소 나는 삐뚤거리고 기우뚱하고 반듯하지 않은 것들을 못 견뎌했다. 모든 것들이 제자리에 놓여 있어야만 직성이 풀렸다. 그래야만 생각도 일도 술술 풀려나간다고 생각했다. 내 곁에 있는 사람들에게 늘 잔소리와 지적질을 해댔다. 사람도 깍듯하지 않으면 싫어했다. 처음 보면서 반말 비슷하게 말을 잘라먹는 사람은 딱 질색이었다. 모든 것에는 질서가 있어야 한다고 핏대를 세웠다. 그런 내가 피곤한지 가족들이 슬슬 내 곁을 피하기 시작했다.

그러던 내가 언제부턴가 삐딱하고 기울어진 것에 대한 애착이 생겼다. 곧았던 허리가 앞으로 자꾸만 쏟아졌다. 왜 자꾸 앞으로 몸을 숙이느냐는 남편의 지적에 농담 삼아 머리에 든 것이 많아서 앞으로 쏠린다고 말했다. 아들의 째리는 눈빛이 삼박 사일 동안 치워지지 않았다. 누구보다 반듯한 자세를 가졌다고 칭송을 받았었다. 스스로도 평소 곧은 자세에 만족하던 터였다. 골다공증인지 아니면 다리를 꼬는 습관이 있어서인지 조금씩 상체가 앞으로 쏠려야 허리가 편했다. 그러다 급기야는 등이 쑥 뒤로 빠지면서 배는 겹 살이 지고 턱은 쳐들고 앉아서 무언가 열중하고 있었다. 컴퓨터를 하다가도, 식사를 하다가도, 영화를 보다가도, 차를 마시다가도 불쑥 무언가 불편해서 보면 자세가 삐딱하게 굽어있었다.

나이가 든다는 것은 어떤 면에서 참 좋았다. 조급함이 사라지고 편안하고 릴렉스함이 생겨났다. 등이 굽었다는 것이 오히려 편안해졌다. 굽 높은 하이힐을 즐겨 신던 내가 바닥이 납작한 플랫슈즈가 좋아지니 말이다. 딱 붙는 옷을 좋아하던 내가 헐렁한 옷들을 즐겨 입는다. 화장을 하지 않고 외부 출입을 못하던 내가 이젠 뻔뻔하게 맨 얼굴로 동네방

네 나다닌다. 덕분에 눈 밑엔 주근깨가 조근조근 앉았다. 흰 머리가 하나씩 생겨나면서 머리 염색을 했다. 검은 머리가 반란을 시작했다. 이것도 자주 하다 보니 머리 숱도 적어지고 단백질이 빠져나가 결이 점점 더 푸석해졌다. 작은 놈 혼사까지만 자연모를 유보해 놓았는데 왠지 그때까지 갈 것 같지가 않다. 이 또한 자연의 순응에 맡기고 삐딱함을 즐겨야 할 조건이 하나 더 추가되었다.

-노처녀였던 친구가 폭탄주를 마시고 한 남자 어깨 위로 기울어져 짝을 만들었고 체게바라도 김지하도 삐딱하게 세상을 보다 혁명을 하였고 어릴 때부터 엉뚱했던 빌게이츠는 컴퓨터 신화를 이뤘다. 꽃을 삐딱하게 바라본 보들레르는 악의 꽃으로 세계적인 시인이 되었고 노인들도 중심을 구부려 지갑을 열듯 자신을 비워간다. 시도 돈도 연애도 안 되는 날에는 소주 한 병 마시고 그 도수만큼 슬쩍 기울어져 볼 일-

이라던 문숙 시인의 글이 문득 떠올라 피식 웃음이 나왔다.

따지고 파고들고 이론을 설파하는 사람, 그런 사람이 모이는 장소를 점점 더 기피하게 된다. 나사 하나 빠진 듯, 조금은 부족한 듯, 알고도 모른 척, 느릿느릿한 발걸음들에 마음이 쏠린다.

무언가 결단의 기로에서 본의 아니게 취향과 선택이 달라져야 할 순간도 있다. 그 결단의 주체, 즉 수혜자가 나였는지 아니면 상대였는지 모호할 때가있다. 상대를 위한 다는 결론이 나를 위할 때가 있었고, 나를 위한다는 결론이 오히려 불이익이 올 때도 있었다. 이렇듯 계산하지 않는 미숙함이 오히려 인간미가 흐르고 친근감이 생긴다.

경제관념이 별로인 나는 마트를 가든지 재래시장을 가든지 현금거래를 하면서 물건값보다 더 주거나 거스름돈도 안 받고 오기가 일쑤다. 이런 내가 불안한 가족들은 잔소리를 해대지만 나는 또 역시나 실수투성이다. 다행스럽게 카드결재시스템 덕분에 이제는 그런 걱정에서 해방되었다. 손해 좀 보면 어떤가. 조금 모자란 듯 보이면 어떤가. 깔끔하지 않으면 어떤가. 고두밥으로 식혜를 만들고, 살짝 골은 콩으로 청국장을 만들지 않던가. 모자란 것들이 시간이 흐른 후 더 깊은 맛을 내지 않던가. 빈틈없이 깍듯한 것들에서 벗어나 조금은 엉성한 것에서 한 템포 쉬어가며 삶의 여유를 찾아가면 좋겠다. 내 어수룩함 덕분에 보호본능을 일으키는 사람들이 내 주변에는 많다. 남편은 물론 두 아들, 친구들, 형제들…….

더러는 삐딱함과 기울어짐이 주는 계산되지 않은 시너지효과가 쏠쏠한 요즘이다.

특파원 보고

1985년 겨울, 유난히 눈이 많이 퍼붓던 1월 26일! 나는 생애 처음 그곳에 보내어졌다. 처음 발령이 결정되던 날 얼마나 떨리던지……. 잡아놓은 시간은 왜 그리 잘 가는지. 그곳이 꿈의 낙원인 양 가슴 설레고 기대되었다. 선배들이 그러했듯이 그 흔적 따라 잘 가면 되겠다 싶었다. 수많은 선례들을 비교분석 하면서 나름 커다란 청사진을 그렸다. 어지간한 보고서 정도는 어렵지 않게 써 나갈 자신이 있었다. 내가 살던 곳과는 확실히 다른 환경이지만 평소 내가 갈고 닦은 실력들을 맘껏 발휘하리라 마음먹었다. 호기심 많고 낙천적이며 도전적인 성격의 나는 뭐든 해낼 수 있으리라 자신했다. 내가 뚜벅뚜벅 앞을 향해 걸어가는 그 길이 꽃밭이길 빌면서 일단 달려가 보기로 했다. 그곳이 가시밭길이라는 것을 알게 되는 데는 그리 오랜 시간이 걸리지 않았다. 그곳의 사전

정보와 자료가 무색하리만큼 그곳의 상황은 시시각각으로 변화무쌍하며 판타스틱 서스펜스의 연속이었다.

내가 개체인 나를 벗고 누군가의 아내라는 옷을 입는, 결혼이라는 공동체 속으로 겁 없이 뛰어 들어가고 있었다. 당연히 그동안의 내 고유의 습관들이 초지일관 될 수는 없었다. 남편이라는 파트너와 모든 것을 함께 해야 했다. 모든 일거수일투족이 보고되어야 했다. 서로에게서 자유로울 수 없었다. 로드맵과 기획을 함께 만들어야 했다. 내가 그려 놓았던 지도는 무용지물이 되는 건 순식간이었다. 처음부터 기선제압을 하려는지 목소리를 크게, 액션도 크게 하면서 그것들에 익숙하지 않은 나를 길들였다. 그리하여 마음 약하고 여린 내가 첫판은 K.O 완패로 그가 이겼다. 나의 기회가 찾아오기를 기대하며 조용히 때를 기다렸다.

연달아 사내아이 둘이 태어났다. 나는 이 아이들의 양육을 책임지며 시간을 축내야만 했다. 이것은 그나마 생산적인 투자라는 생각에 힘들지 않게 견딜 수 있었다. 나름 키우는 재미와 미래에 대한 희망으로 시간을 조율하며 보낼 수 있었다. 남편이라는 본사의 계열사가 둘이나 늘어난 셈이다. 계열사 둘이 어찌나 빠르게 급성장 하는지 시간가는 줄 모르고 몰입을 했다. 이 기간 동안은 그나마 남편과 내가 공동 승리를 한 셈인가?

시간이 갈수록 계열사에 투자되는 경제력을 무시할 수 없었다. 맞벌이를 해야만 감당되는 시대였다. 두 계열사를 거대 기업으로 키우기 위해서는 투자를 아끼지 말아야겠기에 발 벗고 나서기로 했다. 올곧은 기업으로 성장하기 위해 대학을 진학하고 군대를 다녀오고 피나는 혈전들이 벌어졌다. 가끔은 계열사와 본사 간 분쟁이 일기도 했다. 거대기업은 꿈이런가? 꿈을 낮추기로 했다. 중소기업 정도만 되기를……. 다행히 기대에 어긋나지 않게 한 계열사는 상장기업(결혼하여 가정을 이룸)으로 성장하여 주었다. 한 계열사만 상장하면 내가 이곳에 특파되어온 내 임무는 완성되는 것인데. 본사도 일찍 기업을 시작했고, 제1계열사도 그랬는데, 제2계열사는 계란 한판(서른)이 되었는데도 감감소식이다. 확실히 2계열사는 키울 때부터 남다르더니 상장시키기도 만만치 않을 듯싶다. 거대기업으로 가기 위한 용트림인가? 꿈을 꾸는 것이 내 주 특기이므로 이번에도 더 큰 꿈을 꾸며 걱정을 저만치 밀치기로 했다.

뒤돌아보면 지나온 자리마다 점점이 흘린 혈전의 자국이 남아있었다. 신음하며 견딘 시간들이 남아있었다. 그곳엔 30년 넘는 전쟁 같은 시간들이 만든 가정이라는 특파지역이 있었다. 나는 그곳에 파견된 특급요원이었고 모든 업무를 총괄하며 전두 지휘하는 기획총리였다. 남편이라는 기업의 파급을 위해 공동 투자되어 지내온 시간들이었다. 때로는 삐거덕거리고 때로는 환호하며 출렁거리는 다리를 수없이 지나왔다. 위급한 순간들도 있었고 상대를 탓하며 서로를 수렁에 몰아넣기도 했었다. 그때마다 우리를 지켜온 것은 두 기업들에게 부끄럽지 않은 본사가 되고 싶었다. 두 계열사가 만들 또 다른 계열사들에게 본보기가 되고 싶었다. 우리가 우리 선대 부모님에게서 배워 우리 자녀들에게 물려 줄 본사가 되었던 것처럼 우리의 자녀들도 그런 본사로서의 샘플이 필요할 것 같았다.

위기 때마다 감정이 아닌 이성이 우리를 지배해 준 것에 감사했다. 서로가 많이 부족하고 많이 미워질 때도 있었다. 속수무책 소용돌이치는 나쁜 감정의 지배를 받지 않고 속히 돌이킬 수 있는 지혜를 주심에 감사했다. 누군가 한 사람이 먼저 손 내밀어 사과할 때 넌지시 못 이긴 척 받아 줄줄 아는 관용에 감사했다. 이제 환갑을 넘긴 남편이 보든 결징권을 나에게 넘겼다. 기운 다 빠지니까 이제야 모든 문서를 성문화하여 옥쇄를 내손에 쥐어준다. 그는 이제 이빨 빠진 호랑이가 되었다. 드디어 나의 때가 왔다! 30년 넘게 싸우며 일군 순수한 나의 K. O 완승이다. 아직 우리 삶의 기차는 쉬지 않고 달려가고 있다. 부끄럽지 않게 살았고, 살아 볼만한 시간들이었다. 인생 100세 시대에 아직 사십 여년 더 남았는데 두고 볼 일이다.

이상 결혼이라는 삶의 현장에 파견된 특파원 중간보고는 여기까지 입니다.

꿈의 해석

내 손에는 날이 시퍼런 식칼이 들려 있다. 그것도 대장간에서 무쇠로 만든 시커먼 칼에 나무 손잡이다. 칼에 피 같은 흔적은 보이지 않는다. 누군지 알 수 없는 사람을 찌르고 죄의식도 없이 두리번거리고는 그 칼을 들고 서서히 사라진다. 자신이 칼을 들었다는 것도 모르고 길을 걷는다. 사람들이 수군수군 쳐다본다. '아, 칼을 들고 있었지.' 하면서도 버릴 생각이 전혀 없다. 그냥 가던 길을 가다가 누군가 "살인 사건이다." 하는 소리에 정신이 번쩍 든다. 동시에 손에 들려있는 칼을 보며 자신이 한 짓임을 깨우치고 자수를 해야겠다고 마음먹는다. 순간 그제야 두려움이 엄습해온다. 여자 둘이 지나치며 내 손에 든 칼을 보고 피하기도 할 겸 신고하러 가는 듯 발길이 바빠진다. 나는 깊은 수렁 같은 소리를 지른다. "나 자수하러 간다구, 도와줘요. 무서워 죽겠어." 발악 같은 소리를 크게 지르는데 실재 소리는 기어들어가는 소리다. 한 여자가 돌아본다. 막대사탕을 입에 물고 있다. 조금은 동정어린 눈빛으로 고개만 돌리고 가버린다. 그때 갑자기 가슴에서 참을 수 없는 극도의 통증이 몰려온다. 그 통증이 전신으로 퍼져나간다. 몸이 뒤틀리고 있다. '아마도 이런 고통이 암세포가 될 거야' 라는 생각을 하며 울음조차 나오지 않는 아픔을 참다가 깨어났다.

며칠 전 새벽녘에 꾼 꿈이다. 새벽 5시도 안 되었다. 너무 생생하고 그 통증이 잠을 깨고 나서도 느껴질 정도로 가슴이 저릿했다. 평소의 나의 삶과는 너무나 상반된 꿈이 생뚱맞아 더 이상 잠이 오지 않았다. 무슨 뜻일까? 왜 이런 꿈을 꾸었을까?

프로이드의 〈꿈의 해석〉에 의하면 꿈은 현실에서 갈망하는 것, 혹은 충격적인 것들이 자신이 경험한 일 중에 강렬한 이미지들이 남아 꿈의 형태로 나타난다고 한다.

그렇다면 근래에 들어 내 경험과 내 사고 속에 살인적인 충동을 느꼈다거나 가슴 아픈 일들이 있는지 곰곰이 생각해봤다.

그래, 그거였다. 그녀와 난 여학교 때부터 오랜 친구였다. 처음에 우리는 섭섭하지 않을 만큼의 거리에서 띄엄띄엄 만나며 서로의 삶을 관조했다. 시간이라는 놈은 우리에게 '좋은 친구'라는 믿음을 선물로 나누어주었다. 중년의 그녀의 삶이 어느 순간 어그러지면서 지쳐가는 그녀를 나는 애정을 가지고 더 찬찬히 들여다보게 되었다. 마음이 힘든 그녀는 '알코올 의존증' 증상이 있어서 술이 없으면 잠을 못자는 상태까지 이르렀다. 당시 연예가에는 알코올에 의한 자살소식이 뉴스에 자주 이슈가 되던 터였다. 그녀가 걱정스런 나는 밤이면 자주 그녀 집에 전화해서 이런저런 이야기를 해가며 상태를 파악했었다. 결국 걱정했던 것이 현실이 되어 몸에 지병까지 생겼다. 사후 약방문으로 병을 극복하는 과정이 참으로 가련할 만큼 피땀 흘리며 열심이었다. 그 노력이 헛되지 않아 드디어 병도 알코올 의존증도 극복하게 되었다. 자연스럽게 그녀는 나를 많이 의지하게 되었다. 나 또한 그녀와의 우정이 살아가면서 어려운 순간이 올 때 진심으로 내 편에서 함께 할 사람으로 인정하며 깊은 신뢰가 쌓여갔다. 미래 노후생활까지도 함께 하자고 귀촌을 준비하며 전국의 땅을 같이 보러 다니곤 했다.

문제는 거기서부터였다. 귀촌할 만한 마땅한 땅이 나왔다. 서로 귀촌을 꿈꾸며 묵언으로 약속했던 것에 생각의 오차가 있었다. 우리 부부의 생각은 같은 마을로 가는 것이었고, 그녀는 같은 필지 안에서 함께 집 짓고 사는 것이었다. 내 마음이 네 마음이려니 했던 것들이 현실로 돌아왔다. 땅을 계약하고 그녀에게 알리는 과정에서 오해가 빚어졌다. 마치 내가 그 땅이 욕심이 나서 그녀를 빼돌리게 된 파렴치한이 되고 말았다.

미국에서 25년 넘게 살던 동생이 한국에서 노후를 맞겠다고 땅을 보러 다녔다. 내 곁에 살고 싶다고 할 때도 조심스럽게 말했었다. 바로 곁이 아닌 서로가 사 생활권 밖에서 살자고…….

그런 내용을 간접적으로 친구에게 말했었고 그럼에도 불구하고 친구는 나와 한 울타리 안에서 살기를 그토록 원했던 것일까? 사실 그 친구는 혼자였다. 우리 부부에게는 그것이 가장 큰 이유이기도 했다. 시골 마을은 행동반경이 좁아서 남의 가정사를 왈가왈부하고, 말도 많은 것이 사실이기에 애초에 말거리를 제공하고 싶지 않았다. 또한 도시에서 지쳤던 일상을 멀리 귀촌까지 해서 일거수일투족을 노출하고 싶지 않았다. 친한 사람일수록 적당한 거리가 필요함을 믿는 나였다. 많은 사람들이 함께 일을 도모하다가 오히려 전보다 더 못한 사이가 되는 경우들을 봐왔던 터이기도 했다. 사전에 이것을 확실히 짚지 않은 서로의 불찰도 있었다. 결국 그 일로 친구와는 벽이 생기고 말았다. 나에게 향하던 그녀의 커튼이 일방적으로 내려졌다. 그 뒤 몇 차례 커튼을 거둬 보려고 시도해 보았으나 두껍게 내린 커튼은 올라가려 하지 않았다. 메신저도 모두 닫아 버리고 내게로 향하던 마음의 문을 철저히 걸어 잠갔다. 그런 상황이 여러 달째, 내 마음을 무겁게 짓누르고 있는 괴로움이 이런 꿈을 꾸게 된 배경이 된 것일까?

프로이드는 "꿈은 깊은 무의식을 밝혀내는 것"이라 했고, 융은 "무의식의 보상작용으로 현실의 자아에게 전달하고자 하는 메시지"라 했다.

그녀의 입상에서 나는 무조건 배신자였을 것이다. 칼을 찌른 것은 그녀가 나에게 했을 법한 가상이 꿈으로 나타났을 게다. 간접적으로 내가 그녀 입장이 되어 살인을 저지른 꿈. 살인을 저지르고도 화가 풀리지 않았을까? 죄책감 없이 당연히 해야 할 일을 하고 난 그런 심정이었을까? 내게 커튼을 내리고 그녀도 편치 않아 마음만은 찢어지게 아팠을까? 우리가 함께 아픈 지금의 상황이 통증이라는 저릿저릿함으로 표현되었을까? 그것을 전달하고 싶은 그녀의 강력한 텔레파시가 아직도 내 가슴에 먹먹한 무늬로 남아있다. 어쩌면 우린 샴쌍둥이처럼 서로 아파하고 있으면서도 애써 고개만 돌리며 외면하고 있는지도 모르겠다. 중간에서 우리 사이의 커튼을 걷으려 애써 보려는 친구가 하나 있었다. 아마도 막대사탕을 든 여인이었을 것이다. 이러지도 저러지도 못하던 애매한 그녀의 얼굴이 떠오른다. 꿈을 꾼 전날 동네 산책을 하면서 편의점에서 냉커피 한잔을 사는데 막대사탕 하나를 서비스로 주었다. 평소에 잘 먹지 않던 그 달콤한 사탕과 커피를 마시며 마음에 굳은살이 박혀있는 친구 얘기를 남편과 오랫동안 나누었었다.
살면서 상처받고 살고 싶은 사람이 어디 있을까? 살면서 상처 주며 살고 싶은 사람이 어디 있을까? 사소한 오해가 풀리고 서로를 이해하게 되는 타이밍을 기다려 본다.
"꿈이 맘에 안 들면 다른 꿈을 기다려 보는 것도 좋은 방법"이라던 어느 심리학 교수의 말을 믿고 싶은 밤이다.

(2015. 9 계간 〈시에〉 가을호)

마음 들여다보기

화가 많은 사람은 그 안에 본인을 향한 어둠이 있다. 그 어둠을 무척 들키기 싫어한다. 무심코 상대가 그 근접에 다가오면 불쑥 성질을 부린다. 때론 그 어둠 안에 스스로를 가두고 방치한다. 그것은 때때로 자신을 향한 두려움이 되기도 한다. 필요에 의한 자숙의 시간 정도는 자신의 감정 계좌를 배불리는 일이리라. 주변 몇 사람이 이런 부류에 속한다. 어쩔 수 없이 그들의 마음을 수시로 들여다보며 관찰하게 되었다. 그들의 일상에 그림자가 드리우면 나의 오지랖이 발동하여 밝음으로 유도하려 애쓴다. 결코 쉽지 않다. 자발적으로 나오는 것이 가장 좋은 방법이지만 시간이 오래 걸린다. 상처 주지 않게 본인의 의지인 것처럼 보이게 하려면 고도의 전략이 필요하다.

자존감이 낮은 사람일수록 가상 속 자신의 표상을 현실로 착각하기 쉽다. 본인이 만들어 놓은 가공의 모습이 진짜 자기라고 착각하며 산다. 더불어 현실의 모습을 감추려 많은 말을 하게 된다. 포장하고 겉치레를 한다고 해서 본래 모습을 알아채지 못할 상대가 어디 있을까. 곧 쉽게 탄로 날 그 뒷모습이 더 부끄러운 자태임을 본인만 모른다.

지나친 관심으로 상대를 살피다 때로는 내 심신이 지쳐간다. 그땐 어디론가 훌쩍 도망을 간다. 과거의 좋았던 기억이던지 먼 미래의 내가 원하는 모습 속으로 정신의 소풍을 다녀온다. 가끔씩 주체할 수 없는 먼 옛날의 그리움이 밀려온다. 보고픔인지 동경인지 모를 감정이 소용돌이친다. 예측할 수 없이 밀려오는 파도처럼 일순 '쏴~악' 점령해 온다. 눈물이 핑 돈다. 나를 떠나간 혹은 내가 떠나보낸 얼굴들이 하나둘 생각난다. 이미 과거가 되어 버린 빛바랜 순간들도 두둥실 떠다닌다. 때론 구차스럽고 비루했던 시간조차도 추억이 된다. 현재의 삶에 불만이 있어서만은 아니다. 마음이 시끄러울 때 우두커니 내 속을 들여다보는 습관 같은 것이다. 그러노라면 마음이 편안해지고 평정심을 되찾게 된다.

내 감정 구조가 잘못 조율이 된 것일까. 내 모든 습관과 행동은, 나의 속마음들이 응집되어 시시때때로 나를 조종하고 있었다. 화가 나야할 순간인데 상대를 향한 측은지심이 발동을 한다. 습관처럼 굳어 버린 나의 현상이 문득 가여워졌다. 상황을 보지 않으려 눈을 감았다. 그러나 마음이 가난하고 그늘진 그들이 눈에 밟히고 궁금했다. 눈을 다시 뜨고 다시 지켜보기로 했다. 딱 지켜보기만 하자. 굳게 또 맘먹으며…….

사람이 살아가는데 많은 말이 필요한 것은 아니지 싶다. 말의 순기능과 역기능이 조화를 이루어야 언어로서의 의미가 더해질 것이다. 말의 부스러기들이 서로를 할퀴고 상처를 남기고 엉뚱한 오해를 낳기도 한다. 걷잡을 수 없는 산더미 같은 언어들이 쌓이면 벽이 되고 산이 된다. 그것을 알아차렸을 때는 이미 때는 늦으리. 거기까지 이르기 전 바로 잡을 찬스는 상대를 바라보아주는 따뜻한 눈빛이리라. '그래 맞아, 네 말이 맞아.' 맞장구 쳐주고 눈높이를 맞출 일이다. 일순간 눈 녹듯 사라지는 분노의 눈빛을 여러 번 경험했다.
살면서 미처 하지 못한 말, 삼켜버린 말이 더 많았다. 어느 순간 말할 가치를 잃어서 더 이상 말문을 열고 싶지 않았기 때문이다. 말이 많아서 탈이 난 경우는 있어도 말을 조금 해서 탈이 난 경우는 별로 없었다. 침묵도 때로는 언어가 될 수 있음을 알기에 나이 들어가며 더욱 습관화하리라 다짐해본다. 침묵의 언어야말로 참 언어가 아닐까. 오히려 상대의 심중을 헤아리기 위해 눈빛을 자주 보게 된다. 그러노라면 서로의 눈에서 쏟아지는 사랑의 빛깔도 감지해 낸다. 갓난아기의 엄마는 아기의 울음소리와 표정만으로 아기의 감정상태를 다 읽지 않던가. 서로 언어와 문화가 다른 외국인끼리 결혼하여 살면서도 큰 불편을 못 느끼고 끝까지 해로하며 사는 사람도 얼마든지 있다. 소음의 시대에 벙어리의 수화가 때로는 진정성 있고 아름다워 보일 때가 있다.
책을 읽다가 마음에 와 닿는 글에 밑줄을 긋는다. 가만가만 소리 내어 읽어본다. 다시 되새김질도 해본다. 별표도, 동그라미도 그 위에 차곡

차곡 쌓아 놓는다. 거기에 내 마음도 살며시 함께 얹어 놓는다. 오늘은 이 글이 마음을 콕 찌른다. 마음에도 온도가 있고 색깔이 있음을 알아차리는데 그리 시간이 오래 걸리지는 않으리라.

'모든 색깔을 알아차리려면 언제나 눈을 뜨고 있어야 한다.'

-미르자 갈리브-

통곡이 나를 부를 때

"소피아는 가끔씩 주기적으로 폐부를 찌르는 통곡을 해. 그럴 때면 내 가슴이 미어져." 다소 과장된 몸짓으로 남편이 내 친한 친구에게 농담처럼 한 말이었다. 생뚱맞은 그 말에 곰곰이 생각해 보니 정말 그런 것 같기도 했다. 근거가 누구에게 있든 속울음을 맘껏 토해내는 소리를 한동안 지르고 나면 통곡의 벽에라도 다녀온 듯 속이 후련 개운했다.
이스라엘 예루살렘 서쪽에 '서쪽 벽 (Western Wall)' 또는 '통곡의 벽'이라 불리는 벽이 있다. 솔로몬 왕이 아름다운 성전을 지었는데 전쟁으로 파괴된 후 헤롯왕이 이곳에 성전을 다시 지었다. 그것이 세월이 흐르며 불타면서 서쪽 벽만 남게 되어 오늘날에 이르렀다고 한다. 통곡의 벽이란 명칭이 사용되는 두 가지 유래가 있다. 하나는 예수가 죽은 뒤 로마군이 예루살렘을 공격하며 많은 유대인을 죽였는데 이 같은 비극을 지켜본 성벽이 밤이 되면 통탄의 눈물을 흘렸다는 설과 다른 하나는 유대인들이 성벽 앞에 모여 민족이 흩어진 것과 성전이 파괴된 것을 슬퍼하며 통곡했다는 것 때문에 붙여진 설이다.

유대교와 이슬람교의 성지이기도 한 그곳엔 세계 각 곳의 관광객이 줄을 잇고 통곡의 벽 앞에서 경전을 외우며 기도를 한다. 나라 잃은 슬픔과 각자의 소원을 빌며 성지 순례를 한다. 순례자들은 소원을 비는 쪽지를 담 벽 구석구석에 꽂으며 하늘에 기도가 상달되기를 기원한다. 일찍이 이 성지를 서로 차지하려고 유대인과 이슬람교도 사이에 뺏고 뺏기는 여러 번의 전쟁이 있었다. 1967년 6월 제3차 중동전쟁에서 이스라엘이 예루살렘 구 시가지를 점령하여 현재 성벽은 이스라엘로 넘어왔다. 지금도 나라를 잃고 세계 각 곳에 흩어진 디아스포라들의 가슴속 통곡이 이런 식으로 표현되었으리라. 어쩌면 저들은 그 벽의 순례를 통해 자신들의 개인적인 아픔과 상처를 더불어 치유하러 가는 것이 아닐까 하는 생각을 했다.

나 또한 살면서 몇 번의 통곡을 통해 아픔을 들어내고 상처를 치유하려 했던 일이 있다. 의도했던 안 했던 그 통곡을 통해 무언가 막혔던 것이 펑 뚫린 것 같은 기분을 기억한다.

결혼 생활 10년 정도 되었을 때였다. 아마도 친정 오빠와 남편이 돈 거래 문제로 언쟁이 조금 있었던 것 같다. 두 사람 사이에서 곤란한 나는 누구의 편도 들 수 없는 상태에서 매일 전쟁 아닌 전쟁을 치르다 내가 선택한 나의 피할 구석이 통곡이었다. 안방 문을 걸어 잠그고 온 동네가 떠나가게 울어 댔다. 울다가 기절하고 깨어나서 또 울고……. 나중에 안 사실이지만 문밖에서는 기절한 사실도 모르고 잠들고 있는 줄 알았다고 한다.

한 번은 중국에서 잠깐 살 때 종교문제로 다툼이 일어났다. 그 문제에도 언니와 형부가 끼여 있는 문제라 양쪽의 마음을 곤란하지 않게 서로 피력해주다가 도대체 통하지 않는 남편의 벽이 안타까워 미치고 싶었다. 그때 선택한 내 방편이 또 문 잠그고 통곡하는 거였다. 그쯤 되면 그렇게 날 새우며 사람의 애간장을 녹이던 그는 오간 데 없고 안절부절 나를 달래느라 애를 먹이는 그를 보게 된다. 그것은 절대로 계산되지 않은 순간의 선택이었다.

또 한 번은 상가주택에 살 때였다. 겨울이면 마당에 있는 상가 화장실 수도가 얼었다. 서로 교대로 헤어드라이로 언 수도를 녹이는 중에 남편이 밖에서 문을 잠그고 이층으로 올라가 버렸다. 문이 헐거워 자꾸 열리자 추울 것을 염려해 밖에서 살짝 고리를 걸어둔 것이다. 환할 때 시작한 작업이 저녁이 다 되어 끝났다. 안에서 문 두드리고 소리 질러도 오랜 시간 동안 밖에서 걸어 놓은 문을 열어주지 않았다. 추운 겨울 컴컴한 화장실에 갇히고 말았다. 그동안 그는 2층 방에서 인터넷 바둑을 두고 있었다. 마침 화장실에 일보러 오던 상가 사람이 열어 주어 나왔다. 어이없는 현실에 기가 막혀 집으로 들어가 말도 않고 서러워 방문을 잠갔다. 또다시 나의 긴 통곡이 쏟아졌다. 인터넷 바둑 한 게임만 한다는 것이 시간 가는 줄 몰랐단다. 말로 다 형용할 수 없는 황당한 상황에서 내 마음의 표현은 통곡이라는 언어를 사용하는 거였다.

마지막 통곡은 아들 결혼 문제 앞에서였다. 아들이 선교사의 길로 가겠다며 경제력도 없이 결혼을 하겠다는 선언을 했다. 남편이 원치 않는 그 길이었다. 기본만 갖추며 간략한 결혼을 주선했지만 그래도 조금씩 예상 밖의 지출이 늘었다. 그때 버럭 화를 내며 아들의 직업에 대한 못마땅한 속내를 드러내며 주체할 수 없는 폭풍으로 결혼을 집어치우라는 거였다. 불같은 성정을 이길 재간이 없는 그때, 무언가 울컥 목젖에서 치밀어 올라왔다. 아들과 남편, 두 사람 모두에게 경사스런 일 앞두고 감정 상하게 하고 싶지 않았다. 어쩔 수 없는 상황에서 와락 눈물이 쏟아지며 눈물보자기가 터져버리는 거였다.

그것이 버릇처럼 어려움에 처할 때면 피할 수밖에 없는 나만의 코너링이 되고 말았다. 앞뒤를 헤아려 곤란한 상황이 오면 아기처럼 울어 통곡 속으로 피해버렸다. 정말로 통곡이 나를 부를 때는 나에겐 위기의 순간이며 절대 절명의 순간이었던 것이다. 지난날을 뒤돌아보니 친구에게 한 남편의 말이 맞는 것 같기도 했다. 폐부를 찌르는 여자의 발악 같은 통곡 소리를 어느 남자가 견딜 수 있단 말인가. 조금도 계산 되지 않은 나의 통곡은 늘 그렇게 벼랑 끝에 몰릴 때 나를 구해 준 구세주가 되었다.

실제로 눈물의 효능으로 알려진 바가 여러 가지 있다. 힘든 일이나 지나친 스트레스로 흘리는 눈물은 심혈관에 압박을 주는 스트레스 호르몬을 몸 밖으로 배출시켜 스트레스를 해소하는 기능을 한다. 또한 눈을 소독하는 작용이 있어 1시간 동안 눈물을 흘리면 세균의 99%가 죽는다고 한다. 또 각막에 양분과 산소를 공급하고 노폐물을 빼주는 역할도 한다. 그래서 긴 시간 소리 내어 울고 나면 눈이 밝아지고 가슴이 후련해졌나보다.

아마도 사람간의 갈등을 말로 다 형용할 수 없을 때, 시시비비를 가려 더욱 감정이 격해질 것이 걱정될 때, 내 안에 섭섭함과 속상함을 다 들어내 상대에게 상처 주고 싶지 않을 때 통곡을 부르는 것은 아닐까?

몇 번인가 아픈 통곡을 치른 후 감성이라곤 눈곱만큼도 없는 남편이 나를 헤아려 계절이 바뀔 때면 산으로 들로 나를 데려가 통곡의 순간을 피하려 애쓴다. 자신의 가슴이 미어지는 것을 막기 위한 고도의 수법(?), 이것 또한 통곡의 효과라 해야겠다. 하여, 고맙게도 현재는 통곡이 나를 잠재우고 있는 잔잔한 인생의 오후쯤이다. 다시는 통곡이 나를 부르지 않는다 해도 전혀 섭섭하지 않을 시간 말이다.

찌그러진 나의 위엄(威嚴)

며칠 전부터 가슴이 뻐근하게 아파왔다. 그 며칠 전에는 일어서다 갑자기 정신을 잃고 넘어지는 바람에 얼굴에 시퍼런 멍까지 들고 부분 기억상실까지…. 심근경색? 뇌졸중? 이런 저런 병명을 의심하며 병원에 다녀왔다. 검사 결과상 별 뾰족한 대안은 없었다. 별 이상 없으니 그저 마음을 편히 가지고 쉬라고 한다.

지금껏 살면서 큰 욕심 부리지 않고 살아왔다. 그저 하루하루 주어진 내 생활 여건에 감사하며 살았다. 겉모습은 남편도 자녀들도 그럭저럭 보통의 중산층 가정의 삶을 영위하며 살아가고 있었다. 산을 오르다보면 한 고개 넘으면 다음 고개가 기다리고 있듯이 우리의 삶도 크고 작은 해결해야 할 일들과 걱정거리들을 하나씩 생겨나고 그때마다 치우며 지우며 건너갔다. 다만 높고 푸른 하늘처럼 청정한 내 사유의 강을 혼탁하게 내버려두고 싶지 않았다. 이상과 현실 사이에서 힘들 때마다 은밀하게 홀로 거니는 강이 있었다. 그 강가를 거닐다 나오면 어느새 현실의 나를 편하게 바라보아주곤 했다.
그런데 언젠가부터 가슴에 작은 돌멩이 하나가 얹혀서 내려가지지가 않았다. 신앙이라는 이름으로 내려놓고 감정이 없는 사람처럼 포장하며 허허거리며 살아내려 했다. 그러나 그 돌덩이는 없어지는 것이 아니라 몰래 조금씩 커져가고 있었다. 어느 지섬에서 다시 돌덩이가 불끈 만져지고 솟구칠 때마다 머리가 아프기도 가슴이 저릿저릿 아프기도 했다.
신혼 때 재미로 시작했던 옷가게가 어느 순간부터 자연스럽게 생업이 되었다. 10여년 잘나가던 남편의 사업이 부도와 함께 이것저것 손대는 일마다 수포로 돌아갔다. 더불어 그만큼의 채무도 늘어났다. 무지 애를 쓰는데도 자꾸만 일이 틀어지자 남편은 실의에 빠졌다. 어느 날 부턴가 '아무것도 안하는 것이 오히려 덜 손해 보는 것'이라는 이론과 함께 인터넷과 TV랑 친구가 되었다. '그럴 수도 있지. 그래, 마음이 어수선 할 때는 잊어버리고 무언가 몰두하는 것도 괜찮아.' 오히려 컴맹인 남편을 꼬드겨 바둑 프로그램을 가르쳐주며 잡생각 않고 몰두하길 바랐다. '몸이 아파 쓰러지는 것보다 낫지 뭐, 그동안 가족들을 위해 헌신했으니 좀 쉬는 것도 괜찮지.' 하는 심정이었다. 그의 평소 바지런하고 근면검소한 성격상 그렇게 잠시 쉬다가 툭툭 털고 일어나 무언가 다시 시작하리라 생각했다. 그런데 그 기간이 이렇게 길어질 줄은 몰랐다. 무려

10여년 이것저것 손대도 되는 일이 없자 어쭙잖게 관망만 하고 있었다. 한때 한 사업체의 대표로 잘 나가던 습성이 절대 자기 수준에 맞지 않는 일은 하려 하지 않았다. 물론 남 밑에서 일하는 것도 기피했다. 평소 내가 알던 그가 아니었다. 조금씩 내 안에 그를 향한 불신이 쌓여갔다. 가장으로서의 본분을 회피하지 않기를 바라는 심정으로 그의 잠재적인 경제력을 일깨우기 위해 나는 한때 가게를 잠시 접기도 했다. 적어도 아이들에게만큼은 존엄을 잃지 않는 아버지로 남아 있기를 바랐다. 결혼 후 예비군 동원 훈련 때 빼고 늘 함께였다. 가게를 접는 동안 한 달간 혼자 미국에 친정 형제들을 돌아보고 왔다. 위기가 기회가 되기를 바라는 간절한 심정이었다. 돌아와 보니 여전히 바둑과 친구하며 너무 잘 지내고 있었다. 이제 타성이 배어서 집 밖으로 잘 나서려 하지도 않았다.

누군가 인생에 세 가지 피해야 할 것이 있다고 했다. 첫째 젊어서의 성공, 둘째 중년에 건강을 잃는 것, 셋째 노년에 치매 걸리는 것이라 했는데 그 중에 한 가지를 접하고 있는 남편이었다. 30대 초반에 모두들 부러워하는 정상에서 승승장구하던 습성이 쉬이 내려가지 못하는 길에 들어서고 말았다. 은둔자가 되어가고 있었다. 그 시간만큼 나의 가슴엔 보이지 않는 세포가 커져가고 있었다. '그래, 그래도 돈을 잃는 것이 제일 적게 잃는 것이라잖아.' 하며 감정을 추스르려 해도 나는 어쩔 수 없는 속물이었나보다. 그 시간이 길어지자 경제력을 떠나서 자기 세계에 갇혀서 점점 사회와 동떨어져 가는 모습에 화가 났다. 책임감에서 벗어나 시간사냥을 하고 있는 모습에 이질감을 느꼈다. 스스로 정한 내 인생관에서 점점 궤도 이탈하고 있는 지금의 환경을 참을 수 없었던 거였다. 오랜 기간 그와 다른 가치관과 정체성의 혼란으로 '참을 수 없는 존재의 가벼움'을 경험하고 있는 중이었다. 몇 번인가 이런 내 심정을 언뜻 내비치자 달라지는 것도 없이 집안 분위기만 험악해졌다. 그 뒤부터 내 스스로에게 최면을 걸었다. '참자! 달라지는 건 없다. 그냥 되는대로 형편대로 푼수처럼 살자.' 성격상 시시콜콜 토 달고 말하는 성격이 아닌 나는 차라리 입을 닫고 혼자 책을 읽고 글을 쓰는 일로 하루를 보내곤 했다. 어느 날 독서를 하다 그 정체의 꼬리인 글이 내 마음을 확 잡아끌었다.

"이 세상의 위엄(威嚴)이 중요한 것이 아니라 이 세상에서 위엄(威嚴)을 지키는 것, 세상이 이해하지 못하는 나만의 위엄을 지키는 것이 중요하다. 사람들과는 전혀 다른 자신을 처음 보고 흘깃 보고 그 속에서 스스로를 꽃피우고 꽃피우는 것."

- 도나타트 장편소설 〈황금 방울새〉 중 -

내가 원하지 않는 나로 점점 치닫고 있는 현실이 갑갑했던 거였다. 그렇다고 지금 내 앞에 벌어진 현재의 상황을 이해 못하는 것도 아니면서 인정할 수 없는 마음과 스스로도 어쩔 수 없는 마음이 전쟁을 벌이고 있는 중이었다. 서서히 그 정체가 밝혀지면서 내가 응원하고 있는 나의 위엄을 지키는 것에 대해 조금쯤은 객관적인 눈으로 바라보게 되었다. 과연 누구를 위한 위엄이었는지. 그 주체가 관객 입장이었는지 아니면 나 자신이었는지를 바라보았다. 결국 둘 다였다는 결론이 나를 아프게 했던 거였다. 마음의 아픔이 몸을 지배하며 옥죄여오고 있었다. 삶에서 꼭 필요한 것은 부와 명예와 건강만은 아니었다. 스스로 만들어 놓은 내 존엄의 기준에서 차츰 추락하는 것을 바라보는 것이 고통이었나보다.

산다는 건 죽는 순간까지 자신의 마음과 무한 전쟁을 치르며 살아가야 하는 것일까. 스스로 잘 관리하지 못한 상처투성이 나의 위엄들이 멀찌감치 쭈그리고 앉아있는 모습이 처연하다. 청정하던 나만의 사유의 강도 더 이상 효능이 떨어진 걸까? 내 위엄(威嚴)수위를 더 낮추어야 하는 걸까? 삶의 꽃봉오리가 점점 작아지고 더 이상 꽃피울 수 없는 상황이 올지라도 푸르른 잎으로라도 나의 위엄을 지킬 터이다. 저만치 하늘은 내 마음을 아는지 모르는지 주책없이 높고 푸르기만 하다.

내 안의 닻과 돛

비 내리는 창 밖 풍경에 물끄러미 넋을 잃고 차를 마신다. 어린 시절 비만 오면 맨발에 비닐우산을 들고 집을 나섰다. 아무런 목적지도 없이 나서서 비 맞는 것을 좋아했다. 우산은 집을 나설 때만 쓰고 잠시 후 우산도 버린 채 비를 쫄딱 맞으며 걸었다. 동생도 나처럼 비를 좋아했다. 시시덕거리며 비를 흠뻑 맞고 동네 구석구석 헤집고 다녔다. 넋 나간 여자처럼 둘이서 후줄근해져 돌아오면 엄마는 어이없는 표정으로 지청구를 늘어놓았다.

“가시나들이 미친나, 비 오는데 비 맞고 돌아 댕기면 우째 시집갈라꼬.”

엄마의 역정이 온 집안에 쩌렁쩌렁했다. 빨랫거리만 잔뜩 내 놓고 아랫목으로 쏘옥 들어가 기침 콜록이던 때가 한두 번이 아니었다. 어릴 때부터 우린 이미 방랑객처럼 떠돌아야만 하는 운명이었을까? 결국 동생은 비가 많은 나라 미국 시애틀에 살고 있다. 30년을 그곳에 살더니 이젠 비가 지겹고 우울하다고 툴툴거린다.
기억의 끝자락을 더듬고 있을 때 습관처럼 틀어놓은 FM에서 조용필의 '킬리만자로의 표범' 노래 가사가 튕겨 나와 내 귀에 꽂힌다.
"바람처럼 왔다가 이슬처럼 갈순 없잖아……."
파도에 뜯겨 떠도는 해초처럼 떠돌다 이대로 이슬처럼 사라져도 되는 걸까? 어느 날 문득 내가 이 세상에 없는 상상을 했다. 더 나이 들기 전에 안주하여 뿌리를 깊게 내리고 싶었다.
세월이 흘러야만 맛을 내는 된장, 고추장, 장아찌, 갖가지 효소들도 만들어 반들반들한 항아리에 담그고 올망졸망 장독대도 갖고 싶었다. 정착하고 싶었다.
많은 고민을 거듭한 결과 제주 섬에 닻을 내렸다. 새로운 곳에 대한 기대감과 열망에 힘이 저절로 났다. 새 개척지를 일구는 보람으로 하루를 36시간처럼 보냈다. 집을 짓고 나무를 심고 푸성귀 씨와 꽃씨를 뿌리고 조그만 일터도 마련했다. 카페 겸 화덕피자와 수제 햄버거 가게를 차렸다. 소일거리 삼아 가정경제에 조금이나마 보탬이 되기를 바랐다. 1년이 지나자 꽃밭에서는 모양도 색도 다른 꽃들이 피어나고, 텃밭에서는 갖은 채소와 열매가 우리의 눈과 입을 즐겁게 했다. 더러는 뿌리지도 않은 씨들이 덤으로 날아와 우리를 기쁘게 했다. 많은 우여곡절을 거쳐 이제 모든 것이 원하는 자리에 놓여있었다. 이만하면 안정되고 편안하다 싶었다. 그런데 내 안에 끈질긴 그 무엇이 다시 꿈틀거렸다.

섬에 갇혔다. 섬이라는 한정된 공간에 갇혀있는 갑갑함이 있었다. 일이 있어 육지로 움직이려 하면 번거롭고 무척 신경이 쓰였다. 이곳에 오랜 세월 살아온 원주민들은 평안하게 잘도 살았다. 원래부터 그랬으니까……. 허나, 시간과 공간에 제약을 받지 않고 50년 넘게 서울에서 살아온 나로서는 무척 따분했다. 마음만 먹으면 밤이고 낮이고 가고 싶은 곳을 맘껏 행보 할 수 있다는 것이 삶에 얼마나 유익한 것인지 새삼 깨달았다. 그것도 대중교통으로 말이다. 특별히 누구를 만나야 할 일이 있는 것도, 외출할 일이 있는 것도 아니었다. 하지만 사방에 벽이 가려져 있는 듯 폐쇄공포증처럼 숨이 막혀왔다. 눈만 돌리면 넓은 초원과 뻥 뚫린 도로들과 몇 분만 나가면 철썩이는 파도와 마주하는 광활함이 있음에도 답답했다. 애써 초연한 척 취미생활에 몰두해보고, 모르는 사람들 사이에 끼여서 잊어 보려고 했지만 근거를 알 수 없는 갑갑함만 더해갔다. 얻는 게 있음 잃는 게 있는 것이 삶의 이치인가. 소음과 공해를 피해서 온다는 것이, 대자연과 좋은 공기를 찾아서 온다는 것이, 오히려 갇힌 꼴이 된 것이다.

늘 안주하고 싶고, 뿌리 내리고 싶어 하면서도 한 곳에 오래 머무르지 못했다. 몇 년이 흐르면 어떠한 모양새로든 내가 떠나야 할 이유들이 또 하나씩 생겨나고 있었다. 아니, 내 안에 스스로 문제를 돌출해 내고 있는지도 모르겠다. 가까운 지인들은 나를 '에너자이저'라 했다. 버리고, 떠나고, 미련 없이 일어서 발길을 돌리곤 했다. 무엇을 찾아 헤매고 다니는 걸까. 내가 삶의 욕심이 너무 많은 것은 아닐까. 만족하지 못해 자꾸 돛을 올려 길을 재촉하는 것일까. 눈앞에 내 계획에만 몰두하다 정말 소중한 것들을 놓치고 사는 것은 아닐까. 인생은 한 치 앞도 알 수 없는 신기루라더니….

숙명처럼 떠돌아야만 하는 돛과 내 안에 무겁게 내려 앉아 있는 닻이 충돌을 한다. 다시 머리가 '띵'해져 온다.

혼자만의 방

자동차 시동을 켜고 무턱대고 도착한 그곳, 익숙한 문을 열고 안으로 들어갔다. 바다가 보이는 창가에 자리를 잡고 아메리카노를 주문한다. 잠시 창밖에 밀려오는 하얀 파도를 보며 멍 때리고 있다. 주문한 커피가 나왔다는 신호, 링벨이 테이블 위에서 진동과 함께 반짝인다. 일어나 카운터에 준비된 쟁반을 들고 제자리로 돌아온다. 커다란 사발처럼 생긴 갈색 잔에 신선한 커피 거품이 진한 향과 함께 눈과 코를 자극한다. 입가에 흡족한 미소가 번진다. 천천히 눈을 감고 맛을 음미한다. 목젖을 적시는 따끈함과 혀끝을 자극하는 쌉쌀하고도 익숙한 그 맛에 '아!' 외마디 신음이 나도 모르게 입술을 비집고 나온다.

카페 분위기는 늘 그렇듯 한가롭고 여유로웠다. 넓은 홀 안에 커플들과 때론 젊은 여자들, 중년의 여자들, 군데군데 모여앉아 화기애애하게 수다 삼매경이다. 가끔씩 혼자 찾아가는 카페의 풍경이다. 홀로 멍 때리는 것을 좋아하는 나는 가끔 심란해지면 차를 몰고 이곳에 온다. 분명 주변에 사람들이 웅성거리고 눈앞에 펼쳐지는 철썩이는 파도가 허연 이빨을 드러내며 으르렁 거리고 스피커에서 쏟아내는 현란한 음악이 귀를 간질이는데도 이곳에 오면 모든 게 정리가 된다. 가슴 속에 많은 말들이 가득 차올라 누군가와 대화로 풀어 나갈 수도 있지만 가끔은 나와의 대화가 필요하다 싶어 혼자만의 방으로 들어간다.

"네가 내 속을 알아? 쥐뿔도 모르면서……. 몰라, 다 네 맘대로 해."

나와 입 다툼을 하다가 코너에 몰리거나 더 크게 번질 우려가 있으면 남편은 즐겨하는 말투를 총알 쏘듯 내뱉고 문을 '꽝' 닫고 나가버린다. 그리곤 잠시 후 보면 슬그머니 서재로 들어가 있다. 그리곤 PC 화면 속 흑백의 세계로 들어가 허우적거린다. 오랜 습관으로 남편은 바둑의 세계에서 머리를 비우고 세상을 배운다 한다. 평소에 그는 바둑판 안에 모든 음모와 술수와 세상의 이치가 다 들어 있다고 침 튀어가며 역설을 한다. 눈앞에 한 수를 잡기 위해 많은 수를 잃기도 하고 무턱대고 세력을 확장하다가 그나마 만들어 놓은 작은 집마저 공략당하고 만다. 승부의 세계가 세상의 이치들과 비슷하게 돌아간다. 남편이 바둑을 둘 때는 시간이 널널하여 시간 때우기도 있고, 바둑 친구와 교제상 만날 때도 있지만, 특히 마음을 비워야 할 때 자주 찾아가는 듯했다. 세상에서 다치고 아프고 위로받고 싶을 때 그도 혼자만의 방에 스스로를 가둔다. 눈앞에 보이던 복잡한 일상들을 잠시 접어두고 흑백의 세계에서 마음의 평정을 찾는 듯했다. 거기서 때론 과오를 인정하고, 꼬아진 일상의 실마리를 풀고 다시 제자리로 돌아오는 방향키를 잡는 듯했다.

반면 요즘 젊은 친구들이 빠져 있는 게임의 세계는 어떤가. 분명 그들도 혼자만의 방에 스스로를 가두고 싶어 안달이다. 온통 그 세계의 일로 현실과 가상을 구분 못하고 빠져든다. 할 일을 다 해 놓은 후 현실의 답답함과 스트레스를 해소하며 휴식처럼 즐긴다면 분명 유익한 혼자만의 방이리라. 하지만 지독하게 빠져들어 중독에 이르는 것이 문제다. 중독 현상이 일어나면 일상과 게임 속 가상현실이 구분이 안 되어 일을 그르치기도 한다. 일부는 대학을 졸업하고 취직도 못하고 아르바이트로 전전긍긍하며 시간을 축내고 살아간다. 힘들게 번 수입으로 게임 아바타의 부속품들을 사고 그들 나름대로 타당한 이유와 변명을 만든다. 현실에서 큰소리 한 번 못 치던 사람이 게임 속에서는 근사한 주인공이 되어 호기를 부리다 혼동으로 현실세계에서 칼부림을 내기도 한다. 오프라인 친구는 없고 온라인 친구들과 게임 속에서 우정을 만든다. 그들은 오직 가상 속 인물을 위해 현실이 존재한다. 이쯤 되면 이것은 병이 아닐까. 지금도 근처 PC방 어디를 가나 많은 젊은 친구들이 모니터를 바라보고 앉아 있다. 요즘은 40~50대 여자들도 점점 많아지고 있단다. 그들 모두에게 부디 좋은 기능의 혼자만의 방이기를 바래본다.

조금은 다른 이야기일 수도 있지만, 자폐를 가진 사람도 현실 세계의 상호 유대관계가 형성되지 못해 결국은 혼자만의 방에 스스로를 가둔

것이라는 어느 정신과 의사의 말이 생각난다. 자폐는 '자신의 세계에 갇혀 지내는 것' 같은 발달 장애의 일종이다. 그들이 유일하게 찾아가는 곳, 정신의 피난처인 자폐의 방으로 스스로 들어간다. 그 방에 들락거림을 스스로 조절할 수 있는 능력이 떨어진다는 것이 문제다. 입구는 있는데 출구가 없어 해매이고 있다면 충격이리라. 복잡해진 시대에 복잡해진 인간관계가 만들어 낸 현상들이 아닐까. 대부분의 사람들은 할 일이 많은 이 시대를 미처 쫓아가기 벅차하며 허겁지겁 하루를 살아간다. 누구나 비참해지고 싶지 않고, 누락되고 삭제된 존재들은 더욱 되고 싶지 않으리라.

〈멍 때려라〉의 저자인 신동원 정신의학과 교수는 멍 때리기가 가장 효율적인 뇌의 재정비 수단이라고 말한다. 분명 몸은 현실에 있지만 자신만의 정신세계에 스스로를 가두고 싶은 욕구가 만들어 낸 현상들이다. 사람마다 방법은 다르지만 각자 자기만의 방을 가지고 있는 듯하다. 누구든 어떤 방법을 선택하든 그 방에 들어가 세상 속 감정의 찌꺼기들을 비우고 버리고 회복되어 되돌아갈 출구를 찾아 돌아올 수 있다면 좋으리라. 새롭게 정돈된 마음으로 긍정의 힘이 충전되어 일상으로 돌아간다면 건전한 혼자만의 방이 되리라.

건너편 쪽 창가에 홀로 앉아 책을 읽고 있는 젊은 여자가 눈에 띈다. 40대쯤 돼 보이는 그녀도 나처럼 솔로다. 그녀도 나도 각자 혼자만의 방에 들어가 군중 속의 고독을 즐기고 있다. 잠시 현실을 벗어나 이 평화로운 정신의 출장을 만끽하고 있다. 사유의 강을 어슬렁거리고 풍랑의 바다를 해매이며 가닥가닥 얽힌 세상의 거미줄을 걷어낸다. 이제 집에 가야 할 시간이다. 현실이 자꾸 나를 부른다. 아직은 더 이 방에 머물고 싶은데…….

물망초

아무도 나를 주시하지 않아도 돼
아무도 나를 뒤돌아 봐주지 않아도 돼

단지 스쳐 지나가는 인연 속에
먼 미래 누군가 한 사람의 기억 속에라도
산문 하나 혹은 시 한 수 속에
내 혼불 중 작은 불똥 하나 튀어
기억 속에 불씨 되어 남아있다면
그것만으로 족할게
그것만으로 내 의미는 다한 거야

마음속 풍경

2부

명동 블루스

그 여자, 그 남자

1940년대 초반, 전남 광양 여자가 경남 하동 남자에게로 살포시 날아왔다. 3월 마른하늘에 눈꽃인지 매화 꽃잎인지 모를 하얀 입자들이 이리저리 휘날리고 있었다. 태생이 약골인 남자는 원인 모를 배앓이의 처방으로 일곱 살 때부터 담뱃잎을 말아 태웠다. 피골이 상접한 채 스물여덟 노총각이 된 그가 건강한 여자면 된다는 중매 조건으로 열 살 아래의 그녀를 만났다. 그러니까 여자는 처음부터 일꾼이 되기 위해 시집을 온 거였다. 몰락한 선비 집안의 둘째 딸, 그 밑으로 머슴애가 바글바글하다 보니 천덕꾸러기일 수밖에 없는 처지였다. 입 하나 덜 요량으로 넘겨진 여자는 시집와서 일은 고됐어도 배부르게 실컷 먹을 수 있는 것이 좋았다.

늦은 나이에 장가든 약골이라 아이 하나 제대로 만들까 싶었는데 용하게 첫아들을 얻었다. 하지만 얼마 안 가 세상을 달리했고 어렵게 다시 낳은 아들, 금보다 옥보다 귀한 아들이었다. 그런 녀석이 잘생기고 공부까지 잘했으니 눈을 뜰 때마다 짬이 날 때마다 아들 자랑하느라 여념이 없었다. 일은 뒷전이었고 가사는 물론 농사까지 모두 여자의 몫이었다. 청상과부 시어머니를 모시며 아들딸 줄줄이 씀풍씀풍 낳아 기른 여자. 밤이면 젖먹이 어린것 보느라 낮이면 안팎으로 쌓인 일 하느라 숨 고를 날 없던 나날이었다.
잘난 큰아들이 대학에 가야 할 나이가 되었다. 남자는 당연히 서울로 유학을 보냈다. 오로지 아들 보는 낙으로만 살던 그 남자, 살맛이 없어졌다. 앞뒤 생각 없이 가산을 정리하여 서울로 가기로 결정했다.
서울 종로구 무악동, 노모와 6남매를 데리고 올라와 난민처럼 짐을 풀었다. 낯설은 서울살이 만만치가 않았다. 하숙을 치며 그럭저럭 지내던 사이 민망하게 늦둥이가 태어나 7남매가 되었다. 남의 집에 살면서 열 식구라니! 있는 돈을 탈탈 털어 손바닥 만한 집터를 마련했다. 손재주 많은 약골 남자가 손수 일본식 이층집을 지었지만, 남은 돈 한 푼 없이 손가락만 빨고 있을 판이었다.
여자는 새벽부터 도시락 네다섯 개 싸놓고 도매시장으로 향했다. 철 따라 과일이며 채소며 꽁치, 동태 안 가리고 집집이 팔러 다녔다. 무거운 계절을 이고 정수리에 고여 놓은 똬리가 짜부라질 때까지 걸어 다녀야 했다. 여자가 돌아오면 양복과 중절모로 단장한 남자는 가죽가방 하나

들고 외출을 한다. 언제나 당연하고 당당한 모습이었다.

"쑥대머리~~이"

어린이와 더 어린 아기들을 키우던 그 집에선 동요도 아닌 판소리가 줄기차게 흘러나왔다. '흥부가' '춘향가' '팔도 아리랑' 등…. 낡은 전축 앞에 앉아 추임새 장단을 맞추며 부챗살을 펼쳤다. 방송국의 공개방송 시간은 어찌 알고 일일이 찾아다니는지. 파고다 공원으로 남산 공원으로 파견근무 다니다 해 질 녘에 나타나던 남자였다. 그러면 여자는 갓 지은 쌀밥을 놋그릇에 담고 갖가지 반찬으로 저녁상을 차렸다. 그가 물린 뒤에야 나머지 식구들의 수저가 놓였고, 여자는 꽁보리 눌은밥에 아이들이 싫어하는 반찬에만 손이 갔다.

저녁식사 후 남자가 누워 라디오 삼매경에 빠져있을 때 여자는 다시 일하러 나갔다. 낮 장사 끝내고 들어와 집안일 해치운 뒤, 남의 집에 가서 잔치 음식을 해주는 등, 한시도 가만히 있질 못했다. 일명 출장 요리사로 Two job, Three job을 뛰었다. 열 식구의 생계가 그 손에 달렸으니 쉴 수가 없었다. 울 새도 웃을 새도 없던 여자는 주어진 일상을 표정 없이 주워 담기 바빴다. 친척들이 서울에 올라와 며칠씩 묵어도 묵묵히 챙길 뿐, 그들을 앞세워 서울 나들이 나가는 남자에게 바가지 한 번 긁지 않았다.

자식이 자라 보탤 때도 되었건만 그나마 있던 집까지 날려버리고 말았다. 남자가 극진히도 사랑하던 큰아들이 집 담보로 사업을 한답시고 빚더미에 앉았던 것.

일상을 지탱하던 힘들이 순식간에 무너지면서 여자는 쓰러졌다. 더 이상 일어나지 못했다. 변변한 치료조차 못 받고 5년을 누워만 있었다. 평생 누리지 못하던 휴식을 쓰러지고 나서야 비로소 억지 춘향으로 취할 수 있었던 것인가.

"조금씩만 이고 다니게!"

도매시장으로 나서는 어스름 속에서 가끔 뚝뚝하게 디밀던 그 말이 남자에겐 최고의 애정 표현이었다. 여자가 누워있던 세월 동안 남자는 지난 삶을 보상하듯 지극정성이었다. 먹이고 씻기고 입히고 대소변 받아내고 마지막엔 욕창 수발까지 그 누구의 손도 빌지 않고 성의를 다했다. 여자가 하늘로 떠난 후 15년을 풍류와 함께 원 없이 살던 남자는 아흔 번째 생일을 보낸 후 스스로 곡기를 끊었다.

그 여자와 그 남자의 3남 4녀 중 여섯째인 나는 절대로 엄마처럼 살지 않겠노라, 절대로 아버지 같은 남자는 만나지 않겠노라 다짐하며 자랐다. 하지만 엄마의 병상에서 연실 눈물을 쏟아내던 아버지와 말없이 바라보며 함께 눈물짓던 엄마의 모습에 두 사람의 숙명을 인정해야 했다. 비로소 두 사람 사이에 지난 삶의 화해라도 이루어진 걸까. 아니면 두 사람은 애초부터 서로에게 불평불만이 존재하지도 않았던 것일까. 평생 순종과 헌신으로 살던 엄마와 예술적 끼와 더불어 낙천적인 아버지, 아이러니하게도 참으로 다정했던 두 사람이었다. 그 빛바랜 기억들이 때때로 내 삶이 힘들다고 느껴질 때 돌아보는 하나의 지표가 되었다. 결혼 후 아기를 낳았을 때나 삶이 버거워 숨어버리고 싶을 때 미치도록 그리웠던 엄마. 그때마다 엄마의 부재를 견디던 아픔이 아직도 내 심연에 애잔하게 남아있다.

'잠자리 날개가 바위를 스쳐 그 바위가 하얀 가루가 될 즈음 한 번 오는 것이 부부의 인연'이란다. 이제 와서 아버지를 원망하는 건 절대 아니다. 두 분이 지나간 자리에서 화두 하나 꺼내보았을 뿐. 부부란 무엇일까.

(2017. 4 동인지 〈수수밭 길을 걸으며〉)

명동 블루스

남산과 명동은 나에게 특별히 인연 깊은 장소이다. 1970년대 중반 남산에 있던 숭의여자중·고등학교를 다녔다. 학교 앞에 KBS 방송국이 있어서 자주 연예인들과 스치곤 했다. 학교가 파하면 친구들과 명동을 순례하는 것은 우리들 유일한 즐거움이었다. 졸업 후 직장도 명동 근처여서 그 동네에서 자주 얼쩡거렸다.

명동 근처 내가 근무하는 백병원 이비인후과 소속 '청력 검사실'은 완전한 나만의 공간이었다. 그곳에서 닥터의 오더를 받아 검사를 진행하는 청력 검사원으로 근무하고 있었다.

1975년 말 명동에 있던 국립극장이 대한투자금융으로 매각되고 그 골목 어귀에 지금도 존재하는 삼일로 창고극장이 생겼다. 국립극장은 매각 된 지 34년 만에 복원사업을 거쳐 2009년 6월 다시 오픈하였다. 창고극장에서 사무엘 베케트의 〈고도를 기다리며〉를 연극무대에 올린 것을 본 것이 나의 첫 연극 관람이었다. 어두운 조명 아래 당시 나로선 이해 할 수 없는 언어들의 나열이었지만 훅! 스치는 무언가가 가슴에 뜨겁게 와 닿았다. 처음 느끼는 문화적 충격이었다. 기다림에 대한 새로운 개념을 돌아보게 했다.

가끔은 혼자 명동 중앙우체국 뒷골목에 있는 클래식 음악 감상실 '필하모니'의 큰 소파에 푸욱 파묻혀 조금씩 클래식 음악에 취해갔다. 인간의 소리에 가장 가깝다는 중저음의 첼로 음색에 매료되었다. 특히 바흐의 〈무반주 조곡〉, 파블로 카잘즈의 연주는 내면으로 깊게 파고드는 오묘한 무언가가 있었다. 평소 카잘즈의 철학이 '질서 안의 자유'라고 한다. 그즈음 나의 궁핍한 정서가 반영되듯 즐겨듣는 음악마저도 자석처럼 그런 음악들이 좋았다.

명동 중앙 통에는 지금은 사라진 '쉘부르' 라이브 카페가 있었다. 당시 수많은 청춘들의 가슴을 웃고 울리던 가수들의 등용문이었고 통기타, 청바지, 생맥주의 산실이기도 했다.

불란서 문화원을 넘나들며 프랑스 영화에 넋 없이 빠져있기도 했던 기억들이 웃음을 자아낸다. 잘 알아듣지도 못하면서 프랑스영화 〈남과 여〉, 〈금지된 장난〉, 〈마농의 샘〉, 〈태양은 가득히〉…… 등을 보며 프랑스 배우 장 가뱅, 알랭 들롱, 이브 몽땅, 그들에게 빠져들었다. 그 무렵 외화(外畵)를 보며 가슴에 털이 난 남자, 수염이 많은 남자가 멋져 보였고 눈은 자꾸 높아졌다. 영어를 배운답시고 모 대학 어학당에 타임

(TIME)지를 끼고 다니기도 했다.

20대는 그렇게 공허함을 덮기 위해 겉멋에 충실했었다. 한편으론 이성에 대한 열망이 나를 우쭐하게도 했고 기죽여 놓기도 했다. 몇 번의 가벼운 연애는 해 봤지만 마음에 맞는 상대가 없었다. 꽃 같은 나이에 불같은 연애도 못 해본 것이 스스로 봐도 한심했다. 주말이면 친구와 영화를 보며 명동 길을 오르내렸다. 찻집에서 서로의 고민을 토로하며 철학자인 양 떠들어 대는 것도 시시해졌다. 모든 것이 시니컬해질 무렵 스스로 고독 속으로 몰아 혼자 있는 것을 즐겼다. 20대 중반의 나이에 사는 것이 재미없어졌다.

창문이 없고 방음이 잘되는 청력 검사실은 나만의 안식처가 되었다. 환자가 없는 시간과 퇴근 후에는 음악에 취하고 책에 취해서 점점 더 사람들을 기피했다. 나를 그곳에 가두는 것이 편안하고 좋았다.

지인의 소개로 한 남자를 만나던 첫날, 훤칠한 키에 하얀 와이셔츠를 걷어붙인 그의 팔에 굵게 선 혈관이 눈에 띄었다. 서로가 어색했다. 남들이 다 잘생겼다고 하는 그의 앞모습이 내게는 느끼하게 느껴졌다. 그도 나도 서로의 이상형과는 거리가 먼 사람들이었다. 한 번 그렇게 만나고 끝나는 줄 알았다. 어느 날 그가 내 직장으로 찾아왔다. 둘 다 직장이 명동이라 명동에서 밥을 먹고 차를 마시고 아무 일도 없는 듯 다시 만나고 있었다. 문득 그의 옆얼굴을 보니 한쪽만 쌍꺼풀진 눈에 거무튀튀한 수염 자국이 남성미를 물씬 느끼게 했다. 내가 좋아하는 알랭 들롱의 옆모습 같기도 했다. 그때부터인가? 그의 옆모습을 보면 가슴이 두근거렸다. 혼자 있는 것을 은근히 즐겼던 나는 차츰 그와 같이 있는 시간이 좋아지고 자꾸만 보고 싶어졌다.

그와는 하나에서부터 열까지 맞는 것이라고는 없었다. 이상도, 가치관도, 직업관도, 경제관념도, 취미도……. 무엇이 우리를 하나로 묶어 놨는지 가끔은 신기하기만 했다. 둘이 데이트하다가 누군가 삐끗하면 하루쯤 지나 어김없이 한 사람이 찾아갔다. 둘은 다시 아무 일 없다는 듯 만나 말없이 남산공원, 명동거리, 광화문, 덕수궁 돌담길을 걷고 있었다. 먼저 전화하는 자체가 화해의 제스처가 되었다. 어느 날인가 그가 화해의 방편으로 영화를 보여주었다. 다리가 유난히 예쁜 배우 이보희가 주연을 한 영화가 성황을 이루고 있을 때였다. 그렇게 무심한 아니 엉큼한 그가 나를 위해 선택한 영화가 〈무릎과 무릎 사이〉였다. 에로틱한 장면이 나오자 그가 떨리는 손을 내 손 끝에 대고 잡지도 못하고 엉거주춤 하고 있었다. 바르르 떨고 있는 손이 왜 그리 안타까운지 내가 덥석 그 남자의 손을 잡아버렸다.

명동의 겨울은 연인들에게 참 좋은 장소이다. 골목길을 누비다 명동성당 어귀를 산책하고 잠시 성당 안에 들어가 웅장한 성전 내부에 취해 보기도 했다. 후미진 명동 뒷골목 어귀 허리가 굽은 할머니 낙지집에서 매운 낙지볶음을 먹고 후끈해졌다. 여기저기 기웃거리다 추우면 롯데백화점 안을 한 바퀴 돌아 나와 증권가 골목 돌냄비 우동가게에 들어가 바글바글 끓는 뜨끈한 뚝배기 한 사발 먹노라면 행복이 스멀스멀 밀려오곤 했다. 두 손을 꼭 잡아 그의 코트 주머니에 넣고 그의 옆모습에 취해 걷는 그 길이 춥고 멀고 다리 아파도 전혀 힘들지 않았다.

나는 스파게티를 좋아했고, 그는 뚝배기 된장찌개를 좋아했다. 나는 커피를 좋아했고, 그는 쌍화차를 좋아했다. 나는 맥주를, 그는 막걸리를 좋아했다. 나는 발라드를, 그는 트로트를 좋아했다. 나는 문화가 산책을, 그는 수목원 산책을 좋아했다. 나는 캐주얼을, 그는 정장을 좋아했다. 나는 책 읽기를, 그는 TV 보기를 좋아했다. 나는 신의 존재를 믿고, 그는 무신론자였다. 이토록 다른 우리가 딱 맞는 것이 있다. 남에게 피해주지 않고 건실하게 살아가기이다. 부족하고 힘들어도 내 형편껏 살기이다. 그가 자라온 환경과 내가 자라온 환경이 다르지만 성장과정에서 얻은 삶의 법칙이 생활 속에 녹아 내면화되었다.

만난 지 몇 개월 만에 후다닥 결혼을 했다. 첫아들을 낳던 해 그는 명동에서 새로운 사업을 시작했다. 그는 여성복을 만드는 천재였다. 그의 황금기가 시작되었다. 무진장 바쁘고 무진장 힘들고 사업도 경제력도 놀라운 속도로 번창해 나갔다. 가끔 남편은 두 아들 녀석들의 멀미나는 전쟁터에서 나를 불러 명동의 추억으로 소환시켰다. 추억을 더듬어 케이블카도 타고 낙엽 떨어진 남산 길을 따라 명동성당까지 손잡고 걸으며 어스름 연애시절의 추억에 젖곤 했다.

그 후 많은 시간이 흘렀다. 명동! 그곳에서 청춘의 꽃이 피고 젊은 피는 뜨거웠다. 벌과 나비가 만나 꽃봉오리 위에서 춤을 췄다. 그들의 현란한 춤사위가 끝난 후 꽃봉오리는 새로운 생명이 잉태되리라.

블루스 음률에 맞추어 춤을 추듯 서로 다른 우리는 서로의 눈빛을 바라보며 호흡을 맞췄다. 삶의 박자를 상대에게 맞췄다. 때론 엇박자를 치고 발등을 밟아 상대를 아프게도 했다. 일생 한 번만 연주되는 생음악이 끝날 때쯤이면 그 누구도 흉내 낼 수 없는 엔딩이 우리를 기다리고 있으리라.

(2015. 8 〈한국산문〉 125쪽)

들꽃처럼

산에 오르다 보면 숨이 차올라 잠시 멈추어 땀을 식힌다. 주변을 둘러보면 이름 모를 작은 들꽃들이 눈길을 사로잡는다. 민들레, 구절초, 산비장이, 투구꽃, 벌개미취, 금불초……. 작은 꽃송이들이 바람에 한들한들 거린다. 그 작은 신비에 매료되어 살피다 보면 어느새 누가 돌보지 않아도 사철 피어나는 생명의 살아있음에 저절로 감탄하게 된다.

들꽃을 닮은 한 친구가 있다. 그녀는 뇌세포가 보통의 여인네와는 사뭇 다른 구조를 가지고 있다. 그녀를 만나면 서로가 어떤 이야기를 해도 상대에게 어떻게 보일지 의식이 되질 않았다. 철없이 시시덕거리던 사춘기 계집애로 돌아갔다. 감정의 저 바닥끝에서 울리는 미묘한 울림을 논할 수 있어서 좋았다. 쓸데없는 가십이나 말의 사치로 나를 포장하려 애쓰지 않아도 되어 편했다.

학교 때 그녀를 회상해 보면, 덩치가 좀 큰 큰언니 같은 인상에 겅중거리며 책가방 들고 다녔다. 도시락 반찬은 아기 이유식 병에 열무김치, 배추김치를 자주 싸왔다. 큰 키 덕분에 맨 뒷자리에 앉아서 관조하듯이 반 친구들을 바라보던 모습이 생각난다.

그러던 그녀와 조금씩 가까워진 것은 사춘기 시절부터였다. 그 시절에 자신의 계모 이야기를 서슴없이 '꼰녀'(당시 속어로 남자 어른은 '꼰대'라 칭했음)라 칭하며 친구들에게 자기 집안 이야기를 남 얘기하듯이 털어내곤 했다. 나와는 다른 가정사가 흥미롭기도 했고, 조금은 연민 섞인 복잡한 심정으로 자주 그녀와 함께 시간을 보내곤 했다. 졸업하고 각자의 길에서 가끔 만나 시름을 달래던 친구였다.

고학으로 대학을 마치고 당당히 사회에 필요한 커리어우먼이 되었다. 멋진 남편과 결혼하여 예쁜 세 딸의 어미가 되었다. 시부모를 모시는 시집살이도 굳건히 이겨내고 어려운 가정경제도 열심히 일구어 어엿한 서울 시민으로 살아가고 있었다. 결혼생활과 세 아이 키우기도 버거운데 직장 다니며 석사학위까지 받아 삶의 업그레이드 위해 공을 들였다. 직장에서는 인정받는 인재요, 가정도 안정적인 가톨릭 성 가정이었다. 그녀는 누가 보아도 멋진 여성이었고 자랑스러운 내 친구였다. 그런 그녀가 휘청이고 무척 힘들어하는 것을 보며 명동에서 만남을 청했다.

어린 시절의 영향으로 감정의 기복이 단조롭지 못하고 주목받기를 원했다. 사랑에 목말라하고 있는 그녀를 바라보는 것은 차라리 쉬운 일이었다. 그것이 인간에 의한 사랑이든, 지적 목마름에 의한 호기심이든…….

본인이 세상 안에서 섭렵한 지식을 입으로 논하며 그것이 절대적인 철학인 양 설파(說破)하고 있었다. 술기운을 빌어서가 아니더라도 그날만큼은 가십으로 들렸다. 진짜 해야 할 말은 뒤로 한 채 기웃거리고 있는 그녀를 보았다. 현실의 눈앞에 삶이 기울어져 들키고 싶지 않은 모습을 사회적 성공이라는 이름으로는 다 포장할 수 없었기 때문일까. 주변의 수군거림을 막자는 어설픈 변명처럼 들려와 가슴이 아려왔다. 남편이 문제를 일으켜 가정이 삐거덕거렸다. 어려서부터 평탄치 못한 가정에서 자란 그녀는 남자의 바람기에는 경기를 할 정도로 예민하게 반응을 했다. 그것은 어린 시절 아빠에게서 받은 상처가 그녀의 뇌리 속에 트라우마로 자리 잡고 있어서 인지도 모르겠다. 그런 그녀였기에 무엇보다 가정을 지키고 싶은 욕망이 강했다. 하지만 자신의 의지만으로는 될 수 없다는 것을 깨닫는 순간부터 그것을 못 견뎌 하고 괴로워했다. 서서히 그녀가 무너져 가고 있었다. 어쩌면 현실의 아픔보다도 자존심에 상처가 더 커져서 입술로 그것을 덮으려 애쓰고 있는지도 모르겠다. 낮에는 전문직으로 씩씩하게 시냉해 나가고, 밤이면 어두움 안에서 고통과 울음을 알코올에 지탱하며 견뎌내고 있는 그녀의 모습을 보았다. 인생에 취하고 술에 취해서 꺼이꺼이 울고 있는 그녀의 모습이 나의 폐부를 울렸다. 철벽같은 그녀의 성이 무너져가는 것을 보는 것은 내 혈육 같은 그녀에 대한 고통의 분담이었을까? 내게도 칼끝으로 찌르는 듯한 통증이 느껴져 왔다. 갑자기 조급해져 왔고, 금방이라도 일을 낼 것 같은 그녀 감정의 기복을 걱정하고 있었다. 서투른 말로 위로를 해 보지만, 이미 많은 자존심에 상처를 입은 그녀였다. 희망을 잃은 눈빛으로 멍하게 초점 없는 시선을 창 쪽으로 돌려버렸다. 무섭단다. 세상이, 사람들이, 새롭게 다가오는 현실이…….

앞뒤가 꽉 막혀 버린 그녀의 하수구는 무슨 소리를 해도 그 어떤 것으로도 그 막힘을 뚫어내려 하지 않았다. 그저 소리 없이 울고 있는 그녀의 등을 토닥이며 그녀의 말을 경청하고 있을 뿐이었다.

어린 시절부터 야생의 들꽃처럼 살아왔던 그녀가 흔들리고 있었다. 묵은지 같은 내 친구가 아파하며 내면의 통증을 호소하던 그곳 전통찻집의 이름이 '들꽃처럼' 이었던가. 우리도 들에 핀 들꽃처럼 눈·비·바람 맞아가며 아파하고 꺾이면서 생을 살아내야 한다는 생각이 잠시 스쳐갔다. 한때는 잔잔한 아름다움을 뽐내며 누구보다 더 도도히 서 있었을 그 꽃 한 송이를 생각해봤다.

눈·비·바람이 한꺼번에 몰아쳐 뿌리 체 흔들고 쓰러져 생명의 위험을 느끼는 위태로운 순간이지만, 머잖아 따뜻한 봄날의 기운이 해를 동반하여 그 뿌리를 쓰다듬고 곧게 뿌리내리게 도와줄 것을 믿었다. 그리하여 더 아름답고 도도하고 더 향기 짙은 들꽃의 자태로 돌아올 것이다. 하여 지나는 이의 눈을 미혹할지라도 다시는 지난날의 눈물을 기억하지 말았으면 했다. 평생 그녀를 지켜준 것은 8할의 고통이었다. 그 고통을 통해 들꽃보다 더 강인한 저력이 생겨났다. 그녀는 분명 다시 이

진흙 밭에서 우뚝 일어서 활짝 웃게 될 것이다. 만개한 들꽃처럼…….
집안의 화초가 아닌 들꽃은 하나님께서 키우신다고 하였던가.

들꽃 언덕에서 알았다.
값비싼 화분은 사람이 키우고 값없는 들꽃은 하느님이 키우시는 것을
그래서 들꽃 향기는 하늘의 향기인 것을
그래서 하늘의 눈금과 땅의 눈금은 언제나 다르고 달라야 한다는 것을
들꽃 언덕에서 알았다.
-유안진 〈들꽃 언덕에서〉-

PS : 이 글을 쓰고 몇 년 후 내 바람대로 그녀는 남편과 재결합하여 세 딸과 행복한 나날을 보내고 있다. 들꽃처럼…

그 집

붉은 벽돌 상가건물인 그 집을 처음 보았을 땐 을씨년스러웠다. 대로변 길가에 오래된 2층짜리 건물이었다. 뒤편의 마당을 보니 넓기는 한데 온갖 폐기물들이 잔뜩 쌓여있어 마치 고물상처럼 보였다. 그럼에도 불구하고 왠지 그 집이 맘에 들었다. 중개인이 몇 집을 소개했지만, 그 집만 눈에 삼삼했다. 주말이면 아이들이 큰댁을 오가는 길목에 있어서 더 끌렸는지 모르겠다. 부동산을 통해 알게 된 그 집, 사실 우리가 가진 돈으로는 턱없이 부족했다. 가게를 하면서 2층에서 살림집을 할 수 있는 장점이 자꾸만 눈에 밟혔다. 사춘기 사내 녀석들 둘을 키우면서 아이들 학교와 집을 오가는 길목에서 옷가게를 했었다. 이번 기회에 그것을 한꺼번에 해결할 수 있다는 것이 무엇보다 맘에 들었다. 여차하면 뛰어 올라가 살림도, 아이들 관리도 손쉽게 할 수 있다는 것을 피력하며 남편을 설득했다. 여리고 성을 돌듯이 매일 밤 그 집 주변을 돌면서 상권도 확인하고 집수리 계획도 세우고 금융문제도 의논하며 집 주변을 돌았다. 어찌어찌 그 집을 계약하는 날 세상을 다 가진 듯 날듯이 기뻤다. 이사 가는 날까지 많은 것을 해결해야 했지만 그만큼 기대감으로 부풀어있었다.

잔금을 치른 후 집수리를 다 마치고 이사하는 날 우리 가족 모두는 흥분해 있었다. 아파트에서 10년 넘게 살아온 우리는 생활이 조금은 불편했지만 오히려 아이들은 그것을 더 즐기는 듯했다. 문만 열면 버스 정류장 대로변이고 온갖 가게들이 다 있고 언제든 부르면 1층 가게에서 엄마가 달려오고 친구들도 언제든지 놀러 와도 되는 이런 집을 싫다 할 이유가 없었다. 꽃을 좋아하는 나는 화단부터 정리를 했다. 뒷집과는 협의 하에 담장을 터서 펜스를 치고 그곳에 조롱박이 주렁주렁 타고 올라가게 했다. 대로변 모퉁이 삼각 꼴 뒷마당 구석에 폐기물들을 치우고 보니 앵두나무와 대추나무가 있었다. 다른 쪽 담장으로는 머루나무를 심어 담장을 타고 머루넝쿨이 돌게 했다. 그 밑엔 상추·쑥갓·아욱 등 각종 먹을거리를 심고 또 한쪽엔 크고 작은 장독대가 올망졸망 정겹게 앉혀있었다. 뒷집 감나무가 이쪽으로 넘어와 감이 주렁주렁 열리면 주인 몰래 서리까지 하는 기회도 있었다. 여름에 피는 능소화는 꼭 장마 때쯤 피어나 꽃대가 통으로 떨어졌다. 붉은빛이 바닥에 흥건해지면 아깝고 가여워서 내 애간장이 다 녹았다. 그 나무 밑에 파라솔을 펴고 동네 아낙들 해가는 줄 모르고 수다 삼매경에 빠지곤 했다. 대문도 없는 그 집은 오가는 이들의 눈길을 훔쳤다. 가끔은 작은 공원인 줄 알고 사람들이 마당 안에 들어와 앉아 도란도란 얘기를 나누다 가기도 했다. 상가 건물 1층은 가게가 셋이어서 코너는 내가 옷가게로 사용하고 두 칸은 월세를 주었다. 그럭저럭 모양새가 나아지고 있었다. 한동안 그렇게 아래 위층을 오가는 재미도 쏠쏠하게 좋았다.

하지만 대로변 길가에 위치해 있어서 상권으로 좋았지만 주택으로는 조금씩 불편해지기 시작했다. 대형버스가 지나가면 거실 바닥이 흔들렸다. 남향인 그 집은 여름 한낮이면 하루 종일 해가 들어 지붕 위아래에서 내리쬐는 햇볕을 감당하기가 힘들었다. 하루 종일 에어컨을 틀어놔야 했다. 지대가 낮은 편도 아닌데 장마철이면 지하창고에 물이 스며들어 발 걷어붙이고 바가지로 퍼내는 작업을 남편과 두 아들이 감당해 내야 했다. 여름을 몇 번인가 지내고 투덜대기 시작했다. 그것도 아이들은 멀쩡한데 어른인 남편과 나의 입에서 불평불만이 쏟아졌다. 다 취할 수는 없는 거였다. 젊은 나이에 상가건물의 안주인이 되고 일하면서 아이들을 내 눈 밖에서 벗어나지 못하게 감시하며 정원을 갖고 싶은 욕구도 모두 한꺼번에 해결이 된 셈인데…….

겉모습만 그럴듯하게 고쳤나? 빈약한 내부를 인부를 불러다가 조금씩 손을 보기 시작했다. 지붕도 더 손보고 지하실도 전문가를 불러 조치를 취했다. 오래된 건물이라 손을 대기 시작하자 끝없이 여기저기서 다시 손 볼 곳이 생겨나고 있었다.

그 집을 팔기로 결정했다. 부동산 경기가 얼어붙어 몇 년을 내 놔도 매도가 되지 않았다. 그럭저럭 버티며 살고 있었다. 남편이 시작하는 일마다 바닥을 치고 나는 자꾸만 몸이 아파왔다. 큰아이가 군대에 입대하자 일을 핑계로 집을 떠나 멀리 외국으로 도피하다시피 떠나버렸다. 갔다가 와도 여전히 그 집은 오리무중이고 우리의 가정도 아이들도 둥둥 떠다니는 듯했다. 답답한 일상이 이어지는 듯했다. 어느 날 극적으로 매수자가 나타났다. 다행히 생각보다 훨씬 좋은 가격으로 매매가 완료되었다. 그동안의 맘고생을 보상이라도 하듯이……. 10년을 우리 곁에 있던 그 집이 떠나는 순간이다. 다시는 돌아보고 싶지 않았던 힘겨웠던 그 집이었다. 우리에게 그 집의 몫은 거기까지 라고 애써 변명을 했다. 홀가분하게 우리는 훌훌 털고 다시 아파트로 이사를 했다.

애물단지 같던 그 집을 떠난 지 몇 해가 지났다. 그런데 망각 속에 잊혀질 것만 같았던 그 집이 가끔씩 생각났다. 사춘기 아이들이 성년이 되며 왁자지껄 가족이 전쟁을 치르고 화해를 하던 곳. 수많은 희망으로 미래를 꿈꾸던 곳. 인생의 가장 힘든 시기에 남편과 내가 서로 다름을 인정하고 감정을 조율하며 측은지심으로 바라다보던 곳. 우리 부부의 중년 인생이 묻어있는 곳. 그 집을 사서 애정으로 고치고 정성으로 가꾸어 가족들과 온전히 하나가 되기를 바랐던 곳. 삐거덕 거리던 감정들이 다른 옷으로 갈아입고 아름다운 여인의 치마폭처럼 포근한 스위트홈으로 버티고 있기를 바랐던 곳.

나무의 옹이는 세월의 아픔을 겪은 흔적이다. 우리 인생이 움푹 파인 그 집에서 우리는 무엇보다 값진 경험으로 전보다 끈끈한 가족애를 경험했다.

〈모든 순간이 꽃봉오리인 것을〉시에서 정현종 시인은 삶을 순간순간이 꽃봉오리라고 노래했다. 행복의 절정을 꿈꾸며 들어갔던 그 집이 30여 년의 결혼생활 중 가장 힘든 풍랑의 시기가 되어 있었다. 비록 지금은 떠나왔지만 그 집과 함께한 시간이 있기에 우리 가족은 태풍과 비바람 무사히 견뎌내고 지금 여기에 와 있다. 그 집이 우리 가족에게 10여 년 동안 인고의 시간으로 녹여 주었던 교훈은 '참고 인내하라'였다. 고통을 통해 주는 메시지는 쓰지만 달다는 것도 알게 되었다. 나무의 옹이처럼 인생의 훈장으로 우리 가족의 삶의 결마다 살아서 영원히 남아 있을 것이다. 돌아보니 한순간도 소중하지 않은 순간은 없었다. 마당에 예쁘게 피워 아프게 졌던 능소화 꽃처럼 많은 추억과 깨달음 안겨 주었던 그 집이 새삼 그리워진다.

(2015. 5월(봄호) 〈에쎄이스트〉)

마리아도 그랬을까?

인간은 누구나 외로운 존재라고 그랬다. 칠십을 바라보는 친정 큰언니는 가난한 시골 장손 집으로 시집가서 악착같이 일해서 평범하던 남편을 사업가로 만들었다. 재산을 일구고 쓰러져가는 가문을 일으켰다. 세 자녀들 모두 좋은 대학 나오고 유학까지 보냈다. 좋은 배우자 짝 맞추어 결혼시키며 인간이 태어나서 해야 할 도리 다 해내었다고 뿌듯해 했다. 반면 많은 사람들과 만나고 더 많은 사건들을 치러 내면서 떠들썩하고 시끄러운 와중에도 가끔씩 '참 외롭다' '허무하다'라며 쓸쓸해하던 큰언니가 생각났다. 미국에서 그 어렵다는 의료기 공학박사 학위를 장학금 받아 조기 학위 받은 막내아들을 결혼시키면서 더욱 더 몸살을 앓는 듯했다. 무에서 유를 창조하던 세상적인 내 영웅 큰언니도 서서히 기운이 사라져가는 것을 목격했다. 치열하게 열심히 살아왔던 청춘

젊음 앞에 세월과 자식과 건강도 다 떠나보내면서 어쩔 수 없이 초로의 노인이 되어갔다. 그 모든 것을 가까이 곁에서 지켜보던 나는 이런저런 생각에 젖어들었다.

요즘 큰아들과 많은 이야기를 한다. 겨울방학 대학수련회를 다녀오며 광야에서 온 선지자처럼 수염은 텁수룩하고 눈은 퀭하게 비쩍 말라 와서는 대뜸 선포를 한다. 엉뚱한 녀석이 미래 비전에 대해 이야기하면 다 옳은 얘길 하는데 왜 내 가슴은 이리도 먹먹해지는지……. 평탄하고 좋을 길을 마다하고 좁은 길, 가시밭 길, 험한 길을 가겠단다. 세상의 잣대는 이 아이를 비웃는데 누군가는 해야 할 일들을 온몸에 화살 맞아가며 하겠단다. 내가 이런저런 이유로 말리면 내 고통을 이미 다 아는 양 빙긋이 웃으며

"엄마는 마리아야." 한다. 둘이서 울다가 웃다가 그랬다.

"신앙의 눈으로 볼 때 옳은 일을 하는 네게 박수 쳐주지 못하고 바짓가랑이 붙드는 나를 용서 하렴. 가족이 힘이 되기도 하지만 때론 짐이 되기도 하지?" 내가 그랬다.

"와~ 이거 명언이다." 무거운 분위기를 피하려 아들이 수선을 피웠다. 우린 또 속없이 헛헛하게 웃었다. 웃고 있는데도 눈가에 소리 없이 눈물이 고였다. 남들이 다 넓은 길로 간다고 해서 나도 반드시 그 길로 가야 하느냐며 반문을 하는 녀석의 물음에 어른이며 나 또한 믿음을 가진 엄마로서 선뜻 대답할 수 없었다. 자기는 좁은 길로 가겠다고 세상 사람들이 원하는 반대의 길로 가면 하나님께 가는 길이라며 고지식한 그

녀석은 나를 가르쳤다.

성격이 온순하고 순종형이며 성적도 꽤 괜찮았던 아이가 고3 때 가끔씩 넋 놓고 앉아 모든 것을 놓아버렸다. '대충 저러다 말겠지' 싶었다. 아들은 이미 그때 자아와 부딪치며 커다란 가치관의 혼동을 겪고 있었나보다. 신학을 전공하겠다는 아들을 달래어 재수를 시켜 일반 공과대학을 보냈다. 입학 후에도 학업은 뒷전이고 기독교 동아리 활동에만 열을 올렸다. 빤히 보이는 그 아이의 미래가 너무 힘들어 보였다. 보다 못해 강제로 해군 입대를 지원시켰다. 이런저런 이유로 해군에서도 1년 만에 의가사 제대를 하고 '국가 유공자' 판명을 받았다.

도저히 가능치 않은 일련의 모든 결론들이 하나로 집약이 된다. 방황하는 아들을 위해 많은 날들을 기도하며 살던 내게 들리던 음성을 잊을 수가 없었다.

"내 아들을 내가 쓰겠노라."

엄밀히 말해 주시는 이도 그분이요, 거두시는 이도 그분이신데 자기 아들을 자기가 쓰고 싶다는데 내가 무슨 권한으로 그 길을 막을 수 있단 말인가? 나는 아이를 잠시 맡았던 보모였을 뿐. 이제 더 이상 그분과 아들이 원하는 길을 막을 어떤 변명도 대시 못했나. 복학을 하고 휴학을 하기를 여러 번, 시간만 허락되면 단기 선교, 해외 선교 닥치는 대로 다니더니 우리나라 교육제도의 불합리성에 대해 저항한다며 한 학년 남기고 자퇴를 하겠단다. 남편과 나는 그즈음 시쳇말로 '멘붕'(정신이 붕괴된 상태)이었다. 자신은 아프리카로 선교 나갈 것이며 가난하고 소외되고 문화의 혜택을 받지 못하는 그들을 위해 '사랑'이 무엇이며 몸으로 그것을 보여주고 싶다고 했다. 소위 '스펙'(구직을 하기 위한 여러 가지 자격증) 은 자신에게 사치라는 것이다. 그러던 녀석을 구슬려 졸업만 하고 뭐든 하고 싶은 것 하라고 했다. 우리가 졌다. 그 아수라장을 겪고 모든 졸업 과정을 8년 반 만에 이수하고 졸업을 앞두고 있다. 세상 사람 모두가 물질 만능으로 성공과 안락을 위해 달려갈 때 나를 위해서가 아니라 소외된 이웃을 위해 함께하는 것을 우리 모두는 '용기 있는 자'라고 박수치지 않았던가. 자신이 정의라고 생각하는 것을 소신 있게 행동으로 옮길 수 있는 것은 진정한 용기가 필요한 일이다. 교회 나가고 예배드리고 소그룹 모임 갖고 봉사하고 그러면 모두 크리스천이 되는 것인가? 결국 힘든 길 가지 말라고 아이를 말리는 나도 그들과 똑같은 오류를 범하고 있는지도 모르겠다. 가까운 가족은 물론 지구촌 모든 사람들에게 씨를 뿌리고 열매를 맺게 해야 한다는 크리스천의 사명을 잠시 묻어두고 육(肉)의 엄마로서 자식이 고단하고 힘든 길의 기로에서 막연히 막고만 싶었었나보다.

큰언니가 소신을 가지고 살았던 70평생에 대하여 '허무하다.'라고 말한다면 내 아들이 가는 길이 결코 허무한 길은 아닐 거라고 생각하기로 했다. 우리 중 누군가는 가야 할 길이고 해야 할 일을 단지 내 아들이 갈 뿐이다. 이렇게 생각하기로 했다. 그래, 영원한 것은 없는 거야. 우리의 육신은 이 세상에 잠깐 왔다 갈 뿐이지. 그분의 뜻이라면 우리는 이 어둠 속에 밝은 빛이 되어야 하고, 부패한 이 세상에 소금이 되어야 한다.

'아들아, 네가 가야만 하는 길이고, 그분이 네게 원하는 길이라면 부디 그 행보에 크리스천의 향기를 뿌려다오.' 이렇게 순종하기로 마음먹으니 조금 편해졌다.

마리아도 그랬을까? 이천여 년 전 마리아도 아들 예수가 세상의 잣대로는 무모하고 험한 길로 가려 할 때 지금의 내 마음과 같았을까? 처음 태에 잉태되는 순간부터 상식으로는 이해할 수 없는 순종이라는 이름으로 묵묵히 가슴속에 묻어 두었던 수많은 질문과 고통들을 어떻게 감내 하였을지 묻고 싶었다.

"당신 마음도 내 가슴처럼 이렇게 시커멓게 타들어 갔었나요?"

(2013년 6월)

슈퍼맨이 돌아왔다

램프의 요정 '지니'를 아는가? 지니는 만화 영화 주인공으로 마법에 걸려 램프 안에 갇혀 있는 요정이다. 그는 램프 주인이 부를 때면 언제든지 나타나 어려운 일을 해결해 주는 덩치 큰 해결사 요정이다. '지니'처럼 내가 슈퍼맨이라 칭하는 사람이 있다. 무슨 일이든 시키기만 하면 해결해 내는 그는 맥가이버로 불리기도 했다. 그는 언제나 주변에 사람을 몰고 다닌다. 의리에 살고 의리에 죽는다. 약자를 보면 불끈 주먹을 쥐고 슈퍼맨처럼 나타나 사안을 평정하고 돌아갔다. 그런 그가 집에서는 상상을 뒤엎는 의외성이 있다. 보드라운 면 이불을 가는 곳마다 끌고 다니며 가슴에 안고 자고 얼굴에 부비며 손으로 부드러운 감촉을 애무하고 다닌다. 밥 먹을 때도, TV를 볼 때도 이불을 품에 안고 갓난아기 다루듯 조심스럽고 신중하다. 신생아 때부터 쓰던 이불이 너무 낡아서 어느 날 몰래 버려버렸다. 울고불고 난리가 나서 다시 주워와 빨아 쓰곤 했다. 그렇게 몇 번의 실패 끝에 중학교 때 굳은 결심으로 몰래 버리고 비슷한 느낌의 새 이불을 사줬다. 몇 날 며칠을 투정을 하며 새 이불과 친해지느라 애를 먹는 듯했다. 최근까지도 그는 새로 정이 든 이불과 함께 숙면을 취하고 나면 정서적 안정감이 들어 새로운 힘이 난다고 했다.

그가 두 살 때 당시 유행하던 '람바다' 음악에 반해서 시간만 되면 음악을 틀어 놓고 몸이 노곤해지도록 춤을 추다가 지쳐 곯아떨어지곤 했다. 실컷 자고 일어나 한 손엔 그 이불을 질질 끌고 또 다른 손에는 우유병을 끌어 안고 나오며 하는 말이 "엄마 나 코에 코딱지가 잠들어 있어. 이거 깨워 줘." 한다. 그때 우리 모두는 그가 분명 대단한 음유 시인이 될 거라고 확신했다.

유치원 시절 그는 대통령이 되고 싶다고 했다. 그 이유가 엄마를 좋은 차에 태우고 다니며 왕후마마 대접을 해야 한다고 했다. 외출할 때나 동네에서 놀이를 할 때도 늘 막대기나 장총을 손에 들고 다녔다. 그 이유 또한 적들에게서 엄마를 보호하기 위해서라고 했다. 유치원 내에서도 허약한 남자아이와 약한 여자아이들을 보호하고 그들의 편이 되어주었다. 자연스럽게 여자아이들이 그를 따르고 좋아했을 뿐만 아니라 대장처럼 남자아이들도 그를 따랐다. 당시 그는 늘 목이 쉬어있고 땀을 흘리며 정열적으로 노는 것을 좋아하는 천생 개구쟁이 남자아이였다.

초등학교 때는 공부도 제법 했고, 학급에서는 언제나 임원을 맡아 했다. 3학년 어느 날 여자 친구 생일 초대를 받았다. 당시 유행하던 외식업체 L에서 준비하는 생일파티용 큰방에 놀랍게도 달랑 그 혼자였다. 여자 친구가 그를 너무 좋아한 나머지 혼자만 보고 싶어 다른 아이들은 일절 초대하지 않았다. 둘이서 놀다 햄버거, 치킨, 피자 잔뜩 먹고 오히려 선물을 가득 받아서 집으로 왔다. 유치원 때부터 예쁜 여자 친구나 형의 여자 친구만 봐도 결혼하자고 했다. 우리는 그가 제발 카사노바가 되지 않기를 간절히 바랐다. 어느 날은 당시 초등학생이 구입하기에는 꽤 가격이 나갔던 '다마고찌'라 불리던 전자게임기를 학교에서 가져왔다. 그의 왈, 친구에게 받은 선물이란다. 나중에 담임으로부터 전화를 받고 알게 되었다. A라는 친구가 B라는 친구에게 매일 맞고 당하고만 있었단다. 그것을 목격한 그가 B를 혼내주며 다그치자 B가 그 상황을 모면하고자 스스로 바친 뇌물이었다. 아직 가치관이 확립되지 않은 상황에서 갖고 싶은 오락기 앞에 입막음이 되었음은 뻔한 상황이었다. 사립학교를 다니던 아이들이라 용돈이 넉넉했던 터였다. 비싼 오락기 선물 공세로 그의 맘을 사려다 B의 부모에게 들켰다. 자초지종을 알게 된 B의 부모가 전학을 가겠다고 하는 바람에 그 전모가 드러나고 말았다. 묘한 상황에서 B의 부모는 그를 오히려 가해자로 지목했다. 이 상황을 알고 있는 다른 친구들이 목격한 바를 알렸고 그는 호된 꾸중과 함께 어찌어찌 그 일은 해결되었다. 그때 우리는 그가 적어도 앞으로는 뇌물로 정의를 흐리는 사나이가 되지 않을 것을 믿었다.

성인이 되어 우연히 동네 어귀에서 B를 만났는데 금 목걸이를 찰랑이며 "야, 나 이제 그때의 찌질이 아니다." 하더란다.

중학교에 진학해서 어느 날 저녁 경찰로부터 ○○중학교 뒷동산으로 빨리 오라는 전화가 왔다. 우리 부부는 놀란 토끼 눈을 하고 한걸음에 달려갔다. 어둠 속에서 아이들 여럿이 무릎 꿇고 두 손 들고 앉아 있었다. 학부모 여러 명과 경찰들까지 서성거리고 있었다. 그의 생일날 호기를 부리며 새우깡 한 봉지에 소주 각 한 병씩 먹고 놀기로 했는데 순찰 중인 경찰에 딱 걸린 거였다. 도망가다 붙들린 녀석, 취해서 울고 있는 녀석, 아빠로부터 따귀를 맞는 녀석…. 한 마디로 난리브루스였다. 자초지종을 듣고 보호자들이 아이를 데리고 하나씩 사라졌다. 우리는 하늘이 무너지는 순간이었다. 그래도 아빠는 다시는 안 하겠다는 약속과 함께 '남자가 그럴 수도 있지' 하며 대범하게 그를 품었다. 그 일이 일어난 뒤 얼마 되지 않아 담임으로부터 호출이 왔다. 후덜덜 떨리는 심정으로 학교에 갔더니, 과학 선생님이 그를 정학 처리를 하겠다고 했다. 이유인즉 선생님께 불손한 죄였다. 그에게 물었더니 선생님이 망신을 줄 요량으로 친구들 앞에서 부모님을 욕되게 하는 발언을 해서 참을 수가 없었다고 했다. 퇴식을 앞둔 여선생님인데 수업시간에 그가 장난을 쳤다고 "너 같은 것을 낳고 네 엄마가 미역국을 먹은 것이 한심하다."고 했단다. 물론 본인이 장난치고 선생님께 버릇없이 행동한 것은 인정한단다. 그러나 자기가 존경하는 부모님을 친구들 앞에서 함부로 무시하는 것이 무척 속상했다고 했다. 그 순간 앞에 있던 교탁을 밀쳐버리고 교실 문을 꽝 닫고 나와 버렸단다. 그 이후 과정은 상상에 맡긴다. 아이들은 평소에 수업 분위기와 학생들을 대하는 방식이 보수적이며 일방적인 과학 선생님께 불만이 많았던 터였다. 그의 일탈이 오히려 학급에서는 대리 만족이 되었다. 그 후 학년 전체에서 작은 영웅이 되어버렸다. 친구들은 더욱 그림자처럼 그를 따랐다. 그 뒤로 공부는 취미가 없고 가방 들고 학교에 잘 가는 것만으로 만족해야 했다. 공부는 재미없어도 학교생활은 무척 재미있는 듯했다. 우리는 그에게 공부는 크게 기대하지 말아야겠다는 생각을 했다. 그때부터 우리는 그를 '슈퍼맨'이라 칭하며 그에 대한 기대를 긍정의 힘으로 돌리고자 애썼다.

고등학교 때 학급에서 왕따 당하던 친구가 있었는데 그 아인 우등생이었다. 단지 성격이 소심하다는 이유로 수업 편성 같은 조원들에게 지독하게 얻어맞고 왕따를 당하는 것을 목격하게 되었다. 담임도 모르게 그 일을 해결하고 그 뒤로 쭉 당하던 친구를 졸업 때까지 등하교를 책임졌던 의리의 사나이기도 했다. 성인이 되어 예비군 훈련장에서 가해자 친구들을 만났는데 충격적인 말을 들었다. 그 당시 피해자 친구가 당하던 일은 빙산의 일각이었단다. 가해자들은 술기운을 빌어 고해성사하듯이 그때 일들을 토해내고 편해지고자 했지만 그는 더욱 더 화가 났다. 그 시절 그를 만나지 못했다면 피해자 친구는 영원히 그늘에 묻혀 정상인으로 살지 못할 뻔했던 거였다. 왕따 당하던 친구는 좋은 대학을 졸업하고 지금까지도 그와 잘 지내고 있다.

공부에 별로 관심은 없지만 중국에서 중국어를 배울 기회가 있었다. 흑인, 백인, 황인들이 어울려 공부하는 대학에서 피부색 갈등도 만국의 언어인 스포츠(축구)로 지혜롭게 해결하는 위트 있는 사나이기도 했다. 우리는 그때 그가 동서양의 세계를 아우르는 멋진 지도자가 되는 꿈을 새롭게 꾸었다. 낙천적이고 주변을 아우르는 성격이 리더로 저합할 것 같은 그는 아이러니하게도 낯선 사람들과 어울리는 것을 제일 힘들어했다. 조금 친해지고 얼굴을 익히면 여지없이 그의 위트와 솜사탕 같은 분위기에 상대는 녹아나고 만다. 덩치 큰 그가 못하는 일은 별로 없었다. 힘으로든, 지혜로든, 음주가무든, 무슨 요리든, 문제해결을 척척 하는 그는 단지 공부하는 것과 책 읽는 것을 싫어했다. 하지만 마음만 먹으면 대학 4년 동안 장학금을 받아 주변을 놀라게 하기도 했다. 주변 사람들은 그를 '사막에 갖다 놔도 살아남을 놈'이라고 했다. 겨울방학 스키장 알바 수입으로 우리 부부 첫 해외여행도 보내주었다. 어렵게 모아서 대장부답게 집안 대소사에 선심을 쓰며 큰손 노릇을 마다하지 않았다.

나는 30년 동안 살얼음을 걷듯 노심초사 가슴 졸이며 곁에서 그를 지켜봤다. 단지 우리는 수렁에 빠지지 않기를 바라는 간절한 심정으로 비틀거릴 때 잡아주고, 힘들어 할 때 그의 편이 되어 주고자 했다. 돌이켜보니 닉네임에 걸맞게 잘 성장해 주었다. 램프의 요정처럼 우리를 기쁘게 하는 '좋은 놈'임에 틀림이 없다. 다 컸다고 생각하며 긴장을 늦추니 힘이 빠진다. 생각해 보니 내 기대가 그를 들었다놨다 했을 뿐 그는 언제나 슈퍼맨이었다. 어려서 장난감 총으로 엄마를 보호하던 그, 용광로 같은 사춘기 방황을 접고 이제 철이 든 그가 다시 돌아와 내 곁을 지킬 차례다. '자식은 나이 들어 위로'라는 말처럼 아쉽고 어려운 일이 생기면 나는 여지없이 그를 부른다.

슈퍼맨~~~~!

점심 먹자

12월 찬바람에 어깨를 움츠린 채 종종걸음으로 바쁘게 걷고 있었다. 은행 일과 장 볼 일을 생각하며 걸음을 재촉했다. 건널목 신호등 앞에 멈춰 있을 때 누군가 내 등을 '탁' 쳤다.

"엄마야, 깜짝이야!"

"점심 먹자"

느닷없이 돌직구로 날아오는 점심 초대에 당연히 '오케이' 해야 할 것 같아 고개를 끄덕였다. 점심을 먹기에는 조금 이른 시간이었다. 오래전부터 가깝게 지내던 이웃이자 친구인 K였다. 무슨 메뉴를 먹을까 고민도 없이 길 옆 국숫집으로 들어갔다. 우리는 둘 다 국수를 좋아했다. 새로 생긴 국숫집인지 깔끔하게 꾸며져 있는 아담한 장소였다. 부추국수와 멸치국수를 시켰다. 의례적인 인사가 오가고 잠시 후 도자기 그릇에 김이 모락모락 나는 국수가 나왔다. 고명으로 부추와 숙주나물이 수북하게 얹혀진 따끈한 국수가 눈앞에 놓였다. 출출하지도 않았는데 추운 날씨 탓인지 말끔하게 뚝딱 먹어 치웠다. 속이 그득한 것이 추위가 한층 녹아있었다. 그녀는 가끔씩 본인이 만든 맛깔난 음식과 간식들을 깜짝 제공해 주는 산타 클로스 같은 존재였다. 그날도 깜짝 점심을 선물 받은 꼴이 되었다. 내겐 보석처럼 귀한 사람이다. '새삼 먹고 사는 일이 무언가' 하는 생각을 했다.

살면서 무수한 식사를 하게 된다. 삼시 세끼는 기본이고 간간이 간식까지…. 대략 80년을 산다면, 죽는 날까지 하루 세 번씩 87,600끼니를 먹는 셈이다. 그 많은 식사를 위해 할애되는 시간 그것을 준비하기 위해 소비되는 시간을 생각해 봤다. 나는 평소 먹는 일을 그리 중요하게 생각하지 않는다. 물론 배가 고프고 먹고 싶은 것이 있을 땐 찾아가 먹지만, 필요한 칼로리를 어떤 형식으로든 충족해 주면 되지 않는가 하는 생각이다. 그중에 점심 한 끼만이라도 간단하면 시간도 절약하고 경제적으로도 이득이고 남은 시간을 다른 효율적인 일에 매달리는 것도 좋다고 생각했다.

K는 내가 급할 때 S.O.S 치면 언제 어디서건 금방이라도 날아와 나의 고민을 해결해 주는 해결사였다. 맞벌이하는 나를 위해 가끔은 아이들의 유모 노릇도 맡아주고, 맛난 음식을 만들어주고, 삶의 길동무가 되어줬다. 그가 어려운 일이 닥칠 때 나 또한 마다하지 않고 달려가 그녀의 디딤돌이 되어줬다. 무언중에 서로를 의지하고 자매처럼 지내는 사이였다.

30년 넘게 있는 듯 없는 듯 그러면서도 꾸준히 곁을 지키는 그녀였다. 먹은 듯 안 먹은 듯 지나갈 수 있는 점심 한 끼지만 무언가 요기를 해서 에너지를 충전하듯이 그녀는 내게 점심 같은 존재였다. 가끔은 특별식이 되기도 하고 때로는 김밥이나 컵라면 같은 존재이기도 했다. 김밥이나 컵라면이 하찮다는 것은 아니다. 어쩌면 상황에 따라 오히려 효율적인 메뉴가 아닐까? 너무 바빠서 시간을 쪼개고 싶을 정도로 틈이 나지 않을 때, 배는 고프고 일은 산더미 같을 때 내게는 이보다 더 좋은 메뉴는 없었다. 어떤 상황이든 내 기호를 알아차리고 처리하는 K는 내게는 더없이 편한 존재였다.

그녀를 만난 건 둘째 아이 출산을 앞두고였다. 너나없이 어려운 시대였다. 방 한 칸에 살다가 출산을 위해 방 두 칸짜리 반지하 전세로 이사를 했다. 한겨울 낯선 동네, 낮인데도 캄캄한 집 안에 박혀 큰아이와 자고 먹고를 반복하며 지냈다. 가끔 장에 다녀오고, 또 가끔 친정에 다녀오고 그런 모습을 그녀가 지켜봤나 보다. 어느 날 낮, 우리 집 문을 누군가 노크했다. 아무도 올 사람이 없는데…. "누구세요?" "나 앞 집이에요" 하고 문을 열자 그녀가 까만 비닐봉지 든 손을 내민다. "아이랑 먹어요" 하고 총총히 사라진다. 열어보니 김밥 두 줄이었다. 은박지에 쌓인 따뜻한 김밥을 먹으며 눈물이 찔끔 나왔다. '내가 많이 외로웠나!' 만삭의 몸, 임신 막바지라 감정의 기복이 자유로웠다. 그 후 급물살을 타고 우리는 마음의 문을 활짝 열어버렸다. 지금껏 살면서 서로의 기대를 사소한 것이라도 배신한 적이 없는 존재였다. 그만큼 그녀는 마음의 무늬가 예뻤다.

그런 그녀에게 위기가 왔다. 부모·형제에게도 알리고 싶지 않은 가슴 속 자존심에 상처를 받았다. 남편의 외도로 하루아침에 혼자 아이들 둘을 맡아 월세방에 버려졌다. 청천벽력 같은 상황에 울음도 제대로 나지 않아 가슴을 부여잡고 내 앞에 엎어졌다. 말없이 등을 토닥여 줄 뿐 내가 할 수 있는 일은 없었다. 한참을 속울음을 꺽꺽 뱉어내던 그녀가 고개를 들어 남편의 험담을 쏟아냈다. 나는 그녀 편이 되어 더 세게 그녀 남편 욕을 쏟아냈다. 이웃으로 때론 친구로 살면서 아픈 그녀와 나의 세월을 그렇게 묻었다. 힘들고 어려운 일이 생길 때, 좋은 일 축하해 주고 싶은 일이 생길 때면 누가 먼저랄 거 없이 "점심 먹자" 했다. K와 난 아들만 둘씩이다. 그래서 동병상련 통하는 것도 많았다. 세월을 거슬러 그때 코흘리개 아이들이 대학을 가고 군대를 가고 결혼을 했다.
우리의 점심은 때론 눈물로, 때론 환희로 허기를 채웠다. 앞으로 우리들에게 남아 있을 점심시간이 기쁨으로만 관철되기를 바라지는 않는다. 무시로 희로애락(喜怒哀樂)이 다가올지라도 묵묵히 서로의 손을 잡아 줄 K같은 친구가 곁에 있다면 더없이 좋으리라. 점심 때가 다가오면 어디선가 "점심 먹자" 하고 금방이라도 그녀가 불쑥 나타날 것만 같다.

자석처럼

청소하다가 동전만한 자석을 주워 서랍에 넣어두었다. 그 뒤로도 사소한 핀이나 못·고리 등을 보이는 대로 서랍에 밀어 넣었다. 언젠가 꼭 쓰일 일이 있을 것 같았다. 그러면서 서랍 안은 점점 복잡해지고 엉망이 되었다. 어느 날 필요한 무언가를 찾다가 몽땅 엎어지고 말았다. '오 마이 갓!' 이것저것 고물들이 자석에 붙어서 한 뭉치가 되었다. 남편이나 아이들이 뭐든 필요하면 "여보" "엄마" 부르기 바빴다. 그때마다 나는 뭐든 해결해 주는 해결사였다. 그때마다 필요한 것들은 모두 그 서랍 안에서 나왔다.

어린 시절 어느 책에선가 감명 깊게 읽은 기억이 난다. '사랑은 상대방 입장이 되어주는 것' 그 뒤부터일까? 사람을 만나면 상대의 마음을 헤아리는 버릇이 생겼다. 배려심이 관심이 되고, 때로는 사랑이 되었다. 그래서 그런지 주변에 사람이 늘 꼬였다. 나는 입바른 말 야멸찬 말을 잘하지 못하고 상대의 말을 많이 들어 주는 편이다. 단점보다는 되도록 상대의 장점을 많이 보려고 했다. 그렇다고 해서 내 안에 생각이나 판단이 없는 것은 아니었다. 불평불만이 있고 썩 맘에 들지 않아도 관계는 이어졌다. 어쩌면 그것은 어린 시절부터 형성된 내 천성인지도 모르겠다.

"순이야 청소 좀 해 놔라." "순이야 가게 가서 콩나물, 두부 좀 사 와라." "순이야 마실 물 좀 떠 와라." "순이야 옆집 가서 망치 좀 빌려 와라." 어려서부터 나는 착하고 순한 아이로 길러졌다. 순하다고 호적에 본명을 젖히고 아명인 순이로 불려졌다. 칠 남매 중 여섯째인 나는 부모님과 언니 오빠들 틈에서 잔심부름을 도맡았다. 막내는 어리고 바로 위 언니는 고집 세다고 모두들 나만 불렀다. 말없이 순종형이라 더 만만해 했다. 난들 왜 불평이 없겠는가. 가끔은 가슴속에 불만이 보글보글 끓어오를 때도 있었다. 그때마다 최면을 걸 듯 '착한 아이' '천사 순이'인 내 이미지로 되돌려 놓았다. 내가 좋아하는 엄마 아빠 오빠 언니들한테 실망을 주고 싶지 않았다. 특별히 잘하는 것 없는 내가 착한 아이로 인정받는 것이 칠 남매 중에서 자리매김하는 유일한 무기라고 생각했는지 모르겠다. 무엇보다도 선한 영향력이 세상을 변화시킬 거라는 확고한 신념이 어려서부터 내 마음 안에 있었다.

그래서일까? 어려서부터 자석처럼 내 곁에는 강한 사람, 센 사람과 잘 지냈다. 내가 상대를 원한 적도 있지만 상대가 대부분 나를 택한 것 같았다. 연약하고 나약해 보이는 나를 보호본능으로, 때로는 쉬운 상대로 자석처럼 붙었다. 초등학교부터 고등학교까지 같은 학교를 다니던 바로 위의 언니는 12년을 나의 손을 꼭 잡고 다녔다. 뭔가 어리숙하고 누군가에게 매일 당할 것 같은 불안감이 그녀의 보호본능을 자극했으리라.

지금은 미국 LA에 살고 있는 학교 때 제일 친했던 친구도 센 여자였다. 선생님들도 그녀에겐 함부로 할 수 없는 카리스마 가득한 간부학생이었다. 중·고등학교를 붙어 다녀서 오죽하면 "너희들 수상해! 사귀니?" 하고 친구들도 농담처럼 묻곤 했었다.

남편 또한 늘 나를 물가에 내놓은 아이 취급으로 불안해했다. 잘 넘어진다고 조심하라. 차 조심, 사람 조심, 심지어 물건을 살 때 계산 잘 하라고 노심초사다. 이제는 자녀들까지도 마찬가지다. 하지만 지금껏 나는 교우관계도, 사회생활도 그 누구와도 원만하게 잘 지내왔다. 학창시절엔 학급 실장도 맡았고 학도호국단 간부도 했었다. '나의 어떤 부분이 그들에게 불안감을 조성했을까?' 갑자기 궁금해졌다.

나는 다툼이 생기면 손해 보는 게 편했다. 이유 없이 신세지는 게 불편했다. 나는 상대의 필요를 채워줘야 맘이 편했다. 누구에게 건 내가 할 수 있는 최선을 다했다. 그것이 무엇이 되었든 간에….

자석처럼 내 주변에 친하게 지내는 사람들을 다시 관찰해 보았다. 과연 그들이 필요에 의해 나를 이용하고자 만나는 존재였을까. 인간은 상호간 필요에 의해 관계를 지속하고 있는 것은 맞다. 자석처럼 붙어서 서로의 필요를 채워주는 존재. 가족이라는 공동체, 친구라는 관계, 이웃과 무수한 관계들…. 소위 인연이라는 것.

때로는 귀찮기도 하고 모른 척하고 싶기도 한 주변의 사사로운 사람들, 새삼 그들의 소중함을 생각해 본다. 어느 한순간에 맺었던 관계이지만 관계를 맺는 시점은 진정성 있는 소중한 인연들이었음을 뇌는 기억한다. 지나온 인연도, 현재의 인연도, 미래에 다가올 인연도 귀하고 소중하다. 내 생에 꼭 필요한 존재들이기에 엮어진 것이리라.

우리는 자석에 붙은 철재 부스러기들처럼, 다른 듯 닮은 분자들의 집단 속에서 공통의 교집합을 찾아 서로의 안위를 걱정하고 바라보아 주는 존재들이 아닐까. 서로간의 소속감 안에서 안정감을 얻고 위로를 얻고 다시 전진하는 힘을 얻기도 하리라. 내가 쓰레기들을 모아 놓은 것이 아니라 꼭 필요할 때 쓰기 위해 모아 놓은 소모품들이었으리라.

인도 시인 미르자 갈리브가 말했다.

"나는 음악도 아니고 악기도 아니다. 나는 나 자신이 부서지며 내는 소리다."

내가 온 몸으로 내는 삶의 소리에 상대는 반응하고 자석처럼 붙어 함께 걸어간다. 그것이 인연이라는 고리로 서로의 삶이 되고 작은 역사가 되는 것이리라.

미련한 사랑

"엄마 탓이니까 알아서 해. 이혼을 하든지 감수하고 살든지…."

'참, 아들 키워봤자 라더니….' 아들은 내 편을 들어 주는 건지 아니면 저희 아빠를 욕 먹이자는 건지 모호한 발언을 한다. 한마디로 '당신들이 좋아서 결혼한 것이니 당신들 알아서 해결해라, 나는 상관하지 않겠다.'는 강력한 메시지였다. 이쯤 되면 나는 사건의 진상에서 벗어나 슬금슬금 꼬리를 내리고 남편이 불쌍해지기 시작한다. 병이 들어도 중병이 든 나다.

아이들 어려서는 절대로 내색도 안 하고 혼자 끙끙 앓다가 혼자 풀어지곤 했는데 이상하게 나이 들면서부터는 조절이 잘 안 되었다.

"오늘 사람들 많을 때 실수하지 않도록 불조심 또 안전조심 알지?"

틀린 말도 아니고 나쁜 말도 아닌데, 수십 번째 같은 말을 반복하고 있다. 가뜩이나 손발이 바쁘게 움직이며 생각이 많은 순간에 아들과 나의 눈빛이 교차하며 저절로 미간이 찌푸려졌다. 순간 나도 모르게 소리를 버럭 질렀다.

“아, 좀 고만해! 같은 소릴 지금 몇 번째야?”

순간 인상이 험악하게 변하며 거친 말투로 “그래? 그럼 앞으론 너희들이 다 알아서 해, 다신 나 부르지 말고…” 하며 문 쾅 닫고 나가버린다. 이제 여봐란듯이 가게 근처에는 얼씬도 안 할 것이며, 말문을 닫고 며칠쯤 시위를 할 것이다.

아들이 운영하는 수제 햄버거 가게에 명절을 맞아 손님들이 밀려올 것을 염려하여 남편의 잔소리가 계속 줄을 이었다. 평소 꼼꼼한 성격의 그와 매사 ‘좋은 게 좋은 거’로 일관하는 내가 자주 부딪치는 일 중의 하나다. 사실 부부싸움이란 게 사소한 일로 불쏘시개를 만들어 온 집안을 불덩이로 키웠다. 갱년기가 되면 부부가 서로 호르몬 관계로 감정 기복이 생긴다더니 그런 건가?

사실 문제는 신혼 시절부터 시작이었다. 이견이 생겨 다툼이라도 일어나면 응당 목소리부터 커지는 그였다. 게다가 성질 급해서 극단적인 결론을 먼저 내어버리는 성격이 나로서는 적응이 안 되고 감당하기도 버거웠다. 그리곤 며칠이 가도 입 닫고 묵비권 행사를 하며 시위한다. 답답한 내가 먼저 말 걸고 “미안하다 잘못했다” 하며 풀어줘야 끝이 난다. 결혼 후 3개월 만에 임신을 했다. 배 안에 아이한테 미안해서 큰소리 한 번 못 치고 흐지부지 세월을 보냈다. ‘양가 부모님들 연세도 많으

신데….' '누가 결혼하라고 밀은 것도 아니고 지들이 좋아서 한 결혼인데….' '내가 조금 참으면 집안이 조용한데….' '막내라서 그래….' '술 담배 안 하고 가정적이고 성실한 것만 봐도 다른 것 참아 줄 수 있잖아?' 이런저런 말도 안 되는 변명거리로 짚고 넘어가야 할 중요한 사안들을 지나가고 넘어가고 건너가고 그랬다. 내가 남편의 성격을 맞추느라 그렇게 길들여지고 당연히 지금의 현실에 와 있는 거였다.

친정엄마가 돌아가셨을 때였다. 주체할 수 없이 눈물과 통곡이 나왔다. 결혼 전 엄마가 몸져누워 있을 때 살아생전에 식 올린다며 서둘러 결혼식을 올렸다. '좀 더 엄마 곁에서 병시중도 들고 효도도 할 걸' 하는 뒤늦은 후회가 더욱 나를 통곡하게 했다. 첫 아이 배불렀을 때였다. 그는 만삭인 내가 걱정이 돼서 조용히 불러내어 그만 좀 울라고 당부했다. 나는 친정 언니들에게 남편이 섭섭하다고 말했고, 그 말을 우연히 듣게 된 그가 분노했다. 자신의 진심을 왜곡했다는 거였다. 엄마의 죽음과 남편의 분노, 이중 고통으로 며칠씩 내 애간장이 녹았다. 서로 오해를 풀고 해결할 수 있는 사안인데도 냉랭한 집안 분위기가 싫어서 속없이 "내가 다 잘못했노라"고 분위기 전환을 하고 말았다. 그의 말대로라면 살면서 잘못한 거라곤 하나도 없는 사람이었다. 그가 최고 가정적이고, 좋은 아빠, 좋은 남편, 제일 현명한 사람이었다. 이상하게도 언제나 내가 다 잘못한 것으로 결론이 나고 말았다.

결혼 당시 그는 멀쩡히 부모·형제 다 있고 좋은 직장에 사지 멀쩡하고 건강하며 게다가 인물까지 훤했다. 뭐가 불쌍하다는 건지…. 참 알다가도 모를 일이다. 무슨 인연인지. 꼭, 그는 내가 아니면 어디 가서 사람 대접 못 받고 혼자 고독하게 늙어 죽을 것만 같았다. 그 무엇보다도 두 아들 녀석들에게 부모로 인해 정서적 불안감을 심어주고 싶지 않았다. 나 하나만 참으면 아무 일도 없는 듯, 평온한 듯, 우리 집이 제일 행복한 듯, 남편이 최고인 듯 되는 거였다. 밖에서 일하는 사람 신경 거슬리지 않게 비위 맞추려 애썼다. 그것이 내 발등을 찍고 올무가 될 줄이야. 그렇게 되는 것이 아니라 그런 듯 되는 거였다. 그동안 잘도 참아냈던 속의 것들이 불쑥불쑥 올라왔다. 그는 더 소심해지고 나는 강해지며 갈수록 자꾸만 거슬리는 그의 언어와 행동, 삼식이(?)로 전락한 모습이 울컥 내 화를 돋우었다. '아이고, 내 팔자야!' 하면서도 내가 내 발등 찍은 격이니 어쩔 수 없는 노릇이다.

2016년 노희경 작가의 〈디어 마이 프렌즈〉라는 종편 드라마를 재미있게 보았다. 50대 후반의 여자 친구들과 그 주변이 겪는 애환을 그린 드라마였다. 등장인물 하나하나가 애착이 갔지만 그중 문정아 역할의 나문희 배우가 그리는 그녀의 삶이 나와 닮아서 눈물 흘리며 보았던 기억이 난다. 극 중 남편 김석균(신구 扮)은 가부장적이며 인색하고 무슨 일이든 자신의 주관대로 집안이 돌아가야 성질이 풀리는 사람이었다. 그 그늘에 평생 순종하며 묵묵히 살던 그녀가 어느 날 폭발하는 모습에서 묘한 카타르시스를 느꼈더랬다. 평생 손해만 보고 감정 없는 사람처럼 비위 맞추며 무덤처럼 살 것만 같던 그녀가 어느 날 조용히 가출을 강행한다. 조촐하지만 자신만의 공간에서 아무 때나 일어나고 김치 한쪽에 밥 한 그릇을 두 다리 쭉 뻗고 먹는 그녀를 보며 '사는 게 뭔가?' 하는 생각이 들었다. 그녀의 집에 남편이 매일 찾아와 진심을 보이자 다시 측은지심 발동, 결국은 노년에 우정처럼 살아가는 그들을 보며 어쩔 수 없는 애증을 보았다. 애증의 관계, 사랑과 미움은 백지 한 장의 차이라더니….

꼴도 보기 싫다가도 풀 죽어있는 그의 모습을 보면 안쓰러워 다시 슬쩍 내가 먼저 손 내밀고 만다. 이미 몸의 익숙한 근육처럼 습관이 되어버린 그의 행동들은 쉽게 고쳐지지 않았다. 나 또한 측은지심을 남발하며 그렇게 익어가는 것이 부부인가보다. 그러자니 '내 탓이요!' 하며 가슴만 치고 있을 뿐이다. 바보 같은 이 짓을 언제까지 계속해야 하는 걸까? 할 수만 있다면 딱 일 년만 그보다 먼저 죽고 싶다. 아니다. 일 년은 너무 형량이 부족하다. 5년쯤이 좋겠다.

"피고 박**는 원고 김순례를 평생 미련한 사랑에 붙들리게 한 죄로 사랑법 제 *조 *항에 의거해 5년간 철저한 고독 속에 살다가 천국에서도 100M 접근 금지 함을 명한다." 땅! 땅! 땅!

이런 깜찍한 복수를 꿈꾸는 것을 그는 알기나 하는지….

도르멍 식당

제주시 함덕 해변에서 검은 오름 방향으로 꼬불꼬불한 도로를 따라 10여분 가노라면 조그만 마을이 있다. 한적한 외곽도로변을 따라 제주 돌담들이 정겹게 어깨동무를 하고 있다. 키가 큰 편백나무와 삼나무가 방풍림이 되어 줄지어 서 있는 모습이 이국적이다. 끝도 보이지 않는 감귤 과수원 수만 평이 길 따라 연이어져 있다. 군데군데 돌담으로 무장한 무덤들이 과수원 한가운데 어우러져 있다. 더러는 수익이 떨어지는 감귤농장을 갈아엎고 밭으로 전환하기도 했다. 봄이면 왕벚꽃나무가 도로변을 장식한다. 벚꽃이 필 때면 제주 드센 바람이 시샘을 내 꽃잎이 떨쳐 흰눈처럼 흩날리게 한다. 꽃이 피는 것도 지는 것도 바람에 날려 바닥에 쌓이는 것도 슬프도록 미쁘다. 여름엔 마을 입구마다 아름드리 커다란 팽나무 그늘이 한적한 풍요를 가슴에 툭 던져준다. 그 그늘 밑에 해먹을 드리우고 늘어지게 낮잠이라도 자고 싶은 충동을 느낀다. 가을엔 코스모스가 흔들흔들, 겨울엔 동백이 붉게 물드는 아름다운 길이다. 마을을 조금 지나 도로변에 커다란 식당 간판이 보인다. 도르멍, 도르멍은 제주 방언으로 '빨리' 혹은 '달리다'라는 뜻이다.

오전 11시 30분이 넘으면 사람들이 식당 문을 열고 들이닥친다. 주변 농장에서 일하던 사람들, 공사 현장에서 일하던 사람들, 근처 농협 공판장에서 일하던 사람들, 주변 펜션에서 아침 겸 점심을 먹으러 오는 사람들, 종종 지나가는 관광객까지……. 한 끼에 칠천 원 받는 가정식 뷔페식당이다. 처음에 산중에 있는 식당에 누가 올까 싶었는데 점심시간이 되면 도로변 양쪽에 줄지어 차들이 설 곳이 없다. 주차 문제로 주민들이 아우성칠 정도로 점심시간이 성업이다. 오후 3시까지 영업을 하는데 여사장님은 늘 바쁘다.

처음 그녀를 만났을 때 왠지 나를 관찰하는 듯 눈매가 썩 편치 않았다. 그녀 집 옆으로 내가 이사를 하면서 알게 되었다. 평소 낯선 사람과 말을 잘 섞지 않지만 시골 살면서 이웃과 잘 지내야겠다는 생각이 자연스럽게 가까워졌다. 게다가 나이까지 동갑나기였다. 우연히 찾아간 교회에서 또다시 그녀를 만났다. 그 교회 권사님이있다. 잘 왔다고 내 손을 붙들고 놓을 줄을 몰랐다. 그녀의 내면이 궁금할 즈음에 과감하게 스스로 자신의 입장을 털어놓았다. 그녀의 히스토리를 듣노라면 가슴이 먹먹해진다.

나이든 친정 노모와 딸 하나를 데리고 재혼한 그녀는 충청도에서 온 육지 것(육지에서 이사 온 사람)이었다. 제주로 시집와 살던 첫 남편이 막대한 빚을 지고 방탕한 생활을 하다가 가산을 모두 탕진하고 이혼을 했다. 물론 그녀가 그 빚을 다 감당하고 아이 데리고 빈손으로 집을 나섰다. 그것이 그때 그녀가 선택할 수 있는 최선의 방법이었다. 그렇게나마 빚더미와 지긋지긋한 그에게서 벗어날 수 있었던 것에 감사했다. 관광지인 함덕 해변으로 노모와 어린 딸 손잡고 터덜터덜 건너와 식당일하면서 근근이 살았다. 가진 게 너무 없어 힘들 무렵 일본으로 건너갈 계획을 세웠다. 딸과 친정엄마를 남겨두고 일본에서 돈 벌어 고국으로 송금하면 형편이 좀 나아질 것 같았다. 그러나 그 계획은 곧 수포로 돌아갔다. 그녀의 음식 솜씨를 알고 있는 지인의 도움으로 조그만 식당을 하게 되었다. 노모와 사춘기 딸아이를 떨쳐 버릴 수 없었다. 그러던 중 전 남편의 비보를 들었다. 술에 쩌들어 살다가 병을 얻어 그만…. 그녀의 성실함과 음식 솜씨에 가게는 성황을 이루었다. 그렇게 일 년 만에 빚을 다 갚았다. 조금 더 확장하여 다른 식당을 하고 있을 때 지금의 남편을 만났다.

그 또한 아내와 이혼하고 혼자 딸 하나 키우며 외롭게 살고 있던 제주 토박이 남자였다. 말수가 없고 농사지으며 무료한 촌 생활을 하던 차에 씩씩한 한 여자를 보고 반했다. 동병상련의 아픔과 외로움을 서로에게서 읽어냈다. 일 끝나면 동네 친구들과 술 한잔하는 재미로 살던 사내였다. 그녀 나이가 세 살 위였지만 그런 것은 문제가 되지 않았다. 무덤처럼 덤덤한 이 생활을 벗어나고 싶었다. 건강한 에너지 넘치는 그녀와 함께라면 무엇이든 할 수 있을 것 같았다. 몇 달을 쫓아다니며 그녀의 마음 사기를 기다렸다. 그 남자의 마음을 알게 된 응원군들이 여기저기서 그녀를 찾아와 설득했다. 전혀 아니라고 고개를 내두르던 그녀도 그 남자의 정성에 조금씩 마음이 동했다. 결국 노모와 양쪽 집 딸들과 함께 살림을 합치기로 합의를 봤다. 약식으로 양가 가족들과 가까운 친구들 앞에서 언약식을 했다. 세 살 연하의 남자와 재혼을 하면서 혼수는 친정 엄마와 전 남편의 딸이었다. 언약식을 하고 얼마 지나지 않아 남편의 전 아내가 병환으로 세상을 떠났다는 비보를 들었다. 그녀는 노모를 위해 저축해놨던 상조보험을 남편의 전 아내 장례비용으로 허용할 만큼 마음 밭이 너그러웠다.

그녀의 식당사업은 점점 더 승승가도를 달렸다. 해변에 조그만 건물에 감자탕집을 하다가 선흘로 건물을 지어 다시 이사를 했다. 시댁과 남편의 농장이 선흘 마을에 있어서 근처에 있는 것이 유리할 것 같아서였다. 초 긍정의 에너지를 발산하는 그녀는 무슨 일이든 시작하면 끝장을 보았다. 불가능할 것 같았던 산중의 식당이 사람들로 복닥거렸다. 재혼한 지 15년 그녀는 이제 수천 평의 땅과 상가가 두 개나 되는 건물주이다. 틈만 나면 그녀는 주변에 사람들을 불러 맛있는 음식을 나누기를 좋아한다. 친정 노모를 극진히 모시며, 시댁 어르신들을 정성으로 섬기고, 시댁 형제들과 우애 다지기에 헌신의 노력을 했다. 이상하게 친정 형제들 모두 단명을 했다. 친정엄마의 노후부양이 어쩔 수 없이 사남매 중 막내인 그녀의 몫이 되었다. 오후 3시 식당 문을 닫으면 봉사와 친교

활동으로 몸이 열 개라도 부족했다.

새벽 5시 예배를 드리기 위해 매일 4시 30분이면 그녀와 나는 차를 타고 15분 거리의 교회로 향한다. 예배가 끝나고 조용히 기도하는 시간이면 예배당 맨 앞줄에 앉아 가끔은 흐느끼며 어깨를 들썩인다. 오늘따라 그녀의 뒷모습이 유난히 무겁고 고독해 보인다. 절대로 입 밖에 배설하지 않는 그녀만의 처절한 고독이 뒷모습에서 묻어 나온다. 나는 안다. 그녀가 왜 그렇게 많은 모임을 원하는지를, 왜 사람들 사이에 섞여 있기를 좋아하는지를, 왜 그렇게 퍼 주고 나누고 배려를 하는지를, 왜 현실의 아픔에 불평불만을 삼키며 혼자 소리 없이 흐느끼며 우는지를…….

어려서부터 엄마의 무관심 속에서 자랐다고 했다. 부모님의 풍파가 그녀에게 전해져 걸핏하면 쫓겨나고 외가에서 거의 자랐단다. 젊은 시절 식당을 운영하던 엄마의 영향을 받아 일찍이 삶의 현장에 나가 밥벌이를 했다던 그녀. 97세의 치매 노모를 등에 지고, 커다란 식당을 운영하며, 둘째인데도 맏며느리 역할을 자진해서 도맡아 하는 여장부였다.

유일한 혈육인 딸에게 모든 정성 바쳐 사랑으로 감싸는 그녀. 그녀는 평생을 몸뗑이 하나 믿고 세파에 맞서 달리고, 시간을 달려서 지금의 모습으로 우뚝 서 있다. 자기 인생 드라마 같은 간판 제목을 걸고 초대형 주방 안에서 오늘도 분주하게 달리고 있는 중이다. 원피스를 좋아하고 벌레를 보면 기겁하고 밤길을 두려워하는 그녀. 슈퍼우먼 철인 같은 겉모습 이면에 가냘프고 여린 감성의 그녀가 있다. 그녀의 소원은 친정 엄마가 건강히 살다 무사히 하늘나라에 도착하는 것과 딸들이 좋은 짝 만나서 잘 사는 모습을 보고 싶단다.

그녀가 더 이상 눈물 흘릴 일이 없기를, 평생 지고 있던 등짐이 가벼워지고, 아프지도, 고독하지도 않기를 박수치며 응원한다.

"이제꼬지 막조르게 도루멍 왔시니 이제랑 팬안허게 삽써 예"

배냇저고리

"카톡, 카톡, 카톡"

밤 11시쯤 방정맞게 이어지는 카톡 소리에 핸드폰을 찾아 들었다. 들여다보니 아직 눈도 안 뜬 갓난아기 사진이 여러 장 들어왔다. '오 마이 갓!' 2주 전 태어난 손자였다. 목욕 후에 옷을 갈아입혀 찍어 보낸 사진이었다. 서울에서 제주에 있는 조부모에게 아침저녁 사진으로 문안 인사를 보내왔다. 아직 덜 여물어 옷과 몸이 제멋대로 따로 놀고 있다. 어깨는 삐져나와 있고 손은 탈춤을 추듯이 소매 끝이 길게 늘어져 흐느적거리고 있다. 만사가 귀찮다는 듯 얼굴은 찡그리고 몸은 이리저리 비틀고 있다. 발목에는 다 늘어진 양말을 신고 있다.

2주 전 서울 사는 큰아들로부터 전화가 왔다. 태연한 목소리다.

"엄마 기쁨이가 진통을 해요."

"오, 그래 얼마나 됐어?"

"밤새 진통하긴 했는데 한 시간 간격이 된 건 얼마 안 돼요."

"알았어. 곧 갈게."

"금방은 안 나올 테니 천천히 조심히 오세요." 한다. 초산이라 조금 늦겠다 싶긴 했지만 저렇게 태연한 아빠라니……. 끌끌 혀를 차며 전화를 끊었다. 요즘은 출산 전 예비 엄마 아빠가 함께 산부인과에서 교육받는다고 한다. 인터넷을 통해서도 정보가 넘쳐나 오죽하면 정보의 홍수 시대란다. 가끔은 가짜 정보에 속기도 하지만 요즘 초보 부모들은 옛날 나에 비하면 참 똑똑하다는 생각이 들었다. 다음날 새벽 행 비행기 티켓을 예약하고 짐을 꾸렸다. 오래전 꾸려 놓았던 보따리도 잊지 않고 챙겼다.

새벽부터 설쳐대며 제주에서 서울로 왔건만 하루가 지나도 감감소식이었다. 다른 일을 보다가도 모든 신경을 곤두세우고 그쪽으로 안테나를 고정하고 있었다. 이틀째 산고를 치르고 있었다. 일단 산부인과에 가서 기다리기로 했다. 아직도 10분 간격으로 진통을 한단다. 간단하게 근처에서 점심을 먹고 분만실 앞에서 기다렸다. 오후 2시쯤 드디어 아기 울음소리가 울렸다. 우리 아기인가? 아니었나. 내형 산부인과여서 같은 시간대에 분만실에 여러 명의 산모가 있었다. 몇 명인지 울음소리가 몇 개 더 지나가고 우렁찬 사내아이 울음소리가 들렸다. 잠시 후 분만실 문이 스르륵 열리더니 수술 보자기에 싸서 아직 양수가 묻은 아기를 씻기 전에 가족에게 보여주는 시간이었다. 아……. 그 감격이라니……. 그날은 거기까지였다. 다시 아기를 보기 위해서는 다음날 오전 11시 면회 시간에 와야 한단다. 산모와 아이를 세균으로부터 보호하기 위한 조치란다. 일단 산모가 출산을 끝내고 돌아가 있는 병실로 갔다. 출산 전 체중이 40kg 정도 나가던 기쁨이(며느리)는 허옇게 지쳐서 누워 있었다. 나의 첫 출산 때가 생각나서 기쁨이를 부둥켜안자 눈물이 왈칵 쏟아졌다. 수고했다고 등을 토닥토닥 두들기며 우리는 한참을 울먹거렸다. 내 품에 안긴 며느리도 눈시울이 붉어지며 "엄마 잘 키울게요." 한다. 나는 특별한 출산 선물을 기쁨이에게 주었다. 제주에서 조심스럽게 가져온 보따리를 내밀었다. 일순간 내용물이 무언지 아는 기쁨이의 눈가가 촉촉해졌다.

큰아들(아기 아빠)이 신생아 때 입던 배냇저고리와 손발싸개를 작은 아들이 물려받아 입었다. 두 아들이 다 커 버린 후에는 보자기에 싸서 장롱에 잘 보관해 두었다. 해마다 여름이면 꺼내어 삶아서 좀약과 함께 오래된 고가구 밑바닥에 잘 싸 두었다. 이사를 수십 번 다니고 중국으로, 제주도로 이사를 할 때도 곱게 모셔두었던 옷 보따리였다. 아이가 커 가면서 중요한 일이 있을 때마다 그것을 꺼내들고 기도하듯이 다시 삶아 보관하곤 했다. 아이들을 키울 때 어르신들이 그랬다. 배냇저고리를 잘 보관했다가 그 아이가 커서 큰일을 치를 때 하나씩 태우면 좋다고 일러주었다. 아이가 자라 어려운 시험을 통과하거나 군대 입대를 한다거나 결혼을 할 때 그 옷 보따리를 꺼내 펼쳐보며 아이의 지난 시간들을 추억하곤 했다. 유난히 격정의 시기를 보낸 사춘기 때나 선교를 나가겠다고 부모의 가슴을 애타게 하던 그때마다 꺼내어 우두커니 앉아 바라보곤 했다. 출렁이던 때마다 기도하는 마음으로 보따리를 재정비하곤 했다. 그리곤 아이가 건강하게 태어나 내 곁에 지금껏 머물러 준 것만으로 감사함을 인정해야 했다. 그러고나면 전보다 훨씬 가벼운 마음으로 아이를 대하게 되었다.

물론 유행도 바뀌고 낡아서 새 아기에게 입히기에 적절한 옷은 아니었다. 하지만 아버지가 신생아 때 입었던 옷을 자식이 물려받아 입을 수 있다는 것은 정말 운이 좋은 일이 아닐까. 그만큼 무난하게 평탄한 삶을 살았다는 얘기이리라. 평소 부모로서 자녀에게 제일 좋은 유산은 건강한 가정을 보여주는 것이라 생각했다. 부모가 사는 모습을 보고 자란 아이가 또 다른 가정을 만들어 갈 때 샘플이 되어줄 수 있기를 바랐다. 긍정의 확대 해석하는 병이 습관처럼 또 도졌다. '그럴 수만 있다면 참 좋겠다!' 하는 막연한 기대에 보관해 두었던 옷이 실체가 되어 사진에 찍혀 보내온 거였다. 한시라도 빨리 그 모습을 내게 보여주고 싶은 며느리의 예쁜 마음이 전해졌다.

나는 친정어머니가 일찍 돌아가셔서 결혼한 언니 집에서 산후조리를 했다. 3주 만에 조리를 끝내고 언니 집에서 내 집으로 돌아왔다. 가난했던 그 시절 연탄불 때던 단칸 가겟방에서 추위에 떨며 신생아를 목욕시키던 생각이 났다. 갓난아기가 입술이 시퍼레지고 다달달 떨며 울음소리조차 크게 내지 못했던 생각이 났다. 남편과 함께 목욕시키며 소리 없이 눈물이 주르르 내 뺨을 타고 흘러 내렸다. 배냇저고리를 꽁꽁 싸서 입히며 다시는 이 아이 앞날에 춥고 배고프지 않은 모습으로 잘 살아야겠다는 묵언의 약속을 했다. 두 아들을 목욕시키고 입혔던 그 배냇저고리를 34년 후, 2주된 손자가 입고 있는 모습을 보는 순간 믿을 수가 없었다. 볼을 타고 주책없이 흐르는 눈물을 막을 길이 없었다. 감격 그 자체였다.

약속대로 우리는 성실히 살았고 아들 둘은 성인이 되었다. 큰아들이 어느덧 아빠가 되어 손자까지 보았다. 그동안 춥고 배고프지 않았던 것은 하늘이 가려주었으리라. 살면서 험한 꼴 보지 않고 살아가게 해달라고 신께 늘 기도했다. 큰 기대를 한 적도 없다. 세상에서 가장 살기 힘든 것이 평범하게 사는 것이란다. 그 기도가 통하였을까. 이쯤이면 평탄하게 살아온 것임을 알기에 그저 감사할 뿐이다. 소소하게 기쁘고 행복할 거리를 찾아 나서는 일상, 바로 이런 것이 축복이리라.

하늘 아래 그 어떤 추위도 녹일 수 있는 사랑스런 평화의 천사 다엘이 배냇저고리 입고 오늘 우리에게 왔다.

2018. 5. 20

('다엘'은 손자 이름 : '다니엘' 선지자의 약자)

가까이 하기엔 너무 먼 당신

첫 사랑, 첫 키스, 첫 경험……. 대부분의 사람들은 첫 번째 사건에 많은 의미를 부여하게 된다. 생전 처음 경험하는 것에 대한 기대감과 실망감들이 엉켜 좋은 추억으로 혹은 잊지 못할 트라우마로 자신들의 뇌에 각인되기 때문이리라.

1970년대 초, 7남매의 제일 큰오빠가 결혼을 하고 예쁜 올케언니가 생겼다. 올케언니는 얼굴도, 마음도, 몸매도 예쁘고 패션 감각까지도 뛰어난 미인이었다. 큰오빠가 몇 개월을 쫓아다니며 셔우 어른들 승낙을 받고 결혼까지 골인을 했다. 그 시절 대부분이 그렇듯이 큰아들인 오빠가 우리 집 방 한 칸 들어와 신접살림을 시작했다. 초등학교 다니던 나는 젊고 예쁜 언니가 살림을 맡아 하는 것이 너무 좋았다. 7남매 중 여섯째인 나는 엄마가 연로하셔서 학교 자모회에 오는 것이 마뜩잖았다.

'친구들 엄마는 젊고 예쁘고 옷도 잘 입고 오는데…….' 내 의중을 알아차린 올케언니는 어느 날부턴가 자연스럽게 내 학부형이 되었다. 당연히 내 도시락도 엄마 스타일에서 올케 스타일로 바뀌게 되었다.

그렇게 올케와의 즐거운 행보를 만끽하고 있을 무렵이었다. 어느 여름, 토요일 오후 까까머리 중학생이 우리 집에 찾아왔다. 책가방을 들고 온 것을 보니 학교가 끝나고 온 모양이다. 올케언니가 소개를 했다. 친정 남동생이라고……. 그날은 밀가루를 반죽하고 밀어서 칼국수를 직접 만들어 먹는 날이었다. 오랜만에 대가족이 다 모여 큰 상을 펴고 이른 저녁을 먹는 주말이었다. 상 귀퉁이에서 칼국수와 열무김치를 맛있게 먹는 까까머리 남학생을 흘깃 쳐다보니 수줍어 얼굴이 붉어져 귀까지 빨갛게 달아 있었다. 내가 좋아하는 올케에게 동생이 있다는 것에 갑자기 질투심이 났다. 그렇게 가끔씩 주말이면 누나를 보러 오가며 그가 중·고등학교를 거쳐 대학을 가고 나도 중·고등학교를 거쳐 취업을 하게 되었다.

까까머리 중학생이 대학생이 되기까지 외모부터 목소리까지 점점 멋지게 변해가고 있었다. 흘금거리며 서로가 성숙해 가는 과정을 훔쳐만 보고 있었다. 가슴속에 꼭꼭 감춘 야릇한 감정도 조금씩 자라나고 있었다. 어느 날 대학생인 그가 내 직장으로 불시에 찾아왔다. 178센티의 키에 적당한 체격, 검은 눈썹, 얼굴 중심에 높고 곧은 콧날이 완성을 이루고 있어 누가 보아도 '나 미남' 이라고 쓰여 있었다. 목소리는 낮은 바리톤으로 목울대에는 뼈가 불쑥 튀어나와 말할 때마다 오르락 거렸다.

핑계는 그가 하는 아르바이트 앙케트 조사건 이었지만 우린 금방 서로의 마음을 들켜버렸다. 지금은 겹사돈이 문제가 안 되는 시기지만 당시는 사돈 사이인 우리가 어디까지 갈지 당황스러운 관계였다. 그저 몰래 만나서 차 마시고, 밥 먹고, 산책하고 헤어질 때면 늘 아쉬운 눈길로 서로를 깊숙이 들여다볼 뿐이었다. 그래서 더 절절했는지도 모르겠다. 그 즈음 내 문학 노트에는 못 다한 사랑에 대한 글들이 절절히 그려져 있었다. 직장에 찾아온 첫날부터 동료들 사이에 그는 나의 애인이 되어있었다. 오죽하면 내 스토리텔링에 빠져서 직장에서는 팬클럽이 생길 정도였다. 그를 만나고 난 다음 날이면 어김없이 팬들이 내 주변에 모여들었다. 그리곤 모두들 입을 모아 "어제 어떻게 되었어?" "뭐 했어?" "진도는?"

이루어질 수 없는 우리의 사랑이 그들은 흥미진진하고 재미있었나보다. 하지만 우리의 슬픈 사랑은 무엇 하나 통쾌할 수가 없었다. 떨리는 손 한 번 잡아보지도 못하고 계절이 바뀌어 가는 것을 멀찍이 바라다볼 뿐이었다. 찻집에 앉아서도 각자 건너편에서 멀뚱히 바라보고 음악을 들으면서도 각자 생각에 빠져있었다. 나는 이상과 공상 사이를 오가며 현실을 외면하고만 싶었다.

우리는 제대로 된 데이트 한번 해 보지 못하고 서로를 멀리 떠나야 하는 아픈 시간이 왔다. 가난하고 잘 생긴 고학생이던 그를 어느 어여쁜 여인이 눈독 들이고 있다가 날름 가로채어 갔다. 개신교 집안의 그녀가 잘생긴 가톨릭 청년을 신학교로 보내 목사를 만드는 일종의 계략이 숨어있는 결혼이 나도 모르는 사이에 진행되고 있었다. 대충 이렇게 될 것을 알았지만 뒤통수 제대로 맞은 듯이 하늘이 노랗게 보였다. 우리는 아무런 약속한 것이 없기에 미련도 없어야 하지만 가는 그 보다 남은 나의 마음은 천 갈래 만 갈래 가뭄의 논바닥처럼 갈라져가고 있었다. 그 순간 왜 이 시가 떠올랐는지 나는 한 동안 이 시를 가슴에 품고 다녔다.

조병화 〈이렇게 될 줄을 알면서도〉

이렇게 될 줄 알면서도 무작정 당신이 좋았습니다
서러운 까닭이 아니올시다 외로운 까닭이 아니올시다
사나운 거리에서 모조리 부스러진 나의 작은 감정들이
소중한 당신 가슴에 안겨 든 것입니다
눈치를 보면서 눈치를 보면서 걸어야 하는 거리
연애도 없이 비극만 깔린 이 아스팔트
-생략-

그렇게 그는 목사가 되고 아이 둘 낳고 잘 살고 있다는 소식이 바람결에 가끔씩 들려왔다. 그러던 그의 아내가 교통사고로 죽고, 얼마 후 재혼한 여자와 함께 다시 작은 교회를 개척하고 있다는 말도 구름에 달 가듯이 그림자처럼 드리워져 왔다. 세월과 함께 그를 향한 내 안테나는 서서히 녹슬어 갔다. 그 사이 나도 결혼을 하고 두 아이의 엄마가 되고 질펀한 삶의 희로애락에 시간을 맡겼다.

첫 사랑은 이루어지지 못한 것이라 더 아련하고 그리운 것이라 했던가.

내가 그의 안부를 궁금해 하듯이 그도 나의 안부를 궁금해 할까? 굳이 소식을 알아보려면 충분히 알 수도 있는 거리에 있는데도 우린 가까이 하기엔 너무 먼 당신이 되어 있었다.

미래 어느 날, 사사로운 욕망의 불씨가 꺼지고 초로의 노인이 된 우리가 갈대숲이 드리운 은빛 강변에서 조용히 마주하며 차 한 잔 나눌 수는 있으려나?

길들인다는 것

산다는 건
너한테 길들여진 나와
나한테 길들여진 네가
함께 버무리는 시간이다

길들여지지 않은 것을 길들이기 위해 공들인 시간과
길들여지고 싶어 네 곁에서 기웃거린 시간이 교차 되어
미래였던 시간이 과거가 되어간다

네게 길들여지기 위해
너무 일찍 모든 것을 포기해버린 나는
멀찌감치 지나가는 뭇 길들여짐을
물끄러미 훔쳐보고 있다

마음속 풍경

3부

갈색 밀가루

갈색 밀가루

1970년대 부모님과 7남매가 함께 서울 독립문 지역에 살았습니다. 베이비부머 시대라 동네 골목 어디를 가나 아이들의 소음이 끊이질 않았죠. 삼삼오오 짝을 지어 남녀가 어울려 정신없이 놀이에 몰입하던 시절이었습니다. 누런 콧물이 흘러도 번들거리는 소매로 '쓰윽' 한번 문지르고 다시 딱지치기, 구슬치기, 땅 따먹기, 고무줄놀이, 비석 놀이……. 해가 뉘엿뉘엿 저물어가도 끝이 날 줄 몰랐지요.
큰오빠 대학 보낸다는 이유로 온 가족이 서울로 대이동을 해서 작은 집에서 옹기종기 살았습니다. 아침이면 초·중·고 대학생 줄줄이 손 벌리고 서 있었죠. 시골에서는 제법 부농이었지만 논밭 팔아서 서울에서 시작한 살림살이는 좀처럼 나아지질 않았습니다. 생각해보니 그 좁은 집에 시골 손님들은 왜 그리 자주 왔는지 부모님이 얼마나 힘겨웠을지 지금도 눈에 선합니다. 7남매 중 끝으로 쪼르륵 세자매가 집안의 꽃이었습니다. 당시 최고 가수들 하춘하, 펄씨스터즈, 김추자의 춤과 노래를 따라 부르며 고단한 부모님의 기쁨조 노릇을 톡톡히 했답니다.

식구는 많고 가난해서 생일 한 번 제대로 챙겨주지 못하던 시절이었죠. 오누이들 중에 나뿐만 아니라 모두가 다 그랬으니까 그게 크게 마음 쓰일 일도 아니었어요. 바야흐로 초등학교를 다니기 시작하면서 내 사회활동이 시작되었습니다. 친구들이 하나둘 자기 생일 얘기를 하고 선물을 받았다고 자랑을 해댑니다. 그 바람에 '아~ 생일은 맛있는 것도 먹는 날이고, 선물도 받는 날이구나.' 생각했습니다. 6학년 생일 전날에 나는 가족들이 다 모인 저녁 밥상에서 당당하게 선포를 했습니다.

"내일 내 생일이야, 나도 생일선물 받고 싶어."

그 말을 들은 식구들 표정은 하나같이 덤덤했죠. 그런데 막상 생일날 아침이 와도 미역국은 고사하고 여느 날과 같은 무덤덤한 날이었습니다. 찍소리 한 번 못하고 풀 죽어 터덜터덜 학교로 향했습니다. 그 시절 아버지를 비롯해서 남자들 생일 미역국은 끓여도 여자들은 대충 넘어가던 시대였으니까요.

내 생일 이월 열이렛날, 아무도 몰라주는 건 당연했고 알고도 모른 척 할 수밖에 없었던 시절이었겠죠. 오후반 수업을 끝내고 기운 없이 학교에서 돌아와 대문을 들어서는 순간, 두 살 위 언니가 내 눈치를 보며 말을 겁니다.

"왜 그렇게 기운이 없니? 내가 선물 줄까?"

"응! 진짜? 뭔데? 뭔데? "

갑자기 화들짝 에너지 탱탱한 목소리가 됩니다. 그때 엄마가 아끼던 브라더 미싱 작은 서랍에서 신문에 싼 뭔가를 꺼냅니다. 그 재봉틀은 아버지의 바지저고리를 만들고, 우리 남매들 사계절 옷을 만들고, 가족이 따뜻하게 덮을 이불을 만들었었죠. 재봉틀 발판을 힘주어 밟으며 가족의 희망을 '들들들' 박아대던 엄마의 유일한 보물이었습니다. 그 서랍이 우리 자매들 비밀 창고이기도 했습니다. 고무줄, 리본, 인형 옷, 딱지, 구슬…. 재봉틀 밑쪽에는 우리 자매들이 씹다 붙여 놓은 껌 자국들이 즐비하게 얼룩이 져 있었지요. 물자가 귀하던 시절 다들 한 번 씹은 껌을 구석 어딘가 붙여 놨다 다시 씹곤 했습니다. 아침에 일어나 제일 하얀색 껌을 먼저 씹어버리면 그게 그날의 임자였죠. 그 다음은 서로 자기 것이라고 투덕거리며 쨍그랑 아침이 시작됩니다.

"자, 선물"

나는 얼른 그것을 받아 풀어봤지요. 아직도 따끈한 온기가 느껴지는 꼬깃꼬깃 접힌 신문을 풀어보니 밀가루에 뉴 슈거를 넣고 볶은 갈색가루였습니다. 간식이 귀한 그 시절 수제비 빚으려고 사다놓은 밀가루를 볶아서 미숫가루라고 킬킬거리며 몰래 먹던 기억을 찾아서 언니가 나를 위해 준비한 생일 선물이었습니다. 중학생이던 언니는 자기가 할 수 있는 최선을 보여줬지요. 하지만 나는 실망할 수밖에요. 생일선물이라 하면 학용품이나 양말, 장갑 그런 것들을 상상했던 나로서는 속상할 수밖에 없었지요. 그래도 나를 위해 생일선물을 준비한 유일한 사람 언니에게 고마워하며 맛있게 먹어줬습니다. 영하 10도가 넘는 추운 겨울날, 어른들이 볼 새라 햇빛이 잘 드는 장독담장에 숨어들어 갔습니다. 신문지 귀퉁이를 찢어 오목하게 접어서 볶은 갈색 밀가루를 한 입씩 나눠먹었습니다. 이상하게도 그 가루를 먹으며 섭섭했던 내 마음도 마술처럼 따뜻해지고 있었습니다. 지금은 빛바랜 추억이 되어 앨범 속에서 웃고 있는 언니와 나의 어린 모습이 투영됩니다.

춥고 긴 겨울이 지나면 어디선가 숨죽이고 있을 봄이 다시 고개를 내밀겠죠. 덩달아 잠자고 있던 모든 동·식물들도 기지개를 길게 펴겠지요. 새 학기가 시작되고 또 바쁜 일상들이 아무 일 없는 듯 이어지고요. 해마다 2월이 되면, 하얀 밀가루가 마법의 가루로 둔갑했던 생일선물이 생각납니다. 용돈 한 푼 받을 수 없었던 시절, 선물을 준비하려고 고심했을 언니의 순수한 마음까지 절절이 느껴져 가슴이 애틋해집니다.

다시 보는 영화 '레옹'

그 남자는 틈만 나면 햇볕과 바람이 잘 드는 창가에 작은 꽃 화분을 내어 놨다. 비가 오면 얼른 창가 안쪽으로 옮겨와 신주단지 모시듯 정성스레 보듬었다. 어딘가 장소를 옮겨야 할 시간이 오면 다른 건 몰라도 그 화분만큼은 꼭 챙겨 가슴에 안고 갔다. 그는 어울리지 않게도 냉혹한 전문킬러이다. 어느 날 그 남자 레옹(장 르노 扮)의 옆집에 살인사건이 일어났다. 마틸다(나탈리 포트만 扮)가 우유를 사러 나간 사이에 집안은 이미 아수라장이 되고 말았다. 열린 현관문 앞에서 마틸다는 직감적으로 집 안쪽의 불안한 기운을 느꼈다. 숨을 죽인 채 숨어서 어린 남동생이 눈앞에서 살해되는 것을 목격한다. 부패한 마약경찰 스탠스(게리 올드먼 扮)가 뭔가를 눈치챈 마틸다의 아빠를 노린 살인극이었다. 마틸다는 본능적으로 몸을 숨겨 옆집 문을 두드렸다. 그 모든 장면을 목격한 레옹은 날벼락을 맞아 혼자만 살아남은 열 살쯤 되는 소녀와 생각지도 못한 동거가 시작한다. 무표정한 킬러 레옹과 역시 무표정한 10대 소녀 마틸다, 뭔가 어울리지 않는 화면 속 그들의 모습을 보면서 "뭐지?" "뭐야?" 가 연발 나왔다.
가족의 복수를 위해 무조건 킬러가 되겠다는 그녀와 여자아이라는 이유로 무시해 버리는 레옹. 하지만 마틸다가 레옹에게 글을 가르치면서 서로에 대한 교감이 피어오르기 시작한다. 인간미 넘치는 한 소녀로 인하여 콘크리트 벽 같은 레옹의 감정에 조금씩 틈이 생겨난 것이다. 외모는 어른이지만 내면은 단순하고 자기 일 외에는 관심이 없는 레옹과 겉모습은 아이지만 내면은 어른 뺨치는 성숙함과 발랑 까진(?) 꼬마 숙녀와의 조화라니. 그 설정과 배우들의 표정 연기가 흥미롭고 다시 보아도 웃음이 절로 났다.
영화의 중반까지 냉랭하기만 하던 레옹의 가슴에 어느덧 화분 하나 만큼의 소중한 가치가 생겨난다. 레옹과 불량소녀 같기도 한 마틸다 사이에 소리 없는 우정이 싹트면서 고독한 킬러의 길에 한 소녀가 가슴에 들어왔다. 어쩌면 그 자체로써 킬러로서의 자격을 상실했는지도 모른다. 소녀는 레옹의 행동 지침을 그대로 따라하며 복수의 화신이 되어간다. 훈련의 강도가 조금씩 높아지면서 숨겨두었던 분노도 살아나기 마련이었다. 눈앞에서 동생이 쓰러지는 것을 보면서도 12살 소녀로서 숨을 수밖에 없었던 그때 그 공포를 기억해낸다. 드디어 결전의 그날! 레옹은 그녀를 대신하여 불구덩이로 뛰어든다. 화분을 맡기며 마틸다의 등을 떠밀던 그의 간절한 눈빛이 화면 가득 클로즈업 되었다.

어린 여자아이에게 총을 들려 킬러가 되게 한다는 내용부터 마뜩잖았지만 두 사람의 연기에 몰입되자 나는 더 이상 관객이 아니었다. 주인공이 되어 함께 총을 쏘고 함께 달아났다. 절제할 수밖에 없었던 그들의 감정이 안쓰럽고 냉혹한 현실이 안타까워 '그래, 나라도 저랬을 거야' 하면서고개를 끄덕이고 있었다. 영화는 킬러와 소녀의 우정에 초점을 맞춘다. 사랑이 사람을 얼마나 변하게 하는지, 때로는 얼마나 무모하고 과감하게 만드는지, 그리하여 얼마나 거룩해지는지 여실히 보여주고 있다.

다소 충격적으로 다가오던 시나리오였지만 감동적이고 인상이 깊었던 이유가 뭘까? 10대 소녀와 40대 남자의 우정과 로맨스? 킬러 소재에 어린 아이의 등장? 아니면 인기영화의 영원한 테마 '부패한 경찰과 킬러' 이야기? 뭐 그런 내용도 내용이지만 구석구석 배치되어 있는 부호들이 영화의 맛을 한층 살려 놓았다. 대표적인 부호가 늘 안고 다니던 작은 화분이었을 게다. 적당한 크기로 싱싱하게 찰랑거리던 그것은 '아글라오네마'라는 식물이다. 타원형의 널따란 잎사귀엔 거칠고 매력적인 무늬가 새겨져 있다. 강한 볕을 받으면 누렇게 떠버리기 때문에 반그늘에서 정성껏 물을 주며 키워야 하는, 레옹 자신과 꼭 닮은 존재랄까. 마틸다는 레옹이 일터로 나간 사이에 그를 돌보듯 화분을 관리하기도 했다. 레옹으로부터 받은 화분을 학교 마당에 옮겨 심은 이유 또한 늘 그와 함께하겠다는 의지였을 것이다. 글도 모르는 채 정처 없이 떠돌아다니던 레옹이 영혼이나마 학교에 묻히길 바랐을 수도 있다. 레옹은 마틸다의 복수를 대신함으로써 그녀가 킬러로 살아가는 것을 막고자 했다. 사랑하는 사람이 평범한 삶을 찾아 인간답게 지내길 기원하던 레옹과 그의 주검이 헛되지 않도록 꿋꿋하게 일어서던 마틸다.

그들이 애정을 나눴는지 우정을 나눴는지는 더 이상 중요하지 않았다. 고독하던 한 인간의 가슴에 새겨진 꽃, 그 꽃이 사람이었기에 더 아름다웠으리라. 엔딩 음악이 흐르는 동안 '사람이 꽃보다 아름답다'는 안치환의 노랫말이 자막처럼 아른거렸다.

(2017. 4월 동인지〈수수밭 길을 걸으며〉)

빨간 우체통에 넣은 손편지

한글을 받아 쓸 정도이던 초등학교 2학년쯤이었다. 아버지는 가끔 나를 불러 하얀 편지지를 내미시며 부르는 대로 받아쓰라고 하시며 줄줄이 안부를 묻는 말씀을 읊으신다.

1970년대는 통신수단인 전화가 있기는 했지만 부잣집에나 있고 서민들과는 거리가 먼 남의 이야기였다. 대부분 편지로 의사 소통과 안부글을 서로 묻곤 하던 시절이었다. 더불어 지방의 물류들이 오고 가는 일도 체신청 산하 우체국에서 일을 도맡아 했으며 지금의 택배산업이 거기서 유래 되었다 하겠다. 우리 집은 전화가 없어서 아버지의 편지는 늘 내 몫의 일거리였다. 일제 강점기에 시골에서 태어나신 부모님께서는 제대로 언문교육을 받지 않아 더듬더듬 읽기는 하지만 쓰기가 서툴렀다. 하여 편지 대필이 본의 아니게 많은 형제 중 나에게 낙점이 되었다. 오빠 언니들은 공부하느라 바쁘고 동생은 너무 어리고 만만한 나는 한 달이면 서너 건의 편지를 시골에 계신 고모, 큰아버지, 이모, 외삼촌들께 대필해서 안부를 묻곤 했다. 다 쓰고 나면 큰소리로 다시 읽어보라 하신다. 몇 번을 고치고 또 고쳤다. 연필 글씨로 침을 발라 진하게 꼭꼭 눌러 편지봉투에 주소를 썼다. 우표 뒷면에도 침을 묻혀 주소지 옆에 붙였다. 잘 도착하길 빌며 빨간 우체통에 넣었다. 며칠 후 시골 주소로 배달되고 그 소식이 곰삭아서 맛깔나게 익어 향기가 날 무렵이면 다시 답장이 왔다.

나의 대필 편지 실력은 나날이 늘어만 갔다. 아버지가 불러 주는 심한 경상도 사투리 말을 나름대로 편한 표준어로 바꿔서 글짓기 하듯이 글을 써 나가는 것이, 마치 외국어를 번역해서 한국말로 글을 옮겨 적는 것 같은 착각으로 나는 자부심이 높아만 갔다. 거기엔 아버지의 칭찬이 일조를 했다. 내가 쓴 편지를 읽으면 만족스러운 듯 웃으셨다. 기분 좋을 때 눈가에 예쁘게 잡히는 주름살을 나는 기억했다. 그 예쁜 주름살이 또 보고 싶어 심혈을 기울여 아버지 작업을 도와드렸던 일들이 나에겐 글쓰기 취미가 되었다.

학교에서도 글짓기 시간이 기다려지는 수업이 되었다. 중·고등학교 때는 맘 맞는 친구들과 연애하듯 쪽지 편지를 오가며 서로의 마음을 담았다. 사회에 나와서도 카드와 연애편지를 단골로 써 주는 대필가가 되곤 했다. 자연스럽게 나는 편지 쓰는 재미도 알게 되었다. 해마다 크리스마스나 생일을 맞는 지인들이 있으면 제일 먼저 내 카드가 도착하게 했다. 멀리 외국에 나가 있는 오빠나 언니에게도 전화보다는 감성이 묻어나는 손편지 글을 보내면 백발백중 내가 원하는 것들을 성취하곤 했다. 글의 위력을 알기에 가끔은 조심스럽기도 했다. 요즘도 생일카드나 편지를 대신 써 달라고 막무가내 떼쓰는 친구가 종종 찾아온다.

어느 날 쓰나미처럼 디지털 이메일 시대가 왔다. 아날로그 손편지는 자취를 감추고 은행을 가거나, 학교를 가거나, 관공서 어디를 가더라도 "이메일 주소 좀 알려주세요." 한다. 편한 반면 뭔가 서늘한 허전함을 감출 수가 없다. 가끔씩 우편함에 손글씨로 온 우편물을 보면 갑자기 눈물이 '왈칵' 나올 듯 반가워진다.

한 지인은 지금도 아날로그를 고집하며 손편지로 소통을 한다. 덕분에 이사를 할 때마다 그분께 새 주소를 담아 안부 편지를 한다. 아이들 어릴 때 앞집 뒷집 어울려 살던 교수 부부였는데, 그 집 아들과 우리 아들이 친구이고 어른들도 친분을 쌓고 정을 나누었다. 얼마 후 그 가족이 멀지 않은 일산으로 이사를 했다. 가끔 만나 회포도 풀고 어울리던 것이 서로 바빠지면서 자연스럽게 편지로 안부가 오갔다. 이제는 일 년에 대여섯 번이지만 그분과 손 편지 오가는 일이 향수를 동반하며 정겹기까지 하다.

하지만 아쉽게도 우체통이 주변에서 사라지고 있다. 어느 날은 손 편지를 써서 사다 놓은 우표를 붙이고 우체통에 넣으려 밖으로 나왔다. 주변을 아무리 돌아보아도 우체통이 보이지 않아 결국은 우체국까지 가서 편지를 보내고 왔다.

지금도 빨간 우체통만 보면 가슴이 설레인다. 전 세계적으로 대부분 우체통을 빨간색으로 사용한다. 눈에 잘 띄는 장점과 신속함과 긴급함을 알리기 위해 빨간색을 채택했단다. 빨간 우체통을 보면 다시 돌아보아지고 가슴이 두근거리는 이유가 분명 작용했던 거였다.

경남 통영 해안가 '동피랑' 마을에 가면 닥지닥지 붙은 오래된 집을 예쁘 벽화로 그린 집들이 바다를 향해 아롱다롱 앉아 있다. 동화 같은 집들이 골목마다 빼곡히 이어지고 통영 앞바다가 훤히 보이는 제일 높은 언덕 위의 집 마당에 빨간 우체통이 있다. 반가운 마음에 가까이 가보니 '동피랑 UCC 우체통'이란 글이 쓰여 있다. 우체통 앞부분에 모니터 화면이 있고 그곳에 얼굴을 내밀면 디지털로 사진을 찍어 자신의 이메일로 그 사진을 보내주는 디지털 우체통이었다. 손편지를 잘 쓰지 않는 현대인에게 딱 맞는 행보인데 살짝 허무해지는 이유는 뭘까?

시대를 불문하고 연인들의 편지는 사랑의 애틋함이 묻어난다. 시인 유치환이 연인 이영도에게 쓴 연서는 1967년 청마가 교통사고로 죽은 지 한 달 만에 청마가 정운에게 보낸 편지 모음집 〈사랑하였으므로 행복하였네라〉를 발간, 당시 기록적인 25,000부가 팔리는 베스트셀러가 되었다. 40대 선후의 나이에서 운명한 60세까지 5,000여 통의 간절한 연서를 썼다. 연인들의 사랑이 편지가 아닌 다른 수단으로 이어졌다면 5천여 통의 편지로 만든 그 책은 우리들 곁에 존재하지 않았으리라. 손편지의 대상이 이메일로 옮겨 가 버린 지금 유치환의 시 한 자락이 입안에 맴돈다.

사랑하는 것은

사랑 받는 것보다 행복하였네라.

오늘도 나는

에메랄드빛 하늘이 환히 내다뵈는

우체국 창문 앞에 와서 너에게 편지를 쓴다.

– 유치환 〈행복〉 中 –

길을 나서며

길을 보면 나는 호흡이 가빠진다. 잠잠하던 부정맥이 다시 발동을 건다. 특히 아무도 없는 길, 구불구불한 길에 더 흥분한다. 여름 숲속에 조용히 뻗어있는 좁은 오솔길, 나목이 무성한 겨울 등산로, 구불구불한 다랑이 논길, 묵묵히 굽이쳐 흐르는 강변길, 텅 빈 시골 가로수 길……. 수없이 카메라 셔터를 누르고 그 언저리에 앉아 상념에 잠기게 된다. 그 길이 묵언으로 외치는 소리를 조용히 귀 기울여 경청한다. 그 길이 만들어질 때까지 수 많은 사람들이 밟았을 흔적을 더듬어 본다. 사람을 만날 때도 그렇다. 곧은 길을 가는 사람들보다 험한 인생길을 가는 사람들에게 더 눈길이 가고 마음이 쓰인다. 그 사람이 지나온 마음속 길이 궁금하여진다. 그 사람 안에 있는 가장 밑바닥 길이 보고 싶어진다. 피 흘리고, 엎어지고, 다치며 지나온 길. 그 길 끝에서 만난 소음이나 깨달음들이 얼마만큼 그 사람 안에 녹아 응집되어 있는지 가늠해보고 싶어진다. 영화 〈길〉에서 방랑 유랑단 단장 잠파노(안소니 퀸)와 집시 소녀 젤소미나(줄리에타 마시나)가 걷던 삐거덕 불협화음의 험난했던 길이 있다. 어쩌다 유랑단까지 팔려온 순수한 정신의 소유자 젤소미나는 괴팍하고 야수 같은 잠파노의 학대와 길들임에도 불구하고 유랑단 생활을 감내한다. 유랑단원들 사이의 갈등으로 잠파노는 동료 마또에게 우발적인 살인까지 이른다. 그 장면을 목격한 맑은 영혼의 젤소미나는 충격에 미쳐버리고 만다. 더 이상 그녀의 존재 가치가 없자 잠파노는 그녀가 평소 좋아하던 트럼펫과 함께 그녀를 남겨두고 몰래 떠나버린다. 차력으로 생계유지를 하며 이 마을 저 마을을 떠돌던 잠파노는 어느 날 젤소미나가 평소 즐겨 부르던 노랫소리를 듣게 된다. 낯선 사람이 젤소미나의 트럼펫으로 그녀가 부르던 노래를 연주하고 있었다. 젤소미나가 잠파노를 찾아 헤매다 죽었다는 소식을 듣고 뒤 늦은 회한에 젖는다. 그는 젤소미나가 죽었다는 해안으로 달려가 부서지는 파도 소리 앞에 오열을 토한다. 무식하고 포악한 자기 곁에 있어 줄 유일한 사람은 오직 젤소미나뿐이라는 사실을 그녀가 사라지고 난 후에야 깨닫게 된다.

잠파노에게 젤소미나는 자신이 가는 길에 도구처럼 필요한 순간에만 쓰는 하나의 소품이었는지도 모르겠다. 그녀가 곁에 있을 때는 그녀의 순수로 인해 자신의 비루한 삶이 조금씩 구도의 길로 접어들고 있음을 깨닫지 못했다. 잃고 난 후에야 절대적 필요를 깨닫는 과정이 보통 사람들의 삶에서 보는 무모함과 닮았다. 우리에게 소중한 것은 항상 대단한 것이 아니라 사소하고 보잘 것 없는 것이었던 것은 아닐까.

젤소미나에게 잠파노는 늘 무서운 존재였지만 괴팍한 마음속에 숨어 있는 끊어질 듯 자신을 향한 마음을 순수영혼의 젤소미나는 느낄 수 있었다. 그의 곁에 있어 줄 사람은 오직 자신밖에 없다고 읊조리던 그녀의 모습이 애달프게 와 닿았다. 겉모습이 아니라 잠파노의 깊숙한 내면을 들여다볼 수 있는 순수영혼의 소유자였기 때문이리라. 그럼에도 불구하고 버림을 받고 죽음에까지 이르는 기구한 운명의 길을 가야만 했다. 비참하고 처절한 그녀의 인생길이 그래도 나름 아름다웠다고 위로할 수 있는 것은 그녀가 바라본 잠파노의 마음을 막판에 관객이 읽을 수 있기 때문이리라. 죽은 그녀를 위해 애절하게 통곡해줄 단 한 사람, 그것이 잠파노였기 때문이리라.

목적지만을 가기 위한 쭉쭉 뻗은 고속도로 행보가 아니라 구불구불하고 인적이 드문 뒤안길을 통해 잔잔하게 파문이 이는 삶의 벅참도 분명 인생의 감동이리라. 영화 속에 등장하는 저들은 삶의 두께나 무게가 각각 달랐다. 젤소미나가 추구하던 길과 잠파노가 추구하던 길이 달랐을지라도 결국 그들이 가는 삶의 길에서 소중한 그 무엇인가를 서로에게 남겨주었다. 질퍽하고 남루한 인생길에서 서로의 가슴에 무어라 형용할 수 없는 그것을 찾아 떠나는 길. 그들이 가슴 절절이 희망하는 구도요 구원의 길. 그것이 아마도 이 영화를 감독한 페데리코 펠리니 감독이 원하는 '컷'의 순간이었는지도 모르겠다. 영화가 끝나고 저들의 내면 깊숙한 곳에 숨어 있는 하나하나의 존재의 깊이가 절절이 와 닿았다.

산다는 건 숙명적인 어떤 힘에 이끌려 커다란 그림 속 각본대로 움직여지는 것이 아닐까. 꼭 만나야 할 인연이라면 결국 생사를 넘어서라도 다시 만나게 되는 인생길. 때로는 일이 술술 풀리다가 어느 땐 더 얽혀 버려 손쓸 수조차 없을 지경까지 이르기도 한다. 엉클어진 실타래를 풀어내듯 그 과정이 인연이라는 고리로 엮어 살아내는 것이 삶의 길이리라. 길 위에서 연을 맺고 길 위에서 연이 끊긴다. 길이든 사람의 인연이든 끊어졌다 이어지고 또다시 반복되는 과정에서 많은 이야기가 생겨나고 그것이 인생이 되고 역사가 되는 것이리라. 하여, 거부할 수 없는 역사 앞에서 내게 주어진 오늘이라는 길을 묵묵히 걷는다.

옴므 쎄자매

(L' homme, on sait jamais…….)

혹시 내게 남자가 생길지도……. 프랑스 여자들은 가까운 빵집에 바게트를 사러 갈 때도 머리부터 발끝까지 치장을 한다. 가벼운 화장은 물론 액세서리와 신경 쓰지 않은 듯 자연스러운 옷차림과 향수까지 뿌리며 빵 사러 가는 외출을 즐긴다. - 이상은 어느 여성 잡지에서 본 내용이다.

프랑스어로 '옴므 쎄자매' (L' homme, on sait jamais…….)는 '혹시 남자가 생길지도…….'라는 바람의 뜻이 담겨있다. 여자의 심리를 단적으로 보여준 모습이 아닐까. 단지 프랑스 여성이 감정 표현을 아끼지 않고 드러내는 성향이 있어서 나타난 현상이긴 하지만, 인간은 누구나 이성을 향한 관심에서 벗어날 수 없으리라. 그것은 나이가 들어서도, 결혼을 했다고 끝이 나는 것은 아니리라.

결혼이라는 제도가 일부일처제에 만족을 주기 위한 제도라면 그것에 걸맞은 행위를 하며 살아가는 것이 품격 있는 삶이 아닐까? 결혼 전에 충분히 배우자에 대해 알아보는 시간이 필요할 것이며 자기와 맞는 상대라고 결론이 내려져 결혼이라는 제도 속으로 골인되었다면 최선을 다해 상대를 배려하며 살아야 할 것이다. 다만, 결혼을 했다고 해서 이성에 대한 관심과 자신에 대한 매력을 방치해 놓는다는 것은 인간이기를 포기한 것이라는 생각이다. 이성을 향한 자연스런 관심을 덮어놓는다는 것은 형벌이다. 감정을 숨기고 불씨를 가슴에 안고 가슴앓이를 한다는 것은 또 다른 불륜이 아닐까. 두 손바닥으로 눈을 가린다고 해서 넓고 푸른 하늘이 가려지겠는가.

결혼 전 나는 몇 번의 연애를 경험했다. 상대가 나를 저버린 경우도 있고, 내가 상대를 저버린 경우도 있지만 결코 나쁜 기억으로 남아있지는 않다. 어쩌면 그 멋진 기억들이 없었다면 내 청춘에 대한 예의가 부족한 것이 아닐까?

여행을 가거나 남편과 어딘가를 동행할 때나 혼자 가까운 마트를 갈 때조차 가끔은 그런 생각을 한다. '혹시 우연히 옛 애인이나 오랫동안 못 만났던 동창을 만날 수 있을지도…….' 우연일지라도 품격 있게 변한 내 모습을 여운으로 남기고 싶었다. 하여 무심한 듯 옷매무새를 돌아보고 남편도 한 번 더 챙기곤 했었다. 물론 이성만을 의식해서 그런 것은 아니다. 평소에 그런 즐거운 상상이 부부 사이나 인간관계에도 한층 더 활력 있고 긴장감을 준다고 생각했다.

가령 남편의 친구가 갑자기 밤늦은 시간에 내 집을 방문한다는 한통의 전화를 받았다. 그는 내게는 관심도 없고 단지 남편을 잠시 보러 온 것뿐인데, 나는 오두방정을 떨며 머리를 다듬고 옷매무새를 고치며 거울을 보며 난리를 친다. 이런 내 모습을 남편도 은근히 즐기는 눈치다. 사소한 이런 노력들을 소위 '간음'이라고 치부한다면 기꺼이 돌 세례를 맞으리라.

이성을 향한 뛰는 가슴이 없다는 것은 죽은 심장이 아닌가. 종로 3가 파고다 공원에 가면 헤아릴 수 없는 이 땅의 퇴역노인들이 줄지어 앉아 있다. 그 주변에는 또 한 무리의 노인들이 콜라텍이라는 공간에서 파트너 찾기에 열을 올리고 있다. 자연스런 현상이며 이성을 향한 끌림이리라. 그것은 지식의 고저나 사회적 지위와 상관없는 본능이리라. 고상한 체 뒷방 노인네로 전락하기보다는 사회악을 조장하는 행위가 아니라면 감정에 충실하며 젊고 건강하게 살아가는 어르신들에게 박수를 보내고 싶다. 꼭 그들이 만나서 무언가를 해서가 아니라 만남 그 하나만으로 가슴이 두근거리고, 설레며, 도파민과 엔도르핀이 돌고, 기대감에 부풀어 건강하게 살 수 있다면 이보다 더 유익한 일이 어디 있을까. 엔도르핀이 암을 치료하고, 통증을 해소하는 효과가 있다는 것은 이미 알려져 있지만, 다이놀핀의 생성 효과는 엔도르핀의 4,000배이다. 우리가 즐거움을 느낄 때, 엔도르핀, 도파민, 세로토닌이라는 아주 유익한 호르몬들을 생산하기 시작한다. 특히, 굉장한 감동이 왔을 때는 다이놀핀이 생성된다. 이 호르몬들이 우리 몸의 면역 체계에 강력한 긍정적 작용을 일으켜 암을 공격한다. 이 강력한 호르몬 생성에 도움이 되는 만남에 대한 기대감, 그 좋은 감동놀이를 마다할 일이 없잖은가. 수명 100세 시대를 살면서 이 땅에 살아있는 모든 사람들이 기적 같은 사랑의 기대감으로 살았으면 좋겠다. 이성에 대한 관심이야말로 남녀노소를 불문하고 굉장한 감동의 도가니가 아닐까. 하물며 어린이집 다니는 꼬맹이 녀석들도 예쁜 여자 친구 쟁탈전을 벌이는 시대다. 그 열매가 감동 종합 선물 세트인 사랑이리라. 누군가의 마음을 얻기 위해 애쓰는 과정이 얼마나 자연스러운 현상이며 아름다운 과정인지 경험해 본 사람들은 알리라.

태초에 하나님께서 천지 창조 후 남자(아담)를 만들었고 외로운 아담을 위해 그가 잠든 후 그의 갈비뼈 하나를 떼어내어 여자(이브)를 만들었다. 이처럼 우리는 남자와 여자로 맺어질 수밖에 없다. 당당히 양지(陽地)로 나와서 하나님이 모든 이에게 골고루 공짜로 주는 광합성의 효능을 즐기듯이 인간과 인간의 만남의 설렘, 디이놀핀의 생싱을 즐길 일이다.

화장을 하고 몸매를 가다듬고 치장을 한다는 것은 자기를 남들에게 어필하고 싶은 본능이 심리적으로 깔려있다. 그것이 가장 먼저 작용하는 것이 이성에 대한 발견이 되었으리라. 옛말에 '잘 입은 거지가 잘 얻어먹는다.'는 말이 있듯이 사회생활 한편에 자리한 속성도 무시하지는 못하리라. 대접 받고 싶은 심리나 어떤 희망이 포함되어 있는 제스처겠다. 실제로 수수한 화장을 하는 심리는 내성적이고 수수한 사람이고,

눈 화장을 강조하는 것은 지적인 것을 추구하며 타인 눈에 띄고 싶은 욕구가 있다는 재미있는 보고도 있다.

가장 원초적인 욕구가 해소된다는 것은 삶의 풍요를 가져다주는 일차적 발원을 해결한 셈이 아닐까. 자고로 희망이 없는 삶은 죽은 삶이요. 소망이 있는 이는 행복 할지라.

오늘 내게 멋진 그대가 다가올지도…….

이런 발칙한 상상을 하며 하루를 시작하는 것은 어떨까?

(2014. 9월 〈가을〉 에쎄이문예)

앗! 카이로스

시끄럽게 울려대는 자명종을 끄고 더듬더듬 눈 비비며 주방으로 간다. 아! 5분만 더 잤으면…. 그 강력한 유혹을 뿌리치며 전기밥솥 스위치를 누른다. 현관 앞 잉크 냄새가 채 가시지 않은 따끈한 신문을 주워 화장실 문 앞에 기져다 놓는다. 내 손은 이제 신들린 듯 움직이기 시작한다. 아침에 먹는 사과는 황금사과라지? 몸에 좋은 당근도 넣고 위에 좋은 마(痲)도 넣고 왱왱, 요란한 믹서 소리에 남편이 부스스 깨어 나타난다. 말없이 한 컵 내밀면 벌컥벌컥 마신 후 신문을 들고 화장실로 사라진다. 그 사이 국 끓이며 생선까지 구워 상을 차린다. 아이들 깨워서 야채주스 한 잔씩 배당할 때마다 먹기 싫단 애들을 어르고 협박하는 폭군 엄마가 된다. 하나둘 다 보내고 집구석을 돌아보니 통째로 폭탄 맞은 꼬락서니다. 싱크대엔 그릇이 왕릉처럼 쌓이고 방마다 알맹이만 쏘옥 빠져나간 옷과 이불과 수건들과 또…. 해봐야 표도 안 나는 공사에 나는 또 온몸을 사른다. 오전이 후딱 날아가고 오후는 학교에서 돌아온 아이들 챙기고 장보랴 반찬 만들랴 더 빨리 시간은 녹아버리고 만다.
그렇게 나의 일과와 일정들은 가족 위주로만 돌아가고 있었다. 남편과 아이들이 나침반인 양 S극을 향해 달려가고, 메트로놈인 양 그 추를 따라가기 바빴다. 애들이 성장하면 좀 나아지겠지 했던 기대는 언감생심이었고 여전히 치마꼬리를 잡힌 채 제자리걸음을 하고 있었다. 모두들 명예를 좇든 돈을 좇든 성공이라는 무형의 괴물을 향해 달리고 있는데 나는 언제까지 생각도 의지도 없이 좀비처럼 끌려가야 하나. 되풀이 되는 생활 속에서 날마다 헐떡거리던 나로부터 도망치고 싶었다.
누구에게나 하루 24시간과 함께 인생이라는 과정이 주어진다. 어린 시절은 부모님이 허락한 시간 안에서 성장을 꿈꾸고, 성년이 되어서는 독립을 꿈꾸다 결혼과 더불어 꿈을 이룬 듯 여겼다. 오산이었다. 나만의 시간이 주어졌음에도 다른 무언가에 매여 다람쥐 쳇바퀴 돌듯이 세월을 보냈다. 이대로 톱니바퀴에 맞물린 시계의 부속품처럼 살아야 하는가. 끝내 크로노스의 노예로 전락하고 말 것인가.
그리스 신화에 나오는 '기회의 신' 카이로스의 형상은 우람한 근육질에 앞머리만 숱이 많고 뒷모습은 대머리다. 사람들이 쉽게 잡을 수 있게끔 앞머리는 풍성하지만 일단 지나치면 붙들지 못하도록 뒤통수를 반질반질하게 만든 것이다. 최대한 빨리 사라지기 위해 어깨와 발뒤꿈치엔 날개까지 달았다. 절묘하지 않은가. 카이로스!

평생 책 한 권을 읽은 사람은 그의 지식이 책 한 권에 속해 있고, 자기 세계에 갇혀 열쇠 구멍으로 세상을 바라보는 사람은 그 구멍으로 보이는 세상이 세상의 다라고 생각하며 살 것이다. 그러나 얼마나 무궁무진한 지식과 파란만장한 세상이 우리를 경악하게 하던가. 하루에도 수만 가지의 일들이 우리에게 일어나고 있다. 다만 눈치채지 못하여 몇 가지만 바라보고 몇 가지만 인지하며 살아갈 뿐이다. 과연 우리는 어떤 것을 택하고 어떤 것을 버렸을까? 물론 모든 사람이 같은 가치의 카이로스를 경험할 수는 없을 것이다. 나에게는 기회였던 것이 어떤 이에게는 독이 될 수도 있을 터이다. 어떻든 우리에게 다가오는 절체절명의 기회, 카이로스의 시간을 놓치고 있는 건 아닌지 돌아볼 일이다.

선과 악, 부와 가난, 만족과 결핍……. 이분법적인 세상의 가치 분석이 왠지 불편해지기 시작했다. 마침 뉴스에선 어느 대기업이 후계를 두고 '형제의 난'을 벌이고 있다는 이야기와 시장 바닥에서 고생하며 모은 전 재산을 불우이웃에게 기부하고 죽었다는 한 할머니 이야기가 슬프도록 대조를 이루던 묘한 타이밍이었다. 과연 그들 중 누가 부자였을까? 누가 만족한 삶이고 누가 결핍된 삶이었을까? 선의 가치와 악의 가치가 상황에 따라 달라지는 시대에 우리는 살고 있다. 평생 물리적인 시간 속에서 톱니바퀴처럼 살아왔을망정 자신의 삶에 만족한다면 분명히 카이로스를 놓치지 않았다는 반증이리라.

물질적인 대부분의 것들이 만족스럽던 30대 초반 어느 날이었다. 결핍이 없는데도 알 수 없는 극도의 불안감이 스멀스멀 안개처럼 올라왔다.

'이게 뭐지?' 놀라움 반 호기심 반으로 그것과 마주하며 오랫동안 되새김질을 했다. 가난 때문에 수없이 이사하며 불안정하던 사춘기 시절, 현실이 변하여 그 생활로 다시 돌아갈까 두려웠던 것일까? 나는 스스로를 치유하기 위해 결혼과 함께 접어 두었던 신앙생활을 조심스럽게 펼쳤다. 조용히 다가오는 그 회오리 속으로 서서히 휩쓸려 들어갔다. 근거를 알 수 없는 평안함이 조용히 내 안에 내려왔다. 콕 집어 얘기할 수 없는 무언가에 푸욱 스며들었다. 지금껏 나의 힘으로 해결했다고 생각했던 것들이 내가 해낸 것이 아닌 것을 인정하는 순간이었다. 긴장하며 하루를 움직였던 힘이 저절로 빠져나가고 몸도 마음도 가벼워졌다. 그것은 무언가 강력한 것에 의해 움직여지는 거부할 수 없는 힘이었다. 나는 그저 그것을 바라보고 의지하며 묵묵히 가면 되는 거였다.

그 후 IMF와 함께 모든 것이 무너졌지만 씩씩하게 잘 견뎌냈다. 예전의 나였다면 턱도 없는 일이다. 불편하고 불안한 현실에서도 감사할 거리를 찾으려했다. 내 안의 강한 이끌림을 믿고 의심 없이 따랐다. 누군가 믿음이라는 무형의 실체를 '정신의 피난'이라고 했지만 나에겐 무한한 위로의 젖줄이었다.

'이만하길 다행이다'

'그럼에도 불구하고 감사하다'

고난의 순간이 다가올 적마다 습관처럼 이 말들을 중얼거리고 있다. 팽개치고 싶던 일상은 어느새 푸근하게 내안에 들어와 앉았다. 한층 순한 눈빛으로 부드러워진 내 안에 강을 유영해본다. 그분이 간섭하셔서

경이로운 세계로 나를 이끄는 시간. 당신도 경험해보고 싶지 않은가? 바야흐로 아찔한 시간……. 앗, 카이로스!

(2017. 4월 동인지 〈수수밭 길을 걸으며〉)

모정의 진혼곡

"아~아악!"

짧고 외친 한 마디가 작은 골목길에 울려 퍼졌다. 다세대 주택들이 구석구석 들어와 있는 서울 외각의 골목길에서 일어난 일이다. 오전 10시가 넘은 시간이라 어른들은 출근을 하고 학생들은 학교에 가 있을 시간이다. 자영업자인 우리는 늦은 출근을 위해 대문 앞에 주차한 차를 후진해서 다시 전진하려는 순간 바퀴 밑에서 조그만 물체가 움직인다. 남편이 차를 빼내어 조수석에 타려고 건너편에서 기다리던 나는 그만 못 볼 것을 보고 말았다.

요즈음 동네 구석구석 야생고양이가 늘고 있어 지자체에서는 골머리를 앓고 있다. 밤길을 걷다가도 소리 없는 고양이가 눈앞에 나타날 때면 흠칫 놀라는 횟수가 늘고 있다. 주택들이 개량되고 도시화되면서 먹이 사슬이 끊긴 고양이는 음식물 쓰레기를 취해 생명을 이어가는 추세이다. 나름대로 지자체는 지역 구급대와 함께 야생고양이들을 잡아 생체수술을 통해 더 이상의 증식을 방지하고 있다고는 하지만 나날이 늘고 있는 그 숫자를 다 감당하기는 벅찬 실정이다. 수술을 한 고양이는 한쪽 귀를 조금 잘라서 표시한다. 야생고양이는 2년에 2~3회 정도 수태하며 65일 정도 지나면 새끼를 낳는다. 야생고양이들은 주로 지붕 위나 담들을 타고 이동하며 자동차 엔진 밑 따뜻한 기운을 찾아 웅크리고 있는 경우가 많다. 겨울 자동차 엔진 밑은 그들의 최고의 보온 장소다. 대도시에서 특히 자동차 밑은 그들이 몸을 피하는 최적의 장소이기도 하다.

나른한 7월 어느 날, 아마도 낳은 지 얼마 안 된 새끼 세 마리를 데리고 어미가 산책을 나와서 자동차 밑에 아가들을 놓고 어미는 먹이 사냥을 간 모양이었다. 누런색 새끼 두 마리가 즉사하고 검정색 새끼만 남아서 움직이지도 못하고 꾸물거리고 있었다. 그때 새끼의 우는 소리를 듣고 나타난 누런 어미고양이가 가까이 오지도 못하고 몸을 움츠리며 슬픈 곡을 하고 있었다. 순간 당황스럽고 소름 끼쳐 소리를 질렀다. 남편은 나보다 더 겁이 많은 사람이라 차에서 나와 보지도 못하고 있었다. 발이 바닥에 붙어 떨어지지 않았지만 남편은 창문만 열고 늦었다는 핑계로 어서 타라고 눈짓을 한다. 나 또한 놀라고 황당해 차를 타고 골목을 빠져나오고 말았다. 머리끝이 쭈뼛해지고 뒤에서 내 머리채를 잡아채듯이 뒤가 켕겼지만 골목을 빠져나오기 급급했다. 집에 있는 대학생 두 아들에게 전화해서 자초지종을 얘기하곤 뒷수습을 부탁했다. 군대를 다녀온 녀석들이라 잘 해

내기를 바라며……. 하지만 자꾸만 그 장면이 눈에 아른거렸다. 특히 어미가 눈물까지 흘리며 애절하게 우는 모습이 머리에서 지워지지 않았다. 그날 이후부터 우리들의 피 말리는 사투가 벌어졌다. 아파트에서 이사한 지 한 달도 안 되어 주택가의 발정 난 고양이 울음소리가 유난히 귀에 거슬려 힘들어하던 때였다. 그런데 거기 더해서 아침저녁으로 어미의 진혼곡 소리가 온 동네를 울렸다. 평상시와는 다른 구슬프고 가녀린 울음소리로 밤낮없이 천지간에 울려 퍼졌다. 남편은 범인, 나는 살생 방조죄, 아들들은 사체 유기죄, 우리 가족들은 공범죄로 그 구슬픈 울음소리에 민감하게 반응하며 소리가 들리는 곳을 향해 시선을 두고 창문을 열어 확인해 보게 되었다. 그때마다 어미는 아가들이 죽어가며 흘린 피 묻은 흔적이 남아있는 바닥을 핥으며 애달프고 구슬픈 곡을 하염없이 가슴에서 토해 내고 있었다. 여름이 끝나도록 곡은 계속되었다. 먹지도 않고 나날이 삐쩍 말라가는 어미를 보면서 공범자인 우리도 죄책감에 같이 피 말라 가고 있었다. 아이들은 슬쩍 참치 통조림을 갖다 놓기도 하고 빵을 던져 놓기도 했지만 관심도 없는 어미는 그저 통곡만 하고 있을 뿐이었다.

언젠가 TV프로 '동물의 왕국'에서 동물들의 모성(母性)에 대해 집중 조명하는 것을 시청한 적이 있다. TV가 아닌 내 눈앞에서 한갓 미물인 고양이 한 마리가 자식을 잃은 고통에 그토록 오래 식음을 전폐하고 구슬프게 울고 있는 것을 보면서 가해자가 아닌 나 또한 어미로서 가슴에 동종의 통증이 느껴졌다. 밤이건 새벽녘이건 시도 때도 없는 얄궂은 곡소리가 들리면 자다가도 벌떡 일어나 창문을 열어 보는 버릇이 생겼다.

눈에 띄게 비쩍 야위어가는 어미를 보며 그 장소가 바로 보이는 2층 창가에서 나는 저절로 기도를 하고 있었다. '저 어미의 슬픈 눈물을 기억하시고 가엾은 어린 혼을 지켜주소서. 나 또한 어미인데 우리가 죄인입니다. 모든 것을 하루속히 잊고 남은 새끼 거두어 잘 살게 하여주소서.'
우리 가족들은 회의를 한 끝에 지역 구급대에 알리기로 했다. 일단 몸이라도 추스르기를 바라는 심정으로…….
몇 해 전 중국에서 선교를 하고 있던 언니의 딸(당시 27세)이 새벽녘 친구의 생일파티를 끝내고 돌아오는 택시에서 기사의 졸음운전 사고로 청춘의 꽃도 못 피우고 하늘나라로 갔다. 어이없는 청천벽력 같은 사건 앞에 차마 울음소리도 안 나와 '꺼이꺼이' 넘어가던 언니의 새파랗게 질린 얼굴이 떠올랐다.
2014년 잔인한 4월, 세월호 대참사 앞에서 아무 손쓸 수 없이 넋 잃고 오열하고 있는 수많은 어미의 얼굴을 보았다. 그 부모 앞에 보상금 운운하며 하루속히 무마시키려는 정부의 늑장 대응과 이미 예정 되었던 재난에 대한 얄팍한 정책들이 무슨 소용이 있으랴.
아이를 잃은 엄마의 각혈하는 절규를 보며 야위어가던 언니와 고양이의 슬픈 얼굴이 오버랩이 된다. 졸지에 사건 사고로 어이없이 이생을 달리한 자식의 운명은 형언할 수 없는 마음속 커다란 옹이로 박혔다. 그 어떤 위로와 토닥임도 그 순간은 와 닿지 않을 것이다.
'자식이 죽으면 가슴에 묻는다.'는 말을 실감하는 정황들이다. 세상이 빠르게 바뀌고 천지간 구분 못하고 살아가는 우리들이지만 시대와 동서고금을 초월한 모정(母情)은 세월이 흘러도 변치 않으리라.
하나님께서 너무 바쁘셔서 모든 피조물을 고루 돌보시기가 힘들어 '엄마'라는 천사를 개개인에게 보내어 하나님 대신 그 마음으로 보살피게 했다고 한다. 육신의 어미가 통곡하고 있을 때 하나님께서는 피눈물을 흘리며 애달파 하리라. 모정은 쉽게 그 어떤 것으로도 대치할 수 없는 귀한 감정임을 일깨우는 말 아닐까.
연일 TV에서 쏟아내는 뉴스 속 그녀들의 모습을 보며 지난여름 내 가슴에 지문처럼 남아 있는 새끼 고양이의 죽음에 대한 어미의 진혼제가 다시 떠오른다. 며칠 전 우연히 골목 어귀에서 그 고양이를 다시 만났다. 살이 통통 올라서 다른 고양이인 줄 알았다. 귀를 보니 한쪽이 살짝 잘려있는 것이 분명 그 고양이였다. 아픔을 딛고 겉모습은 평온한 듯 짝짓기 철을 맞아 다시 얄궂은 울음을 울어대고 있다.

2014. 4. 25
(2014. 8 〈한국산문〉 146쪽)

유추프라카치아

아프리카 깊은 밀림지역에서 서식하는 아주 특별한 식물이 있다. 콩과에 속하는 미모사로 속명은 유추프라카치아 (이하 '유추')라고도 불린다. 유추는 소량의 물과 햇빛으로만 사는 식물이다. 특이한 점은 결벽증이 심해 생물체가 살짝만 건드려도 그날부터 시름시름 앓아 죽고 만다. 오랜 시간 연구자들에 의해 알려졌지만 그 덕분에 수많은 유추들이 죽어나갔다. 고독한 이 식물을 연구한 한 박사는 특이한 점을 발견했다. 어제 만졌던 사람이 계속 만져주면 다시 살아났다. 자주 만질수록 오히려 더 생생히 살아났다. 강한 척, 도도한 척 아무도 만지지 말라, 관심조차도 갖지 말라고 온몸으로 말하며 소리치지만 사실은 너무나 사랑을 갈구하는 고독한 존재였던 거였다. 유추프라카치아는 김하인의 소설 〈허브를 사랑하나요〉에 등장하는 가공의 식물이다. 소설 속

내용에 의하면 유추는 아프리카 깊은 밀림지대에만 서식하는 전설적인 음지식물이다.
이 글을 읽으며 현대인들도 이런 존재들이 아닐까 생각했다. 혼자서 고고한 척 살아가지만, 누구도 알아주지 않는 삶을 살아가면서 시름시름 고독한 병, 우울증에 시달리고 있는 많은 사람들이 있다. '싱글족'이 늘고 있다. 결혼 적령기가 지나도 결혼하지 않는 싱글들, 이혼하고 돌아온 돌싱들(돌아온 싱글), 아내나 남편과 사별한 싱글 노인들……. 덕분에 생활 형태들도 바뀌고 있다. 대가족제도였던 아시아 특유의 가족제도가 핵가족 제도에서 다시 개인주의로 변화되는 추세이다. 자연스럽게 그 여파로 이웃들과도 서로 모르고 외면하며 살아간다. 간섭받기 싫어하고, 자신의 삶에 끼어드는 것도 싫어하며 고독한 혼자를 즐긴다. 발 빠른 상업은 일인용 가재도구들을 내놓고, 식당에서도 일인용 테이블에 일인용 식사 메뉴를 개발하고, 마트에서는 일인용 식자재, 주거형태도 큰 평수보다 원룸 형으로 개조된 것이 수요가 많다고 한다.
그들은 대부분 겉으로는 평화롭고 여유를 즐기는 듯 보였다. 강아지 한 마리씩 끌고 다니며 공원 산책을 하고 집 근처 식당에서 식사를 한다. 또 몇 발자국만 걸어가면 동네 여기저기 커피 전문점이 있다. 여지없이 그곳에 진 치고 있는 대부분의 싱글 족들은 노트북과 스마트 폰으로 존재감을 알리고 소통을 하며 시간을 보낸다. 외로움을 해소하려고 사람이 아닌 기계와 소통하고 있다.
아니 꼭 싱글족뿐만이 아니다. 부부끼리 혹은 친구나 가족동반 모임에서도 잠시 짬만 나면 모두들 자신만의 스마트한 세상 속으로 자연스럽게 손과 눈길이 간다. SNS를 통해 시시각각 자신의 일상을 알리고 댓글을 달고 서로 교류를 한다. 존재감을 알리고 시선을 끄는 방식이 유행처럼 번져버린 현대인들의 주소이다. 딱히 누가 어디에 있는지 알고프면 GPS 추적으로 장소까지 알게 되니 어쩔 수 없이 스마트폰이 주소가 되는 거였다. 군중 속에 섞이길 꺼리며 깊은 밀림 속으로 자발적 고립을 원하면서도 유일한 소통의 끈을 잡는다. 아이러니다.

자신을 알아봐 주고 한 번 더 쳐다봐 달라는 유추의 생존방식이 현대인들의 생존공식과 많이 닮아 있는 것에 씁쓸한 뒷맛을 느낀다. 이기적인 삶의 방식이 현대인들의 입맛에 맞는 이유는 무얼까. 중독처럼 서로에게 깊이 결집시키고 무섭게 파고드는 관심과 댓글이 존재감과 사랑으로 착각하며 사는 것은 아닐까?

어쩌면 우리는 모두 외로움에 길들여진 존재들인지도 모르겠다. 아니, 너무도 사랑을 갈구하는 존재들일지도 모르겠다. 다만 용기가 없고 핑계가 없고 마땅한 제목의 프러포즈가 없는 것은 아닐까. 다시 혼자되는 것이 두렵고 상처받는 것이 두려워 감히 시작도 못하는 존재들…….

그리하여 혼자 웅크리고 앉아 기계와 소통하고 있는 당신!

이 글을 읽고 있는 당신도 혹시 유추프라카치아?

슬기로운 감빵생활

잘 나가던 일류 야구선수가 여동생 성 폭행자를 잡다가 실수로 살인을 저질렀다. 얼마 전 종영 한 TV-N에서 방영했던 〈슬기로운 감빵생활〉 드라마 이야기다. 각양각색의 죄목을 가진 죄수들이 모인 형무소에서 일어나는 에피소드이다. 드라마 제목을 할 것이 없어서 형무소 생활 얘기까지 하나 싶었다. 주말마다 시청률을 갱신하면서 나 또한 드라마에 빠져들었다.

천하에 죄라고는 모를 순신무구한 사람이 어쩌다 살인을 하게 되면서 같은 방 사람들과의 얼킨 이야기다. 조폭이 행동대장으로 일하다 살인하였지만 25년 착실하게 갱생하여 사회로 환원되는 이야기. 서울대 약대를 나왔지만 히로뽕 투약을 할 수밖에 없었던 이야기. 가난한 고아 청소년이 빵 훔쳐 먹다 상습범이 된 이야기. 상습 사기 도박꾼이야기.

청렴결백한 육군 대위가 군대에서 국가 권력자의 아들에게 상습 폭행과 살인 혐의로 누명쓴 이야기. 그 밖에 교도관들의 희로애락과 교도소 내에서 일어나는 웃지 못 할 해프닝들을 그려냈다.

나는 때론 이를 갈다가, 때론 주먹을 불끈 쥐다가, 때론 배꼽을 잡고 웃게 하는 작가의 의도대로 빠져들었다. 드라마가 계속 되면서 왜 '슬기로운' 이라는 단어를 썼을까 생각해 봤다. 주인공 격인 야구선수 김재혁(박해수 분) 선수는 단순 무식한 사람이다. 야구에 관한 한 그는 대한민국 최고이지만 그라운드를 벗어나면 답답한 나무늘보. 그를 기점으로 같은 방에서 일어나는 사건 사고가 중심 스토리가 된다. 죄수 한 사람이 들어와서 출소하기까지 일어나는 사건들 속에 느리고 어눌한 그의 마력이 발동을 한다. 극악무도한 악당들도 그의 인간적인 매력에 빠져 갱생의 길로 접어들게 된다. 사회에 나갈 땐 어떤 방식이든 그의 영향력을 받게 된다.

아무리 선한 사람도 사기, 살인, 강간, 마약, 절도 등의 행위가 정당화될 수는 없다. 그렇지만 줌렌즈로 그들의 세계를 들여다보니 그들도 인간적인 너무나 인간적인 사람들이었다. 그저 먹고살기 위해 발버둥 친 죄였다. 조금 욕심을 부린 죄였다. 남보다 조금 앞서가고 싶은 죄였다. '죄는 미워하되 인간은 미워하지 말라' 던 명언이 떠오르며 누구에게나 자기만의 감옥이 있지 않을까 하는 생각을 했다.

시애틀에 살고 있는 여동생은 30년을 산 남편과 지금도 서로 안 맞아 티격태격한다. 한바탕 분쟁이 일어나는 날이면 어김없이 내게 국제전화를 해 울면서 한탄을 한다. 지금은 그나마 카카오 무료통화를 사용하니 다행이지만 얼마 전까지만 해도 한 시간 넘게 하소연을 들어주는 전화비도 만만치 않았었다. 답답한 속내를 한참 들어주고 어르고 달래고 하다가 내가 말했다.

"네 감옥은 언제나 남편이네."

"맞아 언니. 내 감옥은 평생 벗어나지 못하는 내 남편이야"

"그래도 제부한테 역으로, 힘든 상대 만나 당신도 참 고생한다 해줘"

하고 전화를 끊었다. 조잘조잘 참새처럼 떠들어대는 동생의 어린 시절 별명은 '열쪼시'였다. 전라도 댁인 엄마가 하루 종일 쫑알거린다고 지어준 별명이다. 열쪼시는 방언으로 중닭을 일컫는 말인데 중닭들이 하루 종일 구구거리며 무언가를 쪼아 먹는 모양을 보고 지어준 것 같다. 동생은 명랑 쾌활하고 낙천적인 기질이 주변 사람을 밝게 해주는 성격이다. 혈액형이 AB형이다 보니 변덕스러운 듯 감정의 기복이 약간 있다. 그때마다 남편이 같은 감정 싸인 곡선을 이루지 못하니 서로가 힘든 상대일 수도 있겠다는 생각을 했다. 그러니 남편 입장에서 보면 또 아내가 감옥일 수도 있겠다 싶었다.

만족하고 평안하게 살고 싶지 않은 사람이 어디 있을까. 누구나 조금씩 다르지만 자기만의 감옥이 있으리라. 오죽하면 '삶이 곧 고통의 바다'라고 하지 않던가. 불편하고 힘들지만 스스로 감당해내야 하는 혼자만의 영역이 있을 것이다. 삶의 불협화음의 요소를 마주하며 그것들과 으르렁거려 봤자 시너지 효과로 더 나쁜 방향으로 흘러가기 쉽다. 한 발짝 뒤로 서서 그것들과 마주하며 객관적인 내가 되어 보는 것, 그것이 바로 슬기로움이 아닐까.

최고 밑바닥 삶인 감빵 생활에서조차 슬기로움으로 안방의 시청자들에게 유쾌한 웃음을 주었던 드라마였다. 사실 드라마 특성상 실제와는 말도 안 되는 각색과 설정이 있었다. 작가가 이 작품을 통해 말하고 싶었던 것은 무엇일까? 야구를 잘한다는 것 말고는 내세울 것 없는 김재혁 선수 같은 사람도 인간을 구제하는데 당신은 이보다 열 배는 더 잘나지 않았느냐고 묻고 있는 것 같았다. 살아가면서 부딪치는 사소한 사건들 앞에 일희일비하지 말고 잘살아 보라는 것 아닐까. 그래도 당신들은 최소한 지금 감방에 있는 저들보다는 낫지 않은가. 당신들이 스스로 자신을 가두고 있는 그 감옥에서 튀어 나오라. 갱생을 하라. 그 너머의 세상을 바라보라. 힘을 내라. 용기를 내라. 그리하여 주변을 변화시키라. 힘든 사람들의 언덕이 되어주라. 당신들보다 더 험악한 바닥 인생들도 이렇게 씩씩하고 지혜롭게 잘 살아내고 있으니…. 라고 소리치고 있는 것은 아닐까.

명작과 에세이 / 첫 키스

프랑수아 제자르의 〈프시케와 아무르 / 아무르의 첫 키스를 받는 프시케〉의 그림 이야기는 미의 여신 비너스가 프시케의 어리고 청순한 것을 질투해서 시작된다. 못생긴 남자를 사랑하게 하는 큐피드의 화살을 프시케에게 보내려 했다. 그러나 실수로 아들 에로스가 맞아 프시케와 에로스는 사랑에 빠진다는 신화에 따른 명화이다. 하지만 이 그림은 철저히 신화에 따른 그림이어서인지 첫 키스의 느낌은 그다지 느껴지지 않았다. 오히려 구스타프 클림트의 〈키스〉에서 절절한 첫 키스의 사랑 느낌이 살아 움직이는 듯했다. 적어도 사랑하는 사람들이라면 그림 속의 연인들처럼 남자의 열렬한 키스와 그것을 받아들이는 여자의 사랑스럽고 달콤한 모습이 느껴져야 할 것이기 때문이다. 덩치 큰 남자의 품에 안겨 무릎 꿇어 온 몸을 맡기고 눈을 감아 그 감격의 순간을 만끽하고 있다. 형이상학적이며 기학적 무늬도 상상의 나래를 펴게 하고 여러 가지 밝은 색감과 황금빛 아우라가 사랑의 달콤함을 표현하는 듯 사랑스럽고 기분이 좋아진다. 이 작품들을 오래도록 들여다보노라면 문득 오래전 나의 첫 키스의 몽환 속으로 빠져든다.

스무 살, 돌아보니 프시케의 청순한 볼처럼 복숭아꽃 빛 순수를 닮았다. 친구들은 대학을 다니며 미팅을 하고 연애를 하는 시기였고, 대학을 가지 못한 친구들도 온통 이성에 대한 관심과 열망에 도파민과 엔도르핀이 넘치는 질풍노도의 시기였다.

한편 사회적으로는 군사 독재 정권에 맞서 민주화의 기대 속에 끊임없이 대학생들의 시위와 경찰의 폭력과 최루탄의 화염 속에 하루가 멀다하고 광화문과 종로는 시위대들의 집결지로 아수라장이 되어있었다. 정치를 모르는 아이나 노인들 그 누구도 TV를 틀면 나오는 뉴스에 귀를 기울이며 외면할 수 없었던 혼돈과 어둠의 시기이기도 했다. 거리 곳곳에는 의무경찰들이 안전모를 쓰고 방패를 들고 철창의 대형버스에서 쭈그려 앉아 도시락을 먹으며 창문 너머로 같은 나이 또래의 우리들을 부러운 듯이 쳐다보고 있었다.

여고를 졸업한 나는 집안 형편상 대학 진학을 못했다. 간호조무사 국가자격증 시험에 합격하여 종로 2가에 있는 안과 병원에서 일을 하고 있었다. 당시 처음 나온 콘택트렌즈에 대해 사용법과 보관법을 안내하고 학습시키는 일을 했다. 80년대는 사회적으로나 개인적으로나 무료하고 칙칙한 날들이었다. 그러던 어느 날 유난히 흰 피부에 키는 작고 검은 뿔테 안경 낀 군인이 내 환자로 왔다. 무뚝뚝한 경상도 남자는 내 안내를 받고 무관심한 듯 조용히 사라졌다. 그렇게 몇 번인가 더 왔던 것 같다. 어느 날 안내 데스크 전화벨 소리와 함께 내게 전화 받으라는 신호에 수화기를 들었다.

"전화 바꿨습니다. 김순례입니다."

"안녕하십니까? 저……. OOO입니다."

"네? 누구요?"

그였다. 내 명찰 속 이름을 기억한 그가 전화를 했다. 근처에 와서 퇴근시간에 맞추어 내게 전화를 한 것이었다. 그는 대구 출신으로 용산 미군부대에서 카투사로 근무하고 있는 대학생이었다. 그렇게 세 살 위의 그 오빠와 만남은 시작되었다. 그는 군인이고 나는 직장인이어서 우리의 만남은 녹녹치가 않았다. 가끔씩 만나 조금씩 서로를 알아가고 있었다.

연인들의 계절 12월이 왔다. 크리스마스는 그의 근무 순번이었다. 12월 31일 통행금지가 없는 날이었다. 당시는 군사독재 시절이라 밤 12시는 통행금지였다. 송구영신 광화문 보신각 종소리를 같이 들으며 그 역사적인 순간을 함께 보내기로 약속한 날이었다. 하루 전부터 가슴이 콩닥콩닥 방망이실이 멈추질 않았다. 퇴근 후 용산 미군 부대 앞에서 그를 만났다. 만나자마자 그는 나의 손을 덥석 잡아 자신의 야전 잠바 주머니에 쏙 넣었다. 그의 따뜻한 손이 차가운 내 손을 부드럽게 애무했다. 금방 내 손은 촉촉이 땀에 젖었다. 둘씩 생활하고 있는 자신의 숙소를 보여주고 싶단다. 그의 성격답게 깔끔하게 정돈된 내무반이었다.

8군 내 레스토랑 낮은 창이 있는 자리에 나를 앉혀놓고 잠시 그가 나갔다. 실내를 둘러보니 미군도 더러 있고 몇몇 한국 사람들이 조용조용 앉아서 얘기를 나누며 식사하고 있었다. 낯설고 이국적인 미군 부대의 겨울 창밖 풍경에 흠뻑 빠져있을 무렵 어디선가 기타 소리가 들려왔다. 고개를 돌려보니 상병인 그가 기타를 치며 올드 팝 'All for the love of a girl'을 부르며 내게 걸어오고 있었다. 옆에 후임인 듯한 군인이 모자를 들고 손님들을 향해 돌아다니고 있었다. 금방 모자 안은 달러와 한화로 제법 가득했다. 그는 내게 무언가 특별한 선물을 주고 싶었고 또 군인이기에 부족한 용돈을 이렇게 충당할 요량 인듯했다. 그가 내게 와서 노래를 마저 부르자 휘파람과 박수가 쏟아졌다. 나는 부끄러워서 얼굴을 들 수가 없었다. 영화같이 몽롱하게 젖어서 어떻게 시간이 흘러갔는지. 덕분에 나는 생애 처음 고급스러운 스테이크와 와인을 우아하게 먹고 자리를 떠나 광화문 쪽으로 발길을 옮기기로 했다.

12월 31일 밤늦은 시각, 용산 8군 부대는 전날 내린 눈 덕분에 정원수들 위로 띄엄띄엄 가로등의 따스한 불빛들이 빛나는 설원과 조화를 이루어 고즈넉하고 아름다웠다. 곳곳에 성탄 트리 불빛도 어우러져 내가 살던 혼돈의 세상에서 다른 세상으로 순간 이동이라도 한 듯했다. 탄성을 지르며 인적 드문 그 길을 둘이서 손을 잡고 걸었다. 이 길을 오래 걷고 싶건만 야속하게 저만치 정문이 보였다. 복잡한 서울 한복판 용산 미군부대 안에 이렇게 평화롭고 아름다운 길에서 멀어지는 것조차 아까운 시간이었다. 조용히 걷다가 갑자기 그가 나를 옆으로 세우더니 와락 껴안고 입을 맞춘다. 나는 놀란 가슴을 진정시킬 수 없어 그를 밀치고 나를 더욱 세게 안으려는 그와 실랑이했다. 눈 덮인 잔디밭에 엎어져 뒹굴며 우린 길고 긴 키스를 나누었다. '띠용~~' 정신이 혼미해지고 가슴은 두방망이질을 해대고 부끄러워 얼굴을 들 수가 없었다. 마치 영화 〈러브 스토리〉의 한 장면처럼 우린 그 눈밭에서 내 생애 첫 키스의 신을 찍었다. 내 기억 속에서 오래도록 잊히지 않을 첫 키스의 낙인을 말이다.

사실 내가 태어났던 1960년에서 스무 살까지 사회는 정치적 혼란의 시기였고 민주주의의 확립이라는 미명 아래 4·19혁명, 5·16군사 정변, 6·3사태, 10월 유신, 10·26사태, 5·18민주화 항쟁……. 그때마다 국가는 국민을 상대로 계엄령을 남발하며 순박한 시민들을 억압했던 가슴 시린 시간들이었다.

개인적으로나 사회적으로 스산하고 추웠던 그 시절. 지금도 눈 감으면 선하게 떠오르는 그 아름다운 추억 하나로 내 스무 살 기억은 온통 황금빛으로 기억된다. 구스타프 클림트의 〈키스〉 그림 속 연인들의 망토 빛깔처럼…….

천사의 눈물

성당 다닐 때 알던 지인이 점심 초대를 했다. 오랜만에 그 집을 방문했다. 거실 한쪽 햇볕이 잘 드는 창가에 내 눈을 '확' 사로잡는 것이 있었다. 넓고 야트막한 수반 위에 작고 여린 초록 순들이 잔디처럼 소복하게 돋아나 수반을 덮고 있었다. 연초록 잎들이 햇볕을 받아 싱그럽게 빛나고 있었다. 이름을 물어보니 '천사의 눈물'이란다. '어쩜 이름도 이리 예쁠꼬!' 잎 크기가 참깨 한 알 크기만 하고 모양도 오동통한 작은 신비에 반하고 말았다.

직접 만든 묵에 갓 버무린 묵무침과 손수 빚은 수제비까지 잘 먹고, 돌아오는 길에 천사의 눈물을 조금 분양받아 왔다. 작고 낮은 토분에 몇 종류 꽃을 모둠으로 심었다. 꽃은 히얗고 잎 끝이 자줏빛으로 곱게 물들인 듯 단아한 제라늄을 중심에 심고 가장자리는 호야 덩굴로 늘어뜨리고 사이사이 잔디처럼 천사의 눈물을 심어 물을 듬뿍 주고 양지바른 창가에 놓았다. 눈도장을 조석으로 찍으며 관찰했다. 바람이 잘 통하는 곳 이쪽저쪽으로 옮겨 보고 이쑤시개로 이리저리 들추이며 뿌리내리는데 거스름이 없는지 돌보았다. 싱싱하게 잘 자라고 있었다. 며칠 후 가만히 앉아서 꽃잎 하나하나를 쓰다듬고 있는데 개미도 보이고 거미줄도 보였다. 그 며칠 사이에 작은 화분 속에 우주가 탄생했다. 얼마나 시간이 흘렀을까. 이상하게 시들시들해지며 힘이 없어지고 자꾸만 잎이 말라가고 있었다. 신비하게도 다유기 과의 천사의 눈물은 깨알만한 잎 하나가 떨어져 줄기 하나를 이루는 식물이었다. 그런데 도대체 번식은커녕 오히려 숫자가 줄고 있었다. 자세히 흙 속을 관찰해보니 개미가 우글우글 군단을 만들어 줄을 잇고 있었다. 고민 끝에 독하게 마음먹고 개미 약을 뿌렸다. 내가 좋아하는 꽃을 보기 위해 개미가 한순간에 몰살당하고 말았다. 그 순간 가해자와 피해자의 소리 없는 암투가 벌어지고 있었다. 소위 일방적인 갑과 을의 관계로 전락했다.

결국 며칠 후 개미도 꽃도 다 죽고 말았다. 미처 자리 잡지 못한 어린것들을 지나친 관심으로 이리저리 옮겨 놓고 뿌리 내리지 못하게 하는 인위적인 환경이나, 해충을 제거할 욕심으로 미리 약을 친 서투름이나, 결국 꽃들에겐 독이 되었던 것이었을까. 소수 약자의 아프다고 소리치는 내면의 소리 그 절규를 우리 모두는 들을 수 없는 닫힌 귀가 되어가고 있는 것은 아닐까. 키우기가 그리 까다롭지 않다던 '천사의 눈물'은 이름처럼 내게 눈물을 선물했다. 아름다운 것을 보기 위한 내 과욕이 눈물겨운 사투를 벌였지만 결국 곁에 있던 다른 꽃들과 벌레들까지 다 없애버리는 아픈 떼죽음 사건이었다.

'살아간다는 것이 일순간 이런 것이 아닌가' 하는 생각을 했다. 희망과 함께 잘 나가던 일들이 손쓸 수 없는 절대자의 힘으로 하루아침에 절단 나거나 알 수 없는 미궁 속으로 흘러가는 경우를 주변에서 자주 보았다.

기저귀도 안 뗀 백지 상태의 어린 아기들이 조기교육 핑계로 어린이 집을 다니고 어른들의 대리만족의 대상이 된다. 직장인을 위한 배려로 시작된 어린이집은 전업주부들도 당연히 거치는 순서가 되었다. 성장하면서 인성은 배제되고 사람이 아닌 공부벌레들을 키우는 학습 현장이다. 과연 공부만이 살 길일까? 국가와 학부모가 단합이라도 하듯이 아이들은 희생양이 되어간다. 요즘 청소년들 대부분 공주와 왕자처럼 성장한다. 소수를 제외하고 대부분 인성도, 교육도, 예절도 수준 이하가 많다. 공부는 잘 하는데 인성은 바닥인 아이들이 있는가 하면, 공부는 조금 못해도 성격 좋고 다른 것은 월등한 아이들도 분명 많다. 다양성이라는 것은 배제되고 오직 성적순으로만 평가 되는 교육이 아쉬울 뿐이다. 영재교육이라는 타이틀 앞에 일류(一流)보다 훨씬 더 많은 상처받은 이류, 삼류들은 어디로 가야하는지. 소리 소문 없이 수몰되고 지상의 루저로 남기에는 너무 안타까운 현실이다.

아직은 엄마 품에서 모유를 먹고 사랑을 먹을 시간 아닐까. 어린이집 차가운 바닥에 나이 어린 교사들의 학대를 받으며 흘리는 눈물…. 감성이 가장 예민한 이 시기에 상처받은 영혼은 성인이 되어도 가슴에 옹이가 되어 치유하기가 어려워진다.

나는 꽃을 보고 싶었을까. 그저 예쁜 화분 하나 갖고 싶었을까. 천사의 눈물이 원하는 환경이 아니라 단지 내가 원하는 모양으로 키우고 싶었을까.

'어떤 화분이건 다친 심장을 심으면 자폐가 핀다.'고 읊던 이체의 싯구가 생각나는 절묘한 타이밍이다.

별이 내게 올까

노트북 한글 프로그램을 켜놓고
깜박이는 커서를 바라보며 너를 생각한다
끝내 기다리는 너는 오지 않고
속절없이 밤은 깊어간다
커피 생각이 났다
주방 수도꼭지를 틀어
주전자에 물을 쏴아 받는다
가스레인지가 타다닥 소리를 내며
시퍼렇고 붉은 불꽃을 토해낸다
물끄러미 불꽃을 바라보다
문득 찬바람이 그립다
드르륵 창문을 열고
검푸른 하늘을 올려본다
저 많은 별들이 언제쯤 내 가슴에 떨어질까
골목 안 고장 난 가로등이
깜빡 깜빡 졸고 있는 어둔 밤
낡은 레인지 위에 삐삐주전자 물이 졸아
삐리리리 애절하게 울고 있다

마음속 풍경

4부

상하이의 밤

여기쯤 풍경 하나

자주 산책을 다니는 한적한 길이 있다. 마음이 울적할 때, 뭔가 할일이 생각나지 않지만 우두커니 앉아있고 싶지 않을 때, 저녁 먹고 배가 그득해서 걷고 싶을 때, 운동은 하고 싶은데 멀리 가고 싶지는 않을 때, 입던 옷에 슬리퍼만 신고도 부담 없이 어슬렁어슬렁 걸어 다니던 길이다. 집에서 나와 대로변을 지나 조금만 벗어나면 서오릉 숲이 있다. 그 한적한 숲속이 내 마음속 호흡과 삶의 질서를 잡아 주는 힐링 장소이다. 늦더위가 한창이던 휴일 늦은 오후, 그날도 습관처럼 그 길을 휘적휘적 걷고 있었다. 6차선 대로변을 막 벗어나려는 순간, 눈길을 사로잡는 풍경 하나가 오래도록 내 발걸음을 붙들었다. 자주 지나치는 길인데 오늘 처음 그 광경이 내 눈에 들어왔다. 마음의 각도에 따라 보이는 것도 다른 것인가. 처음엔 "꼴 꼴 꼴" 소리가 청각을 사로잡았다. 고개를 돌려보니 야트막한 돌절구 위에 대나무 막대 반쪽을 잘라 삐딱하게 내리 꽂아 물이 떨어지게 장치했다. 작은 조롱박 하나가 물 위에 둥둥 떠 있어 물을 떠먹고 싶은 충동마저 느꼈다. 그 주변엔 들꽃들이 올망졸망 놓여있고 이끼까지 늘어져 있다. 순간 입가에 미소가 번지며 탄성이 나왔다. 찬찬히 주변을 돌아보니 카센터와 천막 가게 사이에 멋진 풍경이 연출되어 있었다. 누가 봐도 대로변 삭막해 보이는 그곳에 반 평도 안 되는 애교스런 풍경 하나가 사람들의 눈길을 사로잡고 미소까지 번지게 했다. 장난스럽게 예쁜 간판도 보였다. 나무옹이가 그대로 박힌 단면을 타원형으로 잘라 두 줄 체인에 걸어 단아한 손글씨로 썼다. 이름하여 '여기쯤 풍경 하나' 그 순간, 아! 하고 짧은 탄성이 나왔다.

한때, 내 딴에는 단순하다고 생각하는 꿈을 꾸었다. 내가 세상의 많은 것을 바꿀 수는 없어도 누군가 한 존재만이라도 그 사람의 가슴속 미어짐을 막을 수 있다면 내 인생은 헛되지 않으리라. 공해에 찌든 삭막한 이 도시에, 일상에 지친 삶의 수레바퀴 위에, 관계의 서글픔에 목말라하는 도시인들의 가슴 위에, 짧게나마 미소 지을 수 있고 그 곁에서 쉬고 싶은 그런 존재이고 싶었다. 존재의 깊이에 깊게 파고들어 쉼을 허락하고 감정을 나누며 살고 싶었다. 휴식이 필요한 이에게 깊은 그늘 같은 그런 존재이고 싶었다. 인간이 '나'라는 실체에 파고드는 오음성고(五陰盛苦)의 아픔 속거리마다 풍경 하나쯤 만들어 잠깐이라도 미소 짓게 하는 존재이고 싶었다.

부처는 인간이 살면서 겪어야 하는 팔고(八苦)의 아픔을 논했다. 인간은 누구나 태어나는 순간부터 생로병사(生老病死)의 네 가지 고통을 앓아야 하며 이어서 괴고(壞苦)와 행고(行苦)를 거쳐야만 한단다. 괴고(壞苦)란 원인과 결과에 의해 모든 존재가 고정됨 없이 항상 변화하여 수시로 무너지는 고통이란다.

사랑하는 사람과 헤어져야 하는 고통, 애별리고(愛別離苦)

미운사람을 보고 살아야 하는 고통, 원증회고(怨憎會苦)

원하는 것을 성취하지 못하는 고통, 구불득고(求不得苦)

오음성고(五陰盛苦), 이는 행고(行苦)로 '나'라는 실체에 집착함에 의해 비롯되는 고통을 말한다. 인간의 심신을 형성하는 기본적인 요소인 오음(五陰)과 오온(五蘊), 그 중 오온(五蘊)은 물질과 정신을 다섯 가지로 분리한 것으로 색(色), 수(受), 상(想), 행(行), 식(識)에서 오는 고통이다. 이렇게 여덟 가지 고통이 사람이 살아 있는 동안 겪어야 하는 팔고(八苦)다.

이 거대한 물결인 인인애(忍人愛)의 회오리들을 내가 어이 다 감당하리요. 이생을 살면서 팔고의 관문을 통과하여야 노후의 순명을 맞이할 수 있다는 말인가. 나 스스로 존재의 성찰도 아직 못가고 있는 나 아니던가. 분명 어이없는 발상이었다.

나이 50이 넘으면 많은 것을 가지고 누리고 여유가 생길 줄 알았다. 아니, 많은 것을 가졌음에도 또 그만큼의 공허함이 공존하는 아이러니였다. 애초에 너무 거한 꿈을 꾸었던 것일까. 미천한 내가 누군가의 위로가 된다는 상상이 조크였던 것인가. 헛된 꿈을 꾸고 있었던 것이다. 그것은 내가 결정하는 것이 아니라 상대가 결정하는 거였고 단지 나는 도구가 되는 거였다. 그저 죽는 그 순간까지 꾸준히 나는 내 몫의 바닥짐을 짊어지고 주변과 상생하며 가노라면 먼 훗날 후세들이 결정해주는 인생 성적표였다. 그것도 이 세상을 하직할 때 내려지는 평가였다. 가장 근접해 있는 가족들에게조차 성실치 못한 내가 다른 누구의 가슴의 미어짐을 막는다는 것인가. 한숨이 나왔다. 그래도 포기할 수는 없었다. 한 기닥 실오라기 같은 희망을 놓을 수 없었다.

천리 길도 한 걸음부터고, 100층 빌딩도 첫 삽부터 시작이랬지? 어딘가에 구겨 던져놓았던 내 마음을 다시 끄집어냈다. 꼭 완벽할 필요가 있을까. 모두가 최고일 필요가 있을까. 시작도 해 보지 않고 포기를 할 수는 없지. 지금껏 내가 살아온 이념에 배신하지 않고 그대로 살면 되는 거지. 내가 할 수 있는 만큼만 하면 되는 거지. 끝이 어딘지 가늠하지 말고 그냥 가 보는 거야. 그러다 보면 어디쯤에 닿아 서 있겠지.

그래, 다시 한 발자국 희망의 발걸음을 떼어보자. 언제 어디서건 내가 서 있는 그곳에 그 주변에 걸맞은 풍경 하나 만들고 싶다는 소망을 향해.

금오도 여행친구

해마다 3월, 이른 봄이면 우리 부부는 여행 병이 도진다. 엉겁결에 행선지를 정하고 여행길에 올랐다. 이번 여행은 남편과 여고동창 숙과 남해 금오도를 여행하기로 했다. 급히 조달한 친구, 부산에 살고 있는 숙의 초등학교 동창 B가 차를 가지고 여수로 와서 우리와 합류했다. 여수에서 배에 차를 싣고 금오도에 도착! 네 나그네의 여행이 시작되었다.
금오도는 여수시 남면에 속해있는 금오열도 30여 개의 섬 중에 60%가 넘는 중심 섬이자 어미 섬이다. 섬의 지형이 자라를 닮았다 하여 큰 자라라는 뜻으로 금오도라 부르게 되었다. 조선시대 궁궐을 짓거나 보수할 때, 임금의 관(棺)을 짜거나 전선의 재료인 소나무를 기르고 가꾸던 원시림이었다. 고종이 명성황후가 살던 명례궁에 하사한 섬이기도 하며 이곳에 사슴목장을 만들어 사람의 출입과 벌채를 금하기도 했다.

금오도에는 6개의 '비렁길'이 있다. 남면 함구미에서 장지마을까지 18.5km 구간을 절벽을 이용해 만든 둘레길은 새로운 생태 녹색길로 주말이면 많은 이들의 각광을 받고 있다. '절벽'의 여수 사투리, 순 우리말이 '비렁'이란다. 배가 섬에 닿자 우리는 1코스로 함구미에서 두포까지 5km 거리를 2시간 넘게 천천히 산책했다. 섬 둘레의 절벽을 따라 잘 조성된 길을 굽이굽이 걷노라면 철썩이는 파도와 오랜 시간 싸우느라 패어버린 절벽이 그 상처를 하얗게 내어놓는다. 우리 일행은 자연의 아름다움에 환성을 내지른다. 인간과 자연의 아이러니에 대해 생각할 틈도 없이 해안가 바위 틈틈이 이름 모를 예쁜 꽃들이 내 눈길을 붙잡는다. 평일이어서일까. 사람들도 없이 오롯이 우리 일행만이 그 작은 섬 금오도를 온통 차지하고 있는 듯했다. 적막한 그곳 들녘에서 행복한 중년의 시간들이 잠시 멈추었다.

노을을 뒤로 한 채 말없이 들녘에서 나물 캐기에 열중하는 모습이 마치 명화 속, 밀레의 '이삭줍기' 농부들의 모습을 연상하게 했다.

지금은 없어진 송광사 절터, 잘 마련된 무대마냥 평평한 바윗돌 위에 두 손 곱게 접고 제법 엄숙하게 서서 부활절을 맞은 숙의 솔로 찬양은 우리 모두를 웃음 짓게 했다. 순천 송광사와 이름이 같아서 안내판을 유심히 읽어 보니 고려 명종 때 보조국사가 금오도의 송광사와 조계산의 송광사를 왕래하면서 은적암에서 휴식을 취했다는 기록이 있었다.

해 지기 전 서둘러 묵을 곳을 찾아 나섰다. 손 뻗으면 닿을 듯이 한 가구가 사는 작은 섬 하나가 둥둥 떠 있었다. 그 섬이 내려다보이는 바닷가 아담한 펜션에서 여장을 풀었다. 휘영청 둥근 보름 달빛이 들어오는 2층 테라스에서 우리는 이미 20대의 철없었던 청년으로 타임머신을 타고 도착했다. B는 마법사처럼 모든 것을 준비하여 우리를 감격시키는 선수였다. 그 밤, 그곳에 어울리는 와인의 여왕 '샤또마고'를 준비해 와 또 우리를 감탄시켰다. 달빛은 와인 빛보다 더 붉은 빛으로 우릴 유혹했다. 바닷가 해변에서부터 불어오는 비릿한 냄새조차도 향기로웠다. 밤은 더욱더 깊은 어둠 속으로 달려갔다. 여행은 이야기꽃을 피우며 절정을 향해 가고 잡을 수 없는 시간의 아쉬움을 술로 달래었다. 술기운을 통해 취중진담(醉中眞談)이 술술 오갔다.

대화 중에 비로소 알았다. B는 서울 모 중소기업의 서자(庶子)이며 우여곡절 끝에 5번의 결혼을 했었고 지금은 혼자 아들을 키우며 고향인 부산에서 자신의 삶을 묵묵히 살아가는 고독한 남자라는 것. 그 아들의 어미인 일본 여자는 다른 사람과 재혼 했다가 다시 싱글이 되었지만 지금도 생활비를 지급하고 그 여자에게 무슨 일이 생기면 달려가는 마음 약한 남자라는 것. 그 사람과 숙이가 서울 H초등학교 동창이라는 것. 혼자 세 딸을 키우며 살아가는 숙이와 동병상련의 상처를 가슴 따뜻하게 보듬어 주며 소중한 우정을 나누고 있는 친구라는 것. 동창들 단체여행 할 때도 언제나 손수 모든 것을 준비 하는 마음 착한 남자라는 것도….

술 한 잔이라도 나눌 때면 빠지지 않는 우리의 단골 메뉴 '귀촌이야기'도 수북하게 쌓아놓았다. 같이 이웃 삼아 친구 하며 노후를 시골에서 책 읽고 글 쓰며, 텃밭 가꾸며 먹거리 자급자족하며 살자는 약속도 빼놓지 않았다. 친정이 없는 친구가 내 남편을 오빠처럼 의지하는 것이 싫지 않았다.

개체로 내놓았을 때 하나도 어울릴 것 같지 않은 한 사람 한 사람이 만나서 친구가 되고, 부부가 되고, 친구의 친구와 친구의 남편이 같이 만나 여행을 하고 한 방에서 잠을 자며 우정을 키웠다. 여행의 묘미는 이런 것이 아닐까.

밀어낼 수만 있다면 밀어내고 싶은 아침이 왔다. 어제 들녘에서 뜯었던 쑥, 달래, 방풍나물, 마늘 싹, 보리 싹을 이용해 잠시 시골에서 자랐던 숙이는 멋진 아침 만찬을 준비했다. 푸성귀 몇 가지로 여러 반찬을 뚝딱 만들어낸 솜씨는 정말 '시골밥상' 식당 주방장이어도 괜찮겠다고 모두들 입을 모아 칭찬했다. 특히나 남의 밭에서 몰래 서리한 중풍에 특효가 있다는 방풍 나물 맛은 바다의 신선함을 머금은 듯 산뜻했다. 누가 뭐랄 것도 없이 우리 모두 두 그릇씩 시치미 뚝 떼고 먹어 치워줬다.

육지로 배를 타러 나오는 길에 들려본 바닷가에 교실이 몇 개 되지 않는 폐교와 오막살이 집 한 채가 있었다. 향토 박물관에나 있을 법한 갯바위 옆 오막살이가 눈길을 잡았다. '넓고 넓은 바닷가에 오막살이 집 한 채' 그 가사 그대로인 집이 눈앞에서 철썩이는 파도와 마주하고 있는 모습이 정겨웠다.

여행 중 우리 부부는 덕분에 호사만 누렸다. 낯선 사람과 잘 섞이지 못하는 남편도 몇 번이고 그 여행 이야기를 입에 올린다. 앞으로 '금오도'

하면 B가 생각나리라. 고마운 친구 B가 있어서 섬 구석구석 좋은 풍경의 그림들을 보고 내 기억의 창고가 두둑해진 것을 시인한다.
여행은 좋은 사람과 함께 할 때 그 감격이 배가 된다는 것을 깨닫게 해준 사람. 세상이 각박해져 앞만 보며 자기만의 삶을 고수하며 살아가는 시대에 옆 사람을 배려하고 주변을 돌아보는 B야말로 진정한 휴머니스트가 아닐까. 이런 친구를 가진 내 친구는 부자, 이들과 함께 시간을 나눌 수 있는 우리 부부도 부자였다. 바이러스처럼 사람을 배려하는 마음들이 주변에 번져갔으면 했다. 헤어지며 다음 여행을 약속 했다. 그때는 그 친구에게 고마운 마음을 담아 지난여름에 담아둔 아끼는 복분자 와인을 들고 가야겠다. 그런데, 혼자 사는 남자에게 복분자는 너무 과한가? 풉!

상하이의 밤

여고동창들끼리 여행을 도모했다. 지천명의 나이에 가족을 떠나 나를 돌아보는 여유를 찾고자 시도했다. 북한의 김정은도 무서워한다는 사춘기를 같이 겪은 우리들이 아닌가? 시작은 근사했으나 다들 이런저런 이유로 빠지고 달랑 셋이서 떠나기로 했다. 상해(上海)는 말 그대로 '바다로 간다.' 라는 뜻을 가지고 있다. 황하 강줄기를 타고 태평양으로 빠지는 항구도시다. 상해, 항주(抗州), 주가각(朱家角) 3박 4일 짧은 일정이지만 생각하기 나름, 기다려라 우리가 간다. 상하이의 밤들이여!

여자의 몸으로 남편의 건설 사업에 뛰어들어 워커에 헬멧 쓰고 현장을 선두지휘하는 효영이와 군인 출신 남편 뒷바라지하여 제대까지 무사히 마친 내조의 여왕 선미, 그리고 나였다.

첫날 오후 비행기에서 내리자마자 상해 푸둥(浦東) 시내의 동방명주

(東方明珠) 타워로 향했다. 본래 CCTV 수신타워지만 세계 4위의 높이로 상해를 상징하는 탑이 되었다. 468m 높이의 탑에 고속 엘리베이터를 타고 올랐다. 순식간에 순간이동이다. 둥근 돔 형식의 전망대는 공중에 떠 있는 듯이 초강력 유리 위에서 수백 명 관람객의 무게를 지탱하고 있었다. 유리 바닥 아래로 황하강과 주변 도시들을 한눈에 볼 수 있었다. 처음엔 무서워 벌벌 떨다 기둥을 잡고 유리 위로 올라가 보니 별거 아닌 듯 안전함을 눈치 채고 주변 풍경에 빠져 시간 가는 줄 모르고 촬영 셔터를 누르기 바빴다. 아기가 처음 걸음마를 뗄 때 엄마 손 놓기가 두려워 떨지만 곧 평안을 찾듯이……. 때론 한 치 앞이 불안하기만한 이 세상에 하나님께 모든 것을 맡기고 길을 떠나는 우리네 삶과 같다는 생각을 했다.

1층 전시관에는 상해의 발전사를 알아볼 수 있는 밀랍인형으로 된 전시관이 있었다. 일찍이 중국 내 경제 1위 도시로 거듭나기 위한 그들의 수고와 역사가 한눈에 들어왔다. 관광지 어디를 가든 빼놓을 수 없는 자신들의 역사를 극화한 뮤지컬이나 쇼를 서커스와 함께 관람을 했다. 식당에서는 느끼한 중국 요리가 나왔다. 겨우 입에 맞는 해물 누룽지탕으로 끼니를 때웠다.

꽉 짜인 일정 따라 다니느라 밤 12시가 다 되어야 호텔에 들어섰다. 짐을 풀고 샤워를 하고 우리들의 수다 삼매경에 빠졌다. 들어오는 길에 세계 3대 맥주 칭따오(靑島) 맥주를 샀다. 아무리 늦었어도 이 귀한 시간 주부들의 가출 사건을 그냥 보낼 수는 없었다. 건배를 하고 밤 깊은 줄 모르고 자유부인들의 축배가 오갔다. 남편의 건설업이 기로에 놓일 때마다 기량을 발휘해 위기에서 건져낸 효영과, 진급을 위해 상급자들의 사모들과 애태우는 신경전을 하던 선미, 그들에 비해 나는 남편을 위해 한 일이 별로 없는 듯 부끄러워졌다. 그래도 우리 친구들 중에 가장 부부애가 좋은 친구들 셋이 모였다고 애써 서로를 위로했다.

아침이 왔다. 하늘은 뿌옇고 비가 부슬부슬 내렸다. 상해는 1년 중 2/3가 비 내리고 스모그 현상이 비일비재하다. 호텔식당에서 간단하게 아침을 먹었다. 와이파이가 호텔 로비에서만 된단다. 국내 어디에서든 인터넷이 통하는 우리나라가 새삼 IT산업 선진국임을 확인했다. 노란 비옷을 챙기고 로비에 앉아 한국의 남편이 잘 있는지 안부를 묻는 것도 잊지 않았다. 주부의 역할을 망각하면 다음에 또 이런 기회를 놓칠까 걱정스런 고도의 계산이 포함된 제스처였다.

2~3시간 차를 타고 주가각과 항주로 향했다. 항주는 마치 안개의 도시 같았다. 삼면이 산으로 둘러싸인 서호(西湖)가 물안개에 쌓여 마치 동양화의 한 폭처럼 자리 잡고 있었다. 중국 고대 4대 미인이며 월나라 서시(西施)가 이곳 출신으로, 그녀의 이름을 따서 소동파(蘇東坡)가 시쯔호(西子湖)라 붙이며 '음호상 초청후우(飮湖上 初晴後雨)' 라는 시를 노래했다.

水廣斂灩晴方好　山色空濛雨亦奇　浴把西湖比西子　淡粧濃抹總相宜
물빛이 빛나고 맑으니 마침 좋고 비오는 모습과 어우러진 산색이 또한 기이하여라
서호를 서시에 비교하자면 옅은 화장이나 짙은 화장이나 다 아름다워라

아침에도 좋고 저녁에도 좋고 비오는 날에도 좋다고 할 만큼 서호는 역대 많은 문인들의 사랑을 받아왔던 곳이다. 마르코 폴로의 〈동방견문록〉에서는 항주를 '동양에서 가장 살기 좋은 곳이다'라고 극찬을 했다. 보트를 타고 바다 같은 호수를 유람했다. 러시아 바이칼 호수, 깊은 담수의 포효에 비하면 잔잔하기만 했다. 오래된 도시여서일까? 거리의 가로수마저도 천년의 고도를 알고 있는 듯 우람하고 고풍스러운 것이 믿음직스러웠다.

비단과 차의 고장이기도 한 이곳은 주민 대부분이 알부자들이라고 한다. 겉모습으로 봐서는 도무지 알 수 없는 중국인 특유의 검소함이 잠시 우리나라 폼생폼사 생활양식과 비교되는 순간이었다. 멀리 차밭에서 물안개에 싸여 차를 따는 밀짚모자 쓴 인부들이 영화처럼 미끄러져 풍경 속으로 사라져간다. 다시 차를 타고 주가각으로 이동했다.

주가각(朱家角)은 동양의 베니스라고 불린다. 작은 쪽배를 타고 좁은 개울가를 따라 이동했다. 물가 양쪽 마을, 작은 상점과 집들이 올망졸망 정겨웠다. 그리 맑지 않은 물이 흐르고 있었다. 중간 중간 각기 다른 모양의 다리를 보는 재미도 있고 물가에서 빨래나 그릇을 닦고 있는 여인네도 보였다. 옛 모습 그대로 남아 있는 것이 무엇보다 가슴을 울렸다. 쪽배를 타고 노를 저어 가는 길이 중년의 우리들이 격동기를 거쳐 온 여정같이 느껴졌다.

1919년 4월 13일 상하이에 세워진 대한민국 임시정부 청사가 있는 유적지로 향했다. 대한민국 국민으로서 제일 먼저 와 봤어야 할 곳이었다. 개발 위기에 처한 초라한 뒷골목에 근근이 이어가고 있는 청사를 보는 순간 가슴 뭉클해졌다. 전면에 크로스로 걸린 빛바랜 태극기 깃발 아래서 나도 모르게 가슴에 손이 올라갔다. 언제 조국이 해방이 될지 모르는 상황에서 곳곳에 숨어있는 일본군 감시를 피해가며 사투를 벌여온 독립투사들의 넋이 지금의 대한민국을 만든 초석이 되었다는 것을 생각하며 우리 모두는 엄숙해졌다. 한중 수교로 아직은 남아 있는 이곳도 조만간 재개발로 없어질 운명이란다. 국가 차원에서 철저한 관리가 필요하다는 것이 그곳을 방문한 모든 한국 사람들 생각이었다. 관람 후 문을 나서는데 뭔가 허전해 발길이 떨어지지 않았다.

1896년경에 세워진 청나라 우체국 건물에는 아직도 우편물이 오간다는 이야기를 듣고 입이 다물어지지 않았다. 120년 정도 된 낡고 허술한 건물임에도 불구하고 유서 깊은 대국의 정취에 압도되었다. 뒷골목 후미진 역사를 보러 세계 각국에서 찾아오는 관광객을 보면서 역사가 곧 자산임을 일깨우는 한 단서를 보았다. 곳곳에 오래된 건물과 옛 거리들을 보면서 무분별하게 재건축으로 사라져가는 우리나라의 고풍스러운 옛 건물들이 아깝고 아쉬웠다.

상해 박물관에는 1500년 전후의 토기와 그림들이 전시되어 있었다. 특별히 도자기는 오랜 시간이 흘렀는데도 색과 선이 아름다워 문외한인 내게도 감동이 느껴져 한참을 바라보고 서 있었다.

신천지(新天地)로 불리는 거리는 일찍이 신문화를 받아들인 곳답게 고풍스러운 유럽풍 건물들이 자리 잡고 있었다. 유럽에 온 듯 노천 카페들이 줄지어 있어서 오가는 이들의 눈을 즐겁게 했다. 예까지 왔는데 값은 비싸지만 시원한 맥주라도 한 잔 노천 카페에서 마시자고 의기투합했다. 하지만 몇 군데를 들러도 자리가 없었다. 결국 눈으로만 즐기고 사진 남기는 것으로 아쉬움을 달랬다. 난징루(南京路)는 우리나라 명동거리를 확대해 놓은 듯 번화했다. 많은 관광객들로 인산인해를 이뤘다. 건널목에 서면 오가는 사람들 머리가 새까맣게 떼를 이룬다. 벌써 밤이다. 부지런히 외탄(外灘) 야경관광을 위해 긴 줄을 섰다. 비로소 야경의 진수를 맛본다. 배를 타고 강 주변 건물들을 장식한 야경을 보며 왕복 유람하는 코스다. 처음부터 시종일관 입을 닫을 수가 없었다. 하룻밤 야경을 위해 시에서 투자하는 전기료가 10억 정도 든단다. 그만큼 많은 관광객들이 이곳을 찾았고 입장료가 아깝지 않았다. 한강 정도의 폭을 가진 강인데 대형 크루즈 유람선이 들어올 정도의 시설 규모를 갖추고 있었다. 상해는 강 이쪽과 저쪽의 건물들이 확연히 달라 야경을 보는 재미가 더했다. 낮에 신천지에서 보았던 유럽풍의 앤틱한 건물들을 배를 타고 야경으로 보니 더욱 아름다웠다. 반면 신도시에는 대형 초고층 새로운 건축물 디자인들이 우리의 눈을 휘둥그레 하게 했다. 홍콩의 야경보다 훨씬 규모와 기술적인 면이 거대했다. 우리의 한강이 얼마나 도도하게 아름다운지 돌아보게 했다. 이보다 더 멋지게 발전시켜 한강의 기적을 형상화해 관광 상품화 하면 좋겠다는 생각에 앞서간 이들의 행보에 살짝 질투가 났다.

하루 종일 걷느라 피곤한 육신에게 내일을 위해 전신 마사지 호사도 누리고 밤늦게 호텔에 들어섰다. 새벽 1시다. 그럴지라도 여행의 마지막 밤, 우리들 수다는 계속되었다. 자녀들이 결혼 적령기가 되어 배우자감이 화제가 되기도 했다. 먼 얘기일 것만 같던 일들이 하나씩 우리들 앞에 불거진다. 가진 것 없이 시작한 신혼생활에서 일궈낸 가정 이야기와 사업과 재산들을 얘기하며 먼 훗날 조금은 사회에 환원하고 싶다는 효영의 말에 멋지게 변해가는 중년 사업가의 매력이 느껴졌다. 여고 때 학도호국단 간부들 모임에서 만나 지금껏 아이들 키워가며 40여 년을 한결같이 만나온 우리들이다. 당시는 여학생들도 교련 과목이 있었다. 국군의 날 행사 동원으로 10월의 뙤약볕에 여의도 광장에서 행군을 하기도 했고, 간부수련회에서는 처음 모닥불 아래 밤새워가며 놀던 감수성 어린 추억담들도 오갔다. 긴 시간을 잘 견뎌온 서로에게 "브라보!" 했다. 다가오는 내일을 밀어내고 싶었다. 모닝콜을 7시에 준다는데 어느새 6시다. '아이쿠!' 이제 그만 자야 한다.

돌아오는 비행기 좌석표가 나왔다. 셋이 떨어져 앉아야 했다. 그것도 유독 나만 멀리 떨어지고 말았다. 다들 걱정하는 눈빛이길래. 명쾌하게 웃으며 말했다. "옴므 쎄자메!" 친구들이 무슨 뜻이냐고 한다. "불어로, 오늘 내게 멋진 남자가 생길지도……." 했더니 다들 '깔깔깔' 웃으며 "제발 그러길……." 한다. 웃자고 한 소리지만 내심 괜히 가슴이 두근거렸다. 2인용 좌석 입구에 동양인 남자가 앉아있다. 저쪽 친구 좌석 쪽에서 의뭉스러운 미소가 오갔다. "익스큐즈 미" 하고 창가 쪽으로 들어갔다. 그가 얼른 일어서며 아래 위 나를 스캔하더니 안쪽으로 손을 내민다. 자리에 앉아 헤드폰을 끼고 음악을 틀었다. 식사가 나오자 나는 와인을, 그는 맥주를 시켰다. 창밖의 구름 사이로 간간히 뜨는 해와 인사하며 음악만 듣다가 내렸다. 그는 스튜어디스에게 가끔 주문을 하는 유창한 영어 실력으로 봐서 중국계 싱가포르인 같았다. 사업차 아시아를 도는 걸까? 암튼 '옴므 쎄자메'의 꿈은 사라졌지만 친구들의 비웃음조차도 즐거운 여행이었다. 모두 줄을 서서 출구로 나가는 기내 방송에서는 돈 맥클린의 'Don't worry be happy'가 흐르고 있었다.

(2015. 9 〈문예바다〉)

서울 무지개

체감온도 영하 15도가 넘는 혹독한 겨울밤이었다. 사람들은 종종걸음으로 갈 길을 재촉했다. 후미진 어둠 속에서 부스럭거리며 누군가 쓰레기 더미를 뒤지고 있다. 움찔 놀라서 보니 등이 다 굽은 노인이 폐품을 수거하고 있다. 엄동설한(嚴冬雪寒)에 저러다 길에서 쓰러져 동사(凍死)하면 어쩌나! 걱정스런 마음에 눈길이 머문다. 작은 수레에 한 가득 폐품이 쌓이자 노인은 어둠을 뚫고 도로변으로 사라져 간다. 작아져 가는 노인의 뒷모습을 비추는 가로등 불빛 사이로 눈비가 소리 없이 흩날린다. 겨울 밤, 서울 뒷골목 어디에서나 흔히 보이는 풍경이다. 돌이켜보니 어린 시절 내가 살던 동네에도 쓰레기를 주워 생활하는 소위 '개미마을'이라고 불리는 집단 공동체가 있었다. 그들은 커다란 바구니 망태를 매고 온 동네를 헤집고 다니며 돈이 될 만한 것들을 주워 모아 팔아 생계를 유지했다. 소위 지금의 고물상의 원조였다. 그들은 가끔 빨랫줄에 걸린 빨래도 걷어가는 몰염치를 보이기도 했다. 후미진 산 밑에서 공동으로 자원을 모아 생활하는 집단이었다. 어린 내가 떼쓰며 울 때 엄마가 "망태아저씨 온다."고 일침을 하면 울다가도 뚝 그칠 정도로 내겐 무서운 존재였다. 그 시커멓고 커다란 바구니에 나를 덥석 넣어가 어디다 팔아먹을 지도 모른다는 공포감이 있었다. 멀리서 그들의 모습이 보이면 쪼르르 집으로 도망치거나 엄마 치마폭으로 숨어 들어갔다.

서울 종로구 무악동 46-1 번지, 이 주변 사방 1km 내외가 내 우주였다. 리어카도 갈 수 없는 좁은 골목길 사이로 내 유년이 슝슝 날아 다녔다. 물지게, 똥지게 아저씨들의 시끄러운 소리에 아침잠이 깨어나고 때때로 간장 장사 아저씨까지 박자를 맞춘다. 한 말 짜리 플라스틱 통에 간장을 지게에 지고 다니다가 구매자가 나타나면 통에 매달린 고무 호스로 50원, 100원어치씩 간장을 따라주는 형식이었다. 한편에서는 커다란 철사 꾸러미를 매고 징 소리를 내며 굴뚝 청소하라고 외쳐댄다. 부산하던 낮 시간이 지나고 밤 12시가 되면 나무 딱딱이 소리를 내며 야경꾼아저씨가 동네 순찰을 돈다. 내 유년은 온갖 소리와 함께 기억의 보따리가 풀어진다.

70년대 초 내가 초등학교 다닐 때 서울역에서 가까운 4대문 안 우리 동네는 산업화로 인해 도시로 몰려온 각 지역 사람들이 10평 안팎의 집 규모에서 옹기종기 모여 살았다. 모두들 열심히 살고 열심히 공부하고 앞뒤 집을 오가며 음식과 정을 나누며 인간미가 흐르던 시절이었다. 누구나 돈을 벌어야 하는 이유가 분명했다. 열심히 공부해서 사회에 이바지하며 큰 인물이 되고 싶은 열망도 컸던 시절이었다. 어렵고 힘든 이웃이 있으면 서로 발 벗고 나서서 돕고 십시일반(十匙一飯) 나누곤 했었다.

엄마는 사는 일이 팍팍해지면 가끔씩 찾아가는 집이 있었다. 우리 집 바로 옆집은 왠지 스산한 분위기가 감도는 집이었다. 수인 아줌마는 살짝 눈이 사팔이었다. 언제나 반들반들 윤기가 흐르는 머리를 정갈하게 쪽져서 옥비녀를 하고 자줏빛 무늬의 뉴똥 한복을 입고 있었다. 그날은 엄마 따라 그 집에 들어가 보고 싶은 호기심이 발동했다. 엄마 손을 꼭 잡고 그 집으로 들어서는 순간, '드르륵' 미닫이문이 열리며 사팔눈의 아줌마가 불쑥 얼굴을 내민다. 나는 얼른 엄마 치마폭에 숨었다. 방으로 들어서자 한쪽 벽면 가득히 울긋불긋한 그림들이 마치 나를 잡아먹을 듯 노려보고 있었다. 나는 더욱더 엄마 옆에 바짝 붙어 앉았다. 아줌마는 가래가 끓는 쉿소리를 냈다. 두 사람은 무슨 말인가 긴밀히 오갔다. 아줌마가 조그만 상을 내왔다. 상 위에는 오래된 놋그릇에 흰쌀이 소복하게 쌓여 있었다. 중얼중얼거리며 쌀 한 주먹을 상 위에 펼치며 쏟아 놓았다. 아줌마의 쉿소리가 멈추고 무언가 몽실몽실 희망의 말들이 엄마의 귓속으로 스며들어 갔다.

특별한 재산도 없고 배움도 많지 않은 부모님은 일곱 자녀를 잘 키우고 싶었을 게다. 세상은 춥고 사는 일이 녹녹치 않았을 게다. 그때마다 찾아가 점쟁이 말에 의지하며 삶의 지표인 자녀들을 바라보며 살았으리라. 무당집을 나서는 엄마의 힘찬 발걸음과 촉촉해진 눈가를 보며 나 또한 깡충 걸음을 뛰어 엄마의 희망의 공이 되고 싶었다. 앞집과 옆집의 언니 오빠들이 방직공장으로, 염색공장으로, 가발공장으로 출근할 때, 우리 칠남매는 교복을 입고 학교로 향했다. 아마도 부모님의 피와 뼈가 녹아나는 시기였으리라. 어쩌다 두 자녀가 함께 중·고등학교를 입학하게 되면 당연히 딸이 희생이 되어 한 해를 묵어서 학교를 보냈다. 어쨌든 학교에 다닐 수 있다는 것만으로 감사한 날들이었다. 꿈과 희망이 있는 삶은 아프지도 목마르지도 않았다. 그 시절 사람들의 가슴에 희망은 부강한 나라의 국력과 개인의 성공이었다. 부모들의 뼈가 녹아진만큼 자녀들이 급성장하듯이 나라 경제도 눈사람처럼 놀라운 속도로 불어났다.

1970년대 국민소득은 250＄, 50년도 안 되어 세계 유례없는 백배가 넘는 경제성장을 보았다. 서로를 따뜻한 체온으로 껴안는 진심의 시간이 만든 한강의 기적이었다. 2014년 세계 경제에 영향력 있는 도시 1위는 런던이고 서울은 16위, 머잖아 10위권 진입이다. 국제도시에 맞게 높고 멋진 건물들이 하루가 다르게 들어서고 있다.

밤새 비가 내린 후 환해진 건물들 사이로 어렴풋이 무지개가 뜨고 있었다. 서울이 그 권위에 맞는 얼굴로 변화되어 뒷골목에 사는 서민들의 얼굴에도 무지갯빛 희망의 꽃이 피었으면 한다. 이 땅에 꿈이며 미래인 어린아이들의 천진난만한 웃음소리도 다시 골목마다 넘쳐나길 기대해 본다. 내 어린 시절은 강추위가 몰려와도 골목길 양지바른 곳에서는 언제나 아이들 놀이 소리가 끊이지 않았다. 좁은 골목 어디를 가나 흥겹게 아이들이 뛰놀았다. 고무줄놀이, 자치기, 말까기, 땅따먹기……. 코흘리개 종수, 울보 미자와 짝꿍 영자, 지금은 어디서 무엇을 하며 살고 있는지 궁금하다.

(2014년 12월 밤에)

삶이 준 선물

LA공항에 내렸을 때 캘리포니아의 강렬한 태양과, 한글로 '환영합니다' 라고 쓰인 현수막은 낯선 이국땅에서 마치 나를 환영하는 듯 반가웠다. 큰언니의 딸과 아들이 있는 곳이다. 오랜만에 만난 조카들과 부둥켜안고 소리를 질러댔다. 우리의 환영사는 늘 이렇게 시끄럽고 요란스럽다. 한 시간가량 달리니 '얼바인'이라는 신도시가 나왔나. 잘 정리되어 구획된 LA 외곽의 신도시였다. 조카딸이 결혼해서 사는 곳이고 그 남동생이 얼바인 대학에서 박사학위 공부를 하고 있었다. 이 대학은 캘리포니아 주립대학으로 공과대학이 유명하다. 일단 짐을 조카 집에 풀고 도시 구경을 나섰다. 고맙게도 조카는 미국을 처음 방문한 이모를 위해 이런저런 이벤트를 준비해 놓았다.

한 달간 미국여행 할 기회가 생겼다. 형제와 조카와 지인들 여럿이 미국에 사는데도 이런저런 이유로 삶에 대롱대롱 매달려 사는 내가 안타까웠는지 잠시 가게를 접고 쉬고 있을 때 큰언니가 러브 콜을 보내왔다.

"왕복 비행기 표 내가 끊을게 함께 가자!"

서부 라구나 비치 공원 야외 캠핑장에서의 바비큐 파티와 바닷가를 거닐며 여유를 만끽했다. 잘 마련된 야외 그릴과 화장실 등이 매우 인상적이었다. 많은 사람들이 오가는 공원인데도 휴지 하나 버려진 것이 없는 것이 거대한 선진국 미국의 국민성을 보는 듯했다. 지도상 태평양 건너 작은 나라 대한민국의 바다와 대략 1만km를 마주본 해변이라는 것이 믿기지 않았다. 이사를 앞둔 조카의 일로 간간히 대형 마트와 모델하우스를 들락거리며 미국인들의 삶을 엿보기도 했다.

유학 시절 만난 조카딸의 선배 정숙 씨가 사는 라구나 비치 저택에 초대를 받았다. 태평양 멀리 돌고래 떼가 뛰노는 광경이 내려다보이는 서부해변 언덕 위 저택이었다. 독일인 남편의 피아노 연주를 들으며 그녀가 손수 마련한 음식과 야외 와인 파티는 영화에서나 봄 직한 모습이었다. 처음 만난 우리를 위해 친절한 미소와 융숭한 대접을 하는 그들의 여유 있는 삶이 부러울 뿐이었다. 그녀는 피아노 전공으로 미국에서 박사학위를 취득해 그곳에서 나름 유명 인사였다. 독일계 미국인 의사와 결혼해 살고 있었다. 일 년에 몇 번씩 외부 인사들을 초청해 공연과 파티를 열고 한국무용에도 조예가 깊었다. 지치지 않는 그녀의 열정에 매료되었다. 우리는 동갑이라는 이유와 예술을 공유한다는 이유로 바로 친구가 되어버렸다.

조카의 박사학위 수여를 축하하기 위한 미국 방문은 순전히 핑계였다.

우리는 여기저기 보고 먹고 기웃거리며 다니느라 시간가는 줄 몰랐다. 남들은 5년을 공부해도 힘들다는 의료기 공학박사 학위를 피나는 노력으로 조기 졸업하는 조카가 기특하고 자랑스러웠다. 막연했던 미국이라는 나라가 궁금해지기 시작했다.

LA 시가지가 한눈에 내려다보이는 언덕 위의 'Getty center museum'에 갔다. '게리'라는 석유 재벌가가 자신이 평생 모은 예술품들을 사회에 환원하고 자비로 센터를 짓고 사람들과 공유하기 위해 기증했다고 한다. 개인이 수집했다고 하기 힘들 정도의 엄청난 양의 소장품, 유물, 그림들에 눈이 휘둥그레 해졌다. 내 눈과 마음은 루이 14세의 궁전 내부의 벽과 가구들의 아름다운 모습에 매료되어 이미 부르주아가 되고 있었다. 규모도 엄청났고 정원 조경도 멋들어지게 꾸며 놓은 궁전 같은 그곳 관람료는 모두 무료다. 이것이 진정한 의미의 '노블레스 오블리주'가 아닐까 생각했다.

45년 지기 절친 은선이가 미국에서 대학을 졸업 후 국제 변호사 미국인 남편과 결혼했다. 한국에서 종종 본 적은 있지만 LA는 30년 만에 찾아가 보았다. 심플한 그녀의 성격처럼 간소한 인테리어의 벽난로 앞에서 수다를 떨며 밤을 지새웠다. 불꽃도 우리들 이야기를 경청하는 듯 밤새워 붉게 타올랐다. 그녀는 법원에서 억울한 일을 당한 한인들에게 동시통역 봉사와 영어가 서툰 교민들에게 영어를 가르쳤다. 그 와중에 틈틈이 신학까지 전공한 신실하고 똑똑한 그녀였다. 그녀와 중·고등학교 때 마치 연애하듯 편지를 오가며 서로의 우정을 확인하던 그 시절이 40여 년 시간의 장벽을 넘어 눈앞에 와 있는 듯 아찔하였다.

환락과 밤의 도시 라스베이거스의 밤은 말 그대로 환상이었다. 전 세계 상징조형 대형 아치들이 거대한 불빛 아래 번쩍번쩍 흔들리고 있었다. 내가 파리에 온 것인지, 이집트 피라미드에 있는 것인지, 꿈인지 현실인지 혼동을 겪으며 어리둥절하고 있을 때 이모의 모습이 웃겼는지 조카는 연신 카메라 셔터를 눌러댔다. 쇼와 도박과 볼거리가 많은 도시다. 건물과 건물 사이가 모두 연결되어 굳이 도박을 하지 않아도 우리 같은 관광객에게는 눈요기 거리가 넘쳐났다. 일단 이 도시는 혼을 빼는 도시로 내게는 각인이 되었다.

오빠들이 있는 시카고로 향했다. 시애틀에 살고 있던 여동생이 시카고 공항으로 와 함께 합류하기로 했다. 30년 가까운 미국생활이지만 동생도 시카고 방문은 처음이었다. 둘째 오빠와 셋째 오빠가 나란히 살고 있는 곳이었다. 너무 늦게 방문한 느낌이 없지 않지만 어쩌겠는가? 굳이 변명을 하자면 삶이 우리를 속일지라도 나는 굳건히 내 삶을 지키며 살아온 죄 밖에……. 오빠들은 시카고에서 오래전부터 자리 잡고 사는 교민이었다. 미군이었던 둘째 오빠가 정년퇴직 후 작은 오빠를 미국으로 초청하여 함께 이웃처럼 살고 있었다. 공항으로 마중 나온 첫 날은 비가 주룩주룩 내렸다. 밤에 도착하여 늦도록 어린 시절 추억담과 헤어져 있는 동안 살아온 이야기꽃을 피우며 시간 가는 줄 몰랐다.

다음날 아침 우리는 미국 최대의 미시간 호수로 향했다. 네 개의 도시를 끼고 있는 미국 내 유일한 내륙의 호수다. 길이가 약 500km이고 면적이 58,020km²이다. 배를 타고 시카고 강을 따라 여러 개의 다리 밑을 지나

미시간 호에 이르러 거대한 바다 같은 호수를 보았다. 강폭은 한강의 반 정도 되지만 양쪽으로 늘어선 거대한 건물들은 건축의 도시 시카고답게 각기 다른 멋진 모습들을 뽐내고 있었다. 다리 하나하나 각기 다른 고급스러운 문양들이 대도시 시카고를 더욱 고풍스럽게 빛내주었다.

가난했던 어린 시절 오빠들은 나의 우상이었다. 두 오빠가 다 머리가 좋아서 장학금으로 대학을 졸업하고 성공한 서울 시민으로 잘나가던 사람들이었다. 오빠들을 통해 나는 지성에 눈을 뜨고, 독서의 즐거움을 알게 되었고, 예술을 보는 안목도 배웠다. 그런 사람들이 우여곡절을 거쳐 이 낯선 땅 시카고에서 뿌리를 내리고 그 2세들이 커 가고 있다. 그런 오빠가 동생을 위해 마련한 이 삶의 파티가 가슴 뿌듯 행복했다. 여행을 하는 짬짬이 50~60대 우리 형제자매들은 손을 잡고 서로를 부둥켜안고 스킨십을 아끼지 않았다. 부모님의 소중한 유산 7남매 중 5남매가 모였다. 지구 각 곳에 흩어져 사는 형제들, 언제 7남매가 다시 뭉칠 수 있을까? 함께 하지 못한 큰 오빠와 중국에 있는 작은 언니가 문득 보고 싶어졌다.

시카고 시내에 있는 밀레니엄파크는 규모는 컸지만 왠지 휴먼파크가 아닌 전시 중심이 아닌가 하는 생각을 했다.

RAVINIA FESTIVAL은 야외광장에서 각자 가져온 음식들을 먹으며 누워서도 공연을 볼 수있는 자연스런 지역축제 한마당이었다. 미국은 어딜 가나 집 근처 공원에 야외 그릴이 있어 두 오빠네 가족들과 환상적인 바비큐 파티를 즐겼다. 간간이 부는 5월의 바람이 제법 쌀쌀해 가져온 색색의 판초 자락을 휘날리며 즐거운 비명을 질러댔다. 사소한 것으로 웃고 떠들고 격의없이 놀 수 있는 건 가족이기 때문이리라. 간호사인 둘째 올케와 한때 수녀였던 막내 올케의 배려로 삼박 사일 일정을 꽉 차게 보낼 수 있었다. 오빠들이 외로운 타국에서 자리 잡고 잘 살고 있는 것은 순전히 착하고 신실한 올케들 덕분이리라. 감사하다는 인사를 하고 집을 나서는데 눈물이 앞을 가렸다. '언제 우리가 또 이런 시간을 가질 수 있을까.' 시카고 공항에서 오랫동안 서로를 포옹하며 아쉽지만 다음 일정인 시애틀로 향했다.

시카고에서 만난 동생은 자주 한국을 나와서 시간의 갭은 느껴지지 않았다. 대학 졸업 후 바로 미국으로 시집와서 살았다. 외롭고 힘든 시간들을 혼자 삭여야 했다. 다들 사느라 바빠서 멀리 동생의 외로움에 직접적인 동참을 못했다. 가끔씩 전화선을 타고 들려오는 그녀의 외로운 한숨소리와 울음소리에 토닥여주는 것이 고작 언니로서 나의 할 일이었다. 동생은 15년 정도 대형관광호텔 전문 카지노 딜러로서 LA, 라스베이거스를 거쳐 시애틀에 안주했다. 최고 슈퍼바이저까지 올라 연봉도 대기업 간부 수준이었으나 몸이 약해져서 그만두고 집에서 쉬고 있다. 바야흐로 25년 만에 동생 집을 방문했다. 넓은 2층의 저택이었다. 집안 가구 소품들 모두 동생의 손때가 묻어 반들거렸다. 외롭고 힘든 시간을 그녀는 가족 사진과 집안 소품들 정리정돈하며 시간을 보냈을 생각을 하니 왈칵 눈물이 솟았다.

제부의 배려로 시애틀 시내로 향했다. 동생 집은 외곽이어서 경험 삼아 시내로 향하는 스카이 트레인을 타기로 했다. 스타 벅스 1호점은 생각보다 외진 곳에 있었고 규모도 매우 작았다. 기념 커피를 한 잔씩 들고 근처 바닷가로 향했다. 평소 비가 많은 도시라지만 우리가 가 있는 동안은 맑은 하늘을 보여주었다.
제부는 우리를 위해 마음을 쓰느라 분주했다. 그가 손수 만들어준 월남쌈과 월남국수 맛은 잊을 수 없는 일품요리였다. 제부가 출근하는 낮 시간이면 동생과 근처 밀림이 우거진 공원 안 호숫가를 거닐며 나누던 소소한 일상들이 꿈속이었던 듯 아련하다. 비가 많이 내리는 시애틀 날씨는 우울해 보였고 사람들이 그리 많지 않은 도시 같았다. 스산한 바람이 불던 공원과 2층 동생 집 창가에서 바라다본 인적 없는 마을의 모습들이 오래도록 뇌리에 스친다.
'시애틀의 잠 못 이루는 밤' 영화가 문득 떠올랐다. 여행을 하면서 늘 느끼는 거지만 유명한 곳 어디에 뭐가 있다는 것이 그 지역의 경제를 살려주고 사람들의 발길을 머물게도 한다. 하지만 막상 가보면 '별거 아닌데' 하는 느낌을 지울 수가 없다. 결국 유명세도 사람이 만들고 그것을 즐기는 것도 사람이 하는 거였다. '그곳에 내가 있었다.' 하는 안도감과 근거 없는 소속감이 사람의 마음을 조종하는 메아리 같은 허상이었던 것은 아닐까.
시애틀 바닷가 유럽식 식당에서 푸짐하게 대접받았다. 꼼꼼한 제부의 주머니가 홀쭉해지지는 않았는지 걱정이었다. 오랫동안 야외 파라솔 밑에서 진지한 대화가 오갔다. 동생 부부는 노후에는 한국에 나와서 살고 싶다고 했다. 미국에 오래 살았어도 영원히 이 땅에서는 이방인일 수밖에 없는 이민자들의 애환을 들으며 일순간 동생 부부의 공허한 눈

빚을 보았다. 오랜 시간 미국이라는 땅에 길들여진 그들이 한국에 와서 잘 살아갈 수 있을까? 또 다른 불편함이 따르리라. 결국 우리 모두는 지역을 떠나 영원한 영혼의 디아스포라 족속이 아닐는지…….

미국 방문 내내 나와 동행하며 동고동락 한 큰 언니와 조카의 배려가 새삼 감사로 다가왔다. 언감생심 큰 언니의 저돌적 프러포즈가 아니었다면 경험 못할 한 달간의 미국여행이었다. 돌아보니 살아온 날 동안 엄마 같은 큰 언니의 배려가 없었다면 오늘의 내가 있었을까. 삶의 굽이굽이마다 지혜와 더불어 물적·심적 지원을 아끼지 않았던 큰 바위 같은 존재였다.

또한 어린 시절 같이 자라던 이모를 끝까지 깍듯하게 돌보며 미국 일주를 시켜준 조카 지연에게도 큰 빚을 졌다. 두 사람에게 은혜를 어찌 갚아야 할지, 커다란 숙제가 생겼다.

한국에 와 메일함을 열어보니 지역을 옮길 때마다 남편에게 쓴 메일들이 오도카니 메일함을 채우고 있었다. 새삼 평범한 일상이 얼마나 감사한지, 한 달이라는 시간이 꿈결 같이 지나갔다. 바쁘게 살아온 지난 삶이 내게 던져주는 선물 같은 시간이었다.

섬, 욕지도에 뜨다

그때 그 멤버가 다시 뭉쳤다. 도저히 합을 이룰 수 없는 부정교합의 조합이다. 세월을 낚는 강태공, 호스피스 수간호원, 자영업자 우리 부부가 재회를 했다. 넷은 일 년 전 금오도 여행 멤버였다. 우리의 교집합은 여고 동창 숙과 나로 비롯된다. 어느 날 전화가 왔다.

"순례야 욕지도 가자!"

"그래 가자!"

졸지에 맺어진 약속이었다. 언제 왜 가냐고 묻지 않았다. 시간을 내고 마음을 내어 가면 그만이었다. 부산에 살던 A는 숙의 초등학교 남자동창이다. 생의 많은 우여곡절을 건너 알 수 없는 지병으로 잘나가던 사업을 모두 접고 혈혈단신 욕지도에 닻을 내렸다. 낚시를 좋아하는 그가 선택한 인생 막바지 자신에게 주는 선물 같은 시간이다. 천둥벌거숭이 같은 자신의 삶과 조우하고 지난날과 화해하는 시간이다. 그를 방해하기 위해 악동들이 떴다.

우리나라 전국 3,510개의 섬 중에 마흔네 번째 크기의 욕지도는 12.62㎢의 면적을 가지고 있다. 모양도 크기도 각각 다른 한려수도에는 둥둥 떠 있는 수백 개의 섬이 있다. 동양의 나폴리로 불리는 통영 항에서 뱃길로 32km 거리의 남해상에 위치해 있다. 대부분의 섬사람들은 고기잡이배를 타거나 비탈길을 개량하여 고구마와 감귤나무를 심어 생활한다. 섬 중앙에 우뚝 솟은 천왕산은 주말이면 많은 이들이 등산과 산책로를 오간다. 여행객이 많은 주말이면 예약하지 않으면 숙소 잡기가 힘들 지경이다. 섬 주변 21Km 일주도로는 산악자전거, 섬 마라톤 코스로도 많이 이용된다.

호스피스 수간호원인 숙이는 A에 대한 아픈 소식을 듣고 마음이 쓰였나보다. 찾아보고 이것저것 챙기고 사랑의 잔소리도 실컷 퍼부어주고 와야 할 것 같은 오지랖이 도졌다. 외모에 관심이 없는 A를 위해 옷가지 몇 벌을 준비하고, 밤새워 총각무김치를 담그고, 빵을 굽고 나물 몇 가지를 데쳐서 비닐봉지에 꽁꽁 묶으며 부산을 떨었다. 아마도 가정과 혈육의 따뜻함을 느끼게 해 주고 싶은 모양이다. 혈육이 없는 A에게 평소 진심으로 형제 이상으로 마음을 써주는 우정이 고귀한 빛을 발했다. 두 사람은 어린 시절 부모의 사랑을 받지 못하고 자란 동병상련의 아픔을 측은하게 바라보아주며 서로를 형제처럼 의지했다. 숙이 또한 남편과 별거로 혼자 어린 딸 셋을 키우며 억척같이 인고의 세월을 살아왔다. 직업의식이 도져서 주변에 마음이 아프고 몸이 아픈 사람들을 그냥 놔두지 못하는 그녀는 천생 백의의 천사였다. 자기에게 다가온 현실이 믿기지 않아 그것을 잊고자 더욱 몸을 아끼지 않고 주변 사람들을 돌보다 그녀 자신이 병들고 말았다. 지천명에 생긴 병은 자신을 사랑하라고 주신 하나님의 선물이며 평생 지고 가야 할 십자가라며 그녀는 조심스레 웃었다.

섬에 왔으니 갯바위 낚시 체험을 해봐야 한다는 A를 따라 생전 처음 갯바위 낚시를 했다. 주섬주섬 낚시 도구를 챙겨 A의 뒤를 따라 뾰족 바위들이 드러난 바윗길 곡예를 했다. 아슬아슬 파도를 비껴가며 돌고 돌아 자리를 잡았다. 갯지렁이를 찌에 끼워 바다에 던져놓고 무념무상 찌를 바라보고 있어야 했다. 파도 소리, 시원한 바람, 동글동글 물무늬를 그리는 찌 주변을 바라보노라니 제법 오래된 낚시꾼 같았다. 가르쳐준 대로 찌가 입질을 하자 낚싯대를 쳐들었다. '에구머니나!' 고기가 낚였다. 멍청한 고기가 내 찌에 물렸다. '이런 기분이었구나!' 분위기 반전, 상승기류를 타며 우리 모두 한바탕 웃음바다가 되었다. 이제 너잖아 강태공 한 사람이 나오겠다고 야단법석들이었다. 그 바람에 너도나도 욕심이 생겨 조용하게 낚싯대를 째려보고 앉았다. 첫 수확치고 제법인 옥돔 등 몇 마리를 챙겨와 숙의 요리 실력이 발휘되는 순간이었다. 매운탕과 두툼한 회로 변신한 바다가 우리들 입을 행복하게 했다.

'사람들 사이에 섬이 있다. 그 섬에 가고 싶다.'는 정현종 시인의 시처럼 우리들은 하나하나의 개체가 개성이 각각 다르게 살아온 섬일지도 모르겠다.

그 섬에서 또 하나의 섬 숙자 씨를 만났다. 진주에서 이 섬에 여행 왔다가 첫 눈에 반해 그날로 빈집을 사서 14년차 귀촌 중이다. 섬에 닻을 내린 지 3개월밖에 안 된 새내기 A를 극진하게 보살피고 친구처럼 지내는 화끈한 그녀였다. 병색이 완연한 A를 두고 섬사람들이 수군수군 거릴 때 용감한 그녀가 보호자처럼 그를 챙겼다. 그녀 또한 14년 전 그들의 텃새를 겪었던 터라 기꺼이 A의 방패가 되어 주었다. 늦은 나이에 약초공부를 해서 산과 들을 찾아다니며 구석방 하나 가득 약초와 효소를 만들며 세월을 낚는 그녀와, 세상을 등지고 오직 자신 안의 어둠과 마주하며 낚시로 세월을 낚는 A는 동갑내기로 자연스럽게 친구가 되었다. 숙자 씨의 남편은 진주에서 직장을 다니며 주말이면 욕지도를 오가는 주말부부였다. 처음 본 우리 일행에게 장작을 땐 가마솥에 온갖 약제를 넣고 푹 고아서 뽀얗게 우러난 삼계탕과 특별한 술(양귀비로 만든)로 특별한 만찬을 나누었다. 처음 본 사람들과 이렇게 하룻밤을 보내며 친구가 될 수 있는 건 그곳이 섬이었기 때문일까.

IMF의 여파로 한국에 설 땅이 없어진 남편이 물질을 찾아 중국으로 떠났다가 빈손으로 돌아왔다. 사람들은 자기의 가치관을 쫓아 무언가를 찾아 나서지만 결국은 우리가 원하는 모습이 아닌 하나님께서 원하는 모습으로 완결되어 짐을 느낀다. 남편과 나, A와 숙이는 '네가 죽어야 내가 사는' 물질만능시대에 '네가 살아야 내가 사는' 정으로 뭉친 사람들이다. 악어와 악어새의 공생관계가 서로의 필요에 의해 만나듯이 우리는 정서의 고갈을 채우는 공생관계라고 감히 말해본다. A는 평소엔 옷에 대해 관심도 없더니 숙이 가져온 바지와 내가 선물한 티셔츠를 입고 아이처럼 흡족한 듯 거울을 보며 그 옷을 벗을 줄 몰랐다. 틈만 나면 엄마처럼 "굶지 말고 꼭꼭 밥 해 먹고 깔끔하게 입고 다니라"고 이르는 숙과 "알았다"고 끄덕이는 A를 보면서 그들이 얼마나 잔소리가 그리웠는지 역발상으로 보여주고 있었다.

언덕 위에 그림처럼 하얀 작은 교회에서 마침 주일을 맞아 친구와 함께 예배를 보았다. 우리 일행처럼 여행객 몇 명과 모두 합해도 15명 정도였다. 이빨이 다 빠진 80대 할머니 권사님의 시류를 다 읽고 있는 절절한 기도 소리에 눈물이 절로 났다. 숙자 씨가 빌려준 경차를 타고 섬 일주에 나섰다. 경치 좋은 곳곳에는 예쁜 펜션들이 앉아있었고 폐교는 텐트촌으로 변해서 야영하는 여행객들도 눈에 띄었다. 화초 양귀비꽃이 만발한 언덕에서 사진도 찍고 그렇게 우리가 떠날 시간이 다가오고 있었다. A는 욕지도 특산물인 고구마를 한 상자씩 안겨주었다. A를 위로하러 갔다가 오히려 우리가 위로받고 힐링을 하며 떠난다. 우리 모두는 한데 엉켜 부둥켜안고 또 다음을 기약했다. 부둣가까지 배웅 나온 A의 눈가가 촉촉해졌다. 우리를 떠나보내고 그는 곧 병원으로 입원하러 가야 한단다.

공수래공수거(空手來空手去). 빈손으로 왔다가 빈손으로 가는 것이 인생이란다. '무엇이 이곳으로 우리의 발길을 돌리게 했을까?' 바다에 둥둥 떠 있어서 육지에 닿을 수 없는 외로운 섬 같은 인생, 그 작은 섬들이 욕지도에서 뭉쳤다. 2박 3일 동안 욕지도가 들썩였다.

또다시 섬들이 흩어져야 할 시간이다. 섬은 멀리서 바라볼 때 더 아름답다. 하지만 가까이서 들여다본 내면의 섬은 더욱 따뜻하고 아름다웠다. 떠나온 지 한 주도 안 되었는데 벌써 그 섬들이 보고 싶어진다.

(2014. 10 〈순국〉 118쪽)

낯선 거리에서

이베리아 반도에 위치한 정열의 나라 스페인, 유난히 볕이 뜨거운 4월 중순 바르셀로나에 도착했다. 남편의 환갑 기념으로 훌쩍 여행을 떠났다. 지중해의 빛이 반사되어서일까. 눈을 뜰 수 없는 강한 빛에 선글라스를 꺼내 썼다. 축구, 투우, 건축물로 유명한 나라, 15세기에 만든 건축물로 21세기인 지금까지 관광수입만으로 나라 경제가 돌아가는 나라다. 이 나라 국민들 모두 빛나는 유산을 남긴 조상들께 넙죽 절이라도 올리며 감사해야 하지 않을까.

가우디 구엘 조각공원에 올라갔다. 지중해와 바르셀로나 시내가 한눈에 들어왔다. 별천지 같은 세상이 펼쳐졌다. 동화 속에서나 나올듯한 화려한 색상의 건축물들이 실제로 내 눈앞에 전시되고 있었다. 타일을 깨어 색깔과 조형에 따라 조각조각 다시 이어 붙인 초대형 의자와 집들, 수백 명이 둘러앉을 수 있는 타원형의 구불구불한 의자가 인상적이었다. 산책로와 공원 전체가 돌로 만든 수많은 기둥들로 윗길 아랫길을 만든 조각품들이었다. 처음엔 고급 타운 하우스를 지으려 했으나 생각보다 예산과 시간이 많이 들고 길어지자 공원으로 공유하게 되었다. 이 좋은 작품을 일부 사람들만이 공유한다면 얼마나 안타까웠을까.

사르라다 파밀리아 대성당은 1882년 착공하여 130년이 지난 아직까지도 공사가 진행 중이다. 2026년 가우디 타계 100주년에 맞추어 완공 예정이다. 대형 아파트단지도 2~3년 만에 기계로 찍어내듯 후딱 만들어 내는 요즘 세태들의 건축 현장과 비교하니 놀라울 뿐이다. 외부뿐 아니라 내부 전체 기둥 하나, 조형물 하나하나 정교한 수작업으로 전시되어 있다. 도시 전체가 이리 봐도 저리 봐도 온통 조각 예술품이었다. 감히 입이 다물어지지 않았다.

동양의 조그만 나라 대한민국에서 유럽 지중해 연안의 이 먼 나라까지 찾아오게 하는 힘, 그것은 예술이라는 문화의 힘이었다. 오후의 따가운 햇살이 나의 안구를 통해 뇌에 와 닿는다. 순간 낯선 이 땅에 내가 발을 딛고 서 있다는 것이 신기했다. 중세시대 로마나 이탈리아의 무너진 도시를 보기 위해서도 먼 길 마다않고 전 세계 수많은 관광객들이 줄을 잇는 이유는 뿌리를 찾아 조상들의 빛나는 업적을 보기 위함이 아닐까? 그들이 어떻게 살아왔는지, 험난한 세파를 어떻게 견디고 건너왔는지 그것들이 궁금해서 일게다.

버스를 타고 흙먼지 날리는 도로를 달렸다. 가도 가도 끝이 없는 길이다. 도로 양 옆은 올리브 나무와 오렌지 나무들이 끝없이 이어졌다. 거친 모래와 바위뿐인 이 사막에 나무들을 심고 가꾸고 열매를 수확했다. 연중 대부분의 날씨가 비가 없고 건조한 날씨인데 푸르른 나무가 줄지어 있는 농장을 보며 인간의 무한 가능성을 보았다. 농장 땅바닥 전체에 수로를 놓아 자동으로 물이 수급이 되도록 장치를 해 놓았다. 끝없이 이어지는 수많은 농장들이 그 시설을 해 놓았다는 게 믿어지지 않았다. 가끔씩 멀리서 산양들이 풀을 뜯고 있다. 마음이 평안해지는 풍경이다. 문득 한국에서 바쁘게 돌아가던 일상들이 뇌리를 스쳤다. 무엇을 찾아서 무엇을 향하여 하루, 한 달, 일 년을 살아가는 걸까? 결국 잘 먹고 잘 살기 위함인데…. 삶의 여유를 찾고자 이번 여행을 실행에 옮겼다. 여유는 누가 주는 것이 아니라 내가 찾아야 하는 거니까.
몬세라트, 해발 1,200m 깊은 산속의 베네딕트 수도원에 도착했다. 절벽을 깎아 만든 수도원 전체가 아찔했다. 앞뒤 사방을 둘러보니 수채화 속 한 폭의 아름다운 그림 안에 내가 들어와 있었다. 복잡한 도심을 떠나 깊은 산중에 수도원을 짓고 마음 수양하던 수도사들이 검은 후드도포를 쓰고 금방이라도 나타날 듯 고요하고 음산한 기운이 넘쳤다. 산악기차를 타고 내려오는 길은, 마치 광산에서 금광을 캐서 돌아오는 일곱 난쟁이들이 아찔한 풍광의 백설 공주의 성으로 가는 듯 함성을 지르며 즐거워했다.
발렌시아의 아침은 상쾌했다. 지난번 해외여행 때 급성 간염을 앓아 여행 기간 내내 고생은 물론이고, 귀국 직후 응급실로 향했던 기억이 있어 조심 또 조심을 했다. 호텔 조식을 마치고 이슬람 예술의 최고 걸작 알함브라 궁전을 보러 가기 위해서 그라나다로 향했다. 마침 자동차 안 오디오에서 '알함브라 궁전의 추억' 클래식 기타 음률이 들렸다. 에스파냐의 마지막 이슬람 왕조인 나스르왕조의 무함마드 1세, 알 갈리브가 13세기 후반에 세워 세월이 가며 증축과 개축을 거쳤다. 현재의 모습은 대부분 14세기 때의 것이다. 정교한 아라베스크 문양의 궁내부의 벽면 조각들에서 눈을 뗄 수가 없었다. 촘촘한 조삭 무늬의 창가에 햇살이 눈부시게 쏟아졌다. 섬세한 아름다움의 극치가 과연 이슬람 미술의 정점이라는 찬사다웠다. 종교를 뛰어넘어 아름다운 예술의 가치가 인정되어 그리스도교도의 손에 들어왔어도 정중히 보존되어 세계인의 발길이 끊이지 않고 있다. 먼 길 날아온 나도 이런 눈의 호사를 누려본다.

헤밍웨이와 릴케가 사랑한 마을 론다로 향했다. 스페인 내전을 다룬 소설 헤밍웨이의 〈누구를 위하여 종은 울리나〉 이야기 속에 누에보 다리가 거론된다. 천천히 그 다리 위를 걸었다. 18세기 말에 만들어졌다고 믿어지지 않았다. 튼튼하게 만들어진 거대한 석조 다리 절벽 밑으로 내전으로 병사들이 피를 뿌리며 쓰러지고, 희생된 병사들이 다리 아래로 던져지는 소설 속 묘사가 환영처럼 보였다. 구시가지와 신시가지가 이어지는 다리를 건너 이 골목 저 골목을 휘젓고 다녔다. 어릴 적 내가 살던 달동네 골목을 다니듯이 골목 계단을 깡충거리며 뛰어보았다. 저 멀리 릴케가 사랑한 마을, 아기자기한 하얀 집들이 황톳빛 지붕을 이고 석양을 받고 있었다. 꽃을 사랑하는 그들 창가마다 검붉은 유혹의 빛깔, 제라늄이 탐스럽게 지나는 이들의 눈길을 사로잡았다.

세비아에 도착했다. 유럽은 어디를 가나 광장을 중심으로 생활권이 발달한다. 광장 근처에 성당이 있고, 광장에서 시장이 서고, 결혼예식이 있고, 마을 행사나 축제도 열린다. 중세에는 사람들이 모이는 광장에서 자신의 생각과 의견을 웅변을 통해 정치활동을 하였고, 죄인들을 처벌하는 장소로도 이용되었다. 시내를 마차를 타고 돌아보았다. 마치 귀족부인이 된 느낌으로 지나가는 사람들을 향해 우아하게 손을 흔들었다. 대부분이 관광객인 이 도시는 너나없이 서로가 격의없이 환호의 분위기였다.

스페인에서 가장 유명한 반 원형구조의 광장 앞에 마차가 멈췄다. 광장에는 이미 많은 관광객들이 사진을 찍느라 분주하다. 나도 탤런트 김태희가 찍은 모 CF 광고처럼 한껏 멋을 부려 본다. 탱고 춤의 모양으로 머리는 도도하게 치켜들고 한 손을 높이 들어 올리고 한 쪽 다리는 꼬아서 포즈를 취했다. 열심히 샷을 누르는 남편이 갑자기 가여워 보였다. 다녀간 장소마다 여자는 인증 샷을 남기고 남자는 발자국을 남기는 것일까. 저녁엔 플라멩코 쇼 관람이 있었다. 무대 위 요란한 무희들의 춤사위가 몸을 들썩이게 했다. 특히 발바닥에 신들린 듯 남자 탭 댄서의 섹시한 몸동작이 오래도록 뇌를 자극했다. 여자 관객들의 환호성이 극장 안에 천둥소리처럼 떠돌았다. 밤늦게 숙소에 도착했으나 흥분의 여파로 잠이 오지 않았다. 다음 날 일찍 포르투갈로 향해야 하는데…….

일찍 호텔을 나서서 포르투갈의 수도 리스본에 도착했다. 15~16세기에는 해양왕국으로 세계 최대의 영토를 소유했지만, 18세기 중반 나폴레옹의 침입과 브라질의 독립 이후 국력이 쇠퇴되었다. 스페인과 비교될 정도로 유럽에서는 가난한 나라에 속하지만, 대부분 그들의 표정은 마냥 여유로워 보였다.

벨렘의 제로니모 수도원은 화려한 외관이 아름다워 세계문화유산으로 등재되었다. 시간 관계상 다리 이쪽에서 멀리 경관을 바라보며 사진 속 나와 동반하는 것으로 만족해야 했다.

유라시아 대륙 서쪽 땅끝 마을 까보다 로까에 이르렀다. 눈에 익숙한 해안식물들이 언덕에 널브러져 있는 것이 제주도 해안가 어디쯤 와 있는 듯 착각이 들었다. 화장실이 급해 1유로를 지불하고 들어갔다. 기다리는 줄이 꽤 길었다. 볼일 보는 칸도 서너 칸 밖에 없었다. 유럽 관광지의 어딜 가나 대부분이 그랬다. 우리나라 공중화장실 분위기와 비교하니 어이가 없었다. 해외에 나가 보면 우리나라의 복지 수준이 얼마나 잘 되어있는지 알게 된다. 순간 내가 그런 선진국의 국민인 것에 어깨가 으쓱해졌다.

세 목동이 목격한 성모 발현지 파티마 성지에 도착했다. 이를 기념하여 해마다 수십만 명의 가톨릭 순례객들과 관광객이 몰려드는 장소여서 대성당과 광장을 웅장하게 신축하였다. 순례객들을 위해 매일 미사가 이어진다. 마침 미사가 진행 중이어서 성당 내부 한 귀퉁이에서 잠시 눈을 감는다. 한때 나도 소피아라는 세례명으로 견진성사까지 받은 신자로서 예의를 지켜 성호를 긋는다. 내 안에 오욕의 찌꺼기들이 말끔히 씻어지기를 바라며 광장 한 구석에 샘솟는 성수를 한 모금 받아 마셨다. 큰아들이 선교사의 길을 가는 길목에서 얼마나 성모님께 간구하였던가? 이 길이 이 아이가 꼭 걸어가야 하는 길이냐고 협박하듯 보채고 울며 기도하던 날들이 벌써 저만치 아득하다. 이제 포르투갈을 떠나 다시 스페인으로 발길을 돌린다.

이제 여행은 거의 끝으로 치닫고 있다. 스페인은 어디를 가나 가톨릭 문화를 바탕으로 한 오랜 역사가 깊이 뿌리 내리고 있다. 실제로 스페인은 90% 이상이 가톨릭이다. 종교의 힘이 전쟁도 불사할 만큼 거대한 힘이 있다는 것은 그만큼 인간이 나약하기 때문일까? 인간 내면의 본성 중에 악한 부분이 종교의 힘을 빌려 순화된다면 종교를 갖는 것도 좋으리라.

약 250년간 건축된 고딕 양식의 대사원인 톨레도 대성당과 엘 그레코의 걸작 '오르가스 백작의 매장'이 소장 된 노마성당을 순례지처럼 돌아보았다. 음산한 분위기의 그림은 천국과 지상이 확연히 구분되어 있었다. 백작이 매장되는 순간 천국의 성인들이 내려와 그를 직접 매장했다는 전설을 그림으로 표현한 작품이다. 평소 자비로움을 많이 베푼 그가 사후에도 교회에 큰 기부를 실천해 그를 기리기 위해 그린 캔버스 유화다. 거리로 나와 오랜 역사가 숨 쉬고 있는 구시가지를 천천히 걸어보았다. 좁은 골목에 관광객이 너무 많아 부딪칠 정도였다. 이

층의 유럽풍 집들이 다닥다닥 붙어 있는 골목길이 정겨웠다. 마치 서울 북촌 뒷골목 좁은 길을 거닐 듯 조그만 상점들과 집구경 하는 것이 재미있었다. 그 시절에도 잘 정리된 하수도관과 잔잔한 돌바닥이 타일처럼 깔려있는 것이 인상적이었다. 오래된 영화 속에 내가 들어와 있는 느낌이랄까?

마지막 도시, 수도 마드리드에 도착했다. 그란 비아 거리의 에스파냐 광장에 돈키호테의 작가 세르반테스 서거 300주년 기념탑 앞에서 기념사진을 찍었다. 작가로 이름을 남기고 기념탑까지 세워진 그가 존경스러웠다. 레알 마드리드팀 소속 축구선수 크리스티아누 호날두가 있는 축구 도시이기도하다. 세계 최고 선수답게 메시가 받는 4,600만 유로(약 607억 원)보다 높은 연봉으로 재계약한다고 한다. 하나를 파고들어 그 분야의 최고가 된다는 것에 대해 생각해 봤다. 나는 과연 남들보다 무엇을 최고로 잘할 수 있을까? 그것도 얼마만큼의 연봉이 책정될까? 진짜 궁금했다. 언젠가 깊이 한번 따져봐야겠다.

스페인 대표 화가 고야의 작품이 가득한 프라도 미술관은 책에서만 보던 명화들로 가득했다. 세계 3대 미술관답게 회화·조각품 등 8천 점이 넘는 방대한 미술품을 소장한 대형 미술관이다. 각자 나눠준 이어폰을 끼고 가이드의 설명을 들으며 거대한 박물관 위아래를 오갔다. 한국어로 표기된 안내장을 들고 박물관 구석구석을 관람했다. 국가 위상이 많이 성장했음을 해외여행을 다니며 새삼 느낀다. 엘 그레코의 수작 '가슴에 손을 얹은 기사의 초상', 왕가를 그린 고야 '카를로스 4세

일가', 빛과 그림자의 대가 렘브란트 '자화상' 등이 내 시선을 사로잡았다. 좀 더 시간을 두고 오래 머물고 싶은 공간이었지만 단체 여행관람이라 많이 아쉬웠다. '언제 이곳을 다시 올 수 있으려나….' 특히 라파엘로 '파르나소스' 그림 앞에서 오래도록 서 있었다. 과연 이탈리아 르네상스 3대 거장다웠다. 신들의 영지인 성스러운 파르나소스 언덕에 시의 여신과 고금의 시인들을 보여주는 무대를 형상화하였다. 아폴론 신과 뮤즈들, 단테, 호메로스, 비르기리우스, 보카치오 등 르네상스 인문주의를 상징하는 인물들이 보인다. 색감이 온화하고 보면 볼수록 신화 속으로 빠져 들어가는 듯했다. 글쟁이라 그런지 유독 그 그림 앞에서 발을 뗄 수 없음은 그림 속 아폴론 신과 뮤즈들에게 영감이라도 받고 싶었던 걸까.

마지막 일정으로 살라망카 마요르 광장에 왔다. 완벽한 정사각 구조에 동시에 2만 명을 수용할 수 있는 광장이다. 그 규모에 놀라고 아름다운 바로크 건축양식에 또 놀랐다. 갑자기 내 옆으로 피에로로 분장한 남자가 뒤뚱거리며 다가온다. 사진을 찍자고 '덜컥' 어깨동무를 한다. 웃으며 그와 사진을 찍고 나자 손을 내민다.

"투 유로 기브 미!"

'아뿔싸'

낯선 거리에서 낯선 언어와 문화, 낯선 음식들과 마주하며 흥분하고 감격하고 긴장하며 9박 10일 동안 들뜸의 연속이었다. 매일 다른 숙소에 도착하여 저녁이면 짐을 풀고 아침마다 짐을 쌌다. 때론 긴 여행으로 어지럽고 피곤하기도 했지만 호기심에 반짝이며 사뭇 떨리는 마음으로 모든 일정을 끝냈다. 집을 나서서 낯선 도시로 향한다는 것은 돌아올 곳이 있기에 더욱 설레고 즐거운 것이 아닐까. 돌아온 내 나라 내 집에서 두 다리 쭉 뻗고 '뒹굴뒹굴' 평안하고 익숙한 여유로움을 찾는다. 바쁘지 않아도 되고 서두르지 않아도 되는 이 여유가 얼마만 이던가!

몽골 초원에서 바이칼 호수까지

새벽 1시 30분 몽골 울란 바트로 공항에 내렸다. 간단한 출입국 관리 절차를 뒤로 하고 공항 입구로 나가니 어둠이 우리를 반겼다. 어둠 속에서 이슬 머금은 풀잎 냄새가 코끝에 와 닿았다. 영종도 공항에서 기내에 기술적인 문제로 3시간이나 지연되었던 떨떠름함이 한순간에 사라졌다. 하늘을 보니 휘영청 반달이 곧게 뻗은 나신의 자작나무 위에 걸려있었다. 어둠이 짙으니 달은 더욱 밝게 주변을 밝혔다. 빛은 어두운 곳에서 더욱 자신을 밝게 드러내는 것을 보는 순간이었다. 문득 내일 일정 중 밤하늘의 별들이 어떻게 우리를 반길지 기대가 되었다. 몽골 바이칼 문학기행의 대단원의 막이 시작되는 순간이었다.

가도 가도 끝이 보이지 않는 테를지 국립공원 대초원이 이어진다. 세계 문화유산으로 등록되어있는 해발 1,600m 테를지 초원에는 군데군데

게르가 포진되어 있었다. 때로는 소 떼가, 때로는 말 떼, 때로는 블랙 야크 떼들이 한가로이 초원에서 풀을 뜯고 있었다. 차창 밖에 비치는 모습을 바라보는 것만으로 영화를 보는 듯했다. 그 초원을 말을 타고 달렸다. 생각은 영화처럼 마구 달리고 싶었으나 초보인 나를 그 녀석도 알아보는지 천천히 걸었다. 초원을 돌아오는 길엔 어느 정도 호흡이 맞았는지 제법 달려준다. 우리가 하나가 되었다. 기분이 상쾌해졌다. 사람도 서로를 알려면 시간이 필요하듯 생판 모르던 지구 저쪽에 살던 말과 나에게도 적응하는 시간이 필요했나 보다.

저녁 식사로 전통음식 허르헉(양고기 수육)을 먹고 몽골 전통 공연을 보았다. 다섯 음계를 두성으로 내는 득음의 경지인 독특한 노래와 춤을 관람했다. 캠프파이어를 하며 밤하늘의 별을 기대했지만 날씨가 흐린 관계로 별 구경은 무산되었다. 이슬비가 부슬부슬 내리는 밤 게르에서 잠을 청했다. 기온 차가 심한 초원지방이어서 8월인데도 난로에 장작불을 지폈다. 일행은 다 잠들었건만 나는 눈이 말똥말똥 잠이 오지 않았다. 게르 천장 투명한 유리 밖 구름 사이로 언뜻 별이 하나둘 깜빡였다. 곧이어 빗방울이 후드득 떨어지는 투명한 소리를 듣노라니 감회가 새롭다. 어디선가 사각사각 소리가 났다. 발자국 소리 같다가 곧이어 또 사각사각…….

호기심이 발동해서 전자 호롱불을 들고 밖으로 살며시 나갔다. 아니, 세상에 이럴 수가……. 숙소 문 바로 앞까지 말이 침범해서 이슬 먹은 싱싱한 풀들을 뜯고 있었다. 어둠을 밝히려 호롱불을 치켜들고 촉수를 더 밝혀도 아무렇지 않다는 듯 자신들의 일에 몰두하고 있었다. '한 마리, 두 마리, 셋, 넷 아휴 잘 안 보여….' 나로선 참 신기한 광경이었다. 어쩌면 낮에 내가 그의 잔등을 빌려 초원을 누볐을 애마가 휴식하며 포식하는 시간인지도 모르겠다. 그가 나의 냄새를 기억하여 내일 헤어지기 섭섭해 나의 숙소 문밖에서 나를 조우하러 왔는지도 모르겠다고 혼자 상상했다. 김유신 장군의 애마가 그가 자주 다니던 기녀의 집에 어느 날 말이 데려다 주었다던 일화가 떠올라 피식 웃었다.

잠시 계단에 앉아 밤하늘을 올려다봤다. 구름이 걷히고 견우별 직녀별 사이로 은하수가 가로놓여 있는 것도 어렴풋 보였다. 혼자 놀이에 밤이 너무 깊었다. 많이 아쉽지만 내일의 일정을 위해 안타까운 이별을 하늘에게도, 말에게도 전하며 침대에 나른한 육신을 묻었다.

징기스칸의 나라 몽골, 그의 동상이 커다랗게 놓여있는 광장에서 강한 대륙의 냄새, 역사의 냄새, 조상의 냄새를 맡으며 침묵했다. 울란바토르 시내에서 조금 벗어난 자이산 승전탑 전망대는 몽골과 소련 연합군이 1939년 할흐(Khalkh)강 전투에서 대일전 승리 및 러시아군의 제2차 세계대전 참전 기념을 위해 1945년에 세운 기념탑이다.

전망대 입구에 우리의 독립투사 이태준 열사 기념공원이 자랑스레 세워져 있었다. 그는 일제 강점기의 불안정한 시대에 안중근 의사를 만나면서 자연스럽게 독립운동에 가담하게 되었다. 독립운동 부상자들을 보면서 의사가 되기로 결심해 세브란스병원 의과대학에 입학하였다. 우리나라 최초의 서양식 병원인 제중원(지금의 연세의대)에 뿌리를 둔

의과대학 재학생이었다. 세브란스병원에 입원 중이던 안창호의 권유로 항일비밀결사대에 가입해 여러 활동을 벌였으나 애석하게도 조국은 한일합병(1910)이 되고 말았다. 우여곡절 끝에 의대를 졸업하고 조국의 독립을 위해 다각도로 노력하였으나 신변의 위협을 느껴 중국으로 망명, 또다시 몽골로 옮겨 항일운동을 위해 안팎으로 도왔다. 차후 몽골 마지막 왕인 보그드 칸 8세의 어의(御醫)가 되어 '에르데닌 오치르'라는 높은 등급의 훈장을 받았다. 아쉽게도 그는 1921년 2월 러시아가 몽골을 점령하게 되면서 어이없는 최후로 마감하게 되었다. 이 사실을 뒤늦게 알게 된 대한민국과 몽골이 함께 이곳에 그의 기념관을 세웠다. 먼 타국에서 우리 조국을 위해 목숨 바친 넋이 살아 있는 듯 오랫동안 자리를 비울 수 없었다.

대초원의 나라 몽골 울란바토르를 떠나 비행기로 한 시간 반쯤 지나 러시아 이르쿠츠크에 도착했다. 이곳에서 우리는 세계 최대 담수호 바이칼 호수를 찾기로 했다. 바이칼은 해발 1,500~2,000m의 산으로 둘러싸여 있고, 담수량은 22,000km^{2}로 '시베리아의 진주'로 불린다. 물밑 가시거리가 최고 40.5m라니 얼마나 맑고 큰 호수일지 기대가 되었다. 바이칼 호수 안에는 22개의 섬이 있는데 그중 가장 큰 섬인 알혼 섬으로 가기로 했다. 섬까지는 샤후르타 선착장에서 바지선을 타고 7분 정도 들어가야 한다. 우리 일행이 도착했을 때 선착장엔 심한 비바람이 몰아치고 있었다. 코앞에 섬이 보였다. 그것을 바라보며 한참 동안 줄을 서서 기다리는데 비바람은 더 거세졌다. 정착해 놓은 바지선과 대형버스까지 출렁거릴 정도의 거센 비바람에 파도가 출렁였다. 그 모습은 정녕 거대한 대양(大洋)의 성난 파도 그것이었다. 그 파도가 멈추기를 기다렸다. 이번 여행은 서울에서 떠날 때부터 기다림의 연속이었다. 평소 한국의 빨리 빨리 정신에서 벗어나 여유와 기다림을 연습하는 수행의 시간이기도 했다. 3시간을 기다려도 파도는 멈출 줄 몰랐다. 큰일을 도모하기 위해선 물러설 때를 알아야 한다. 밤이 다가오고 있었다. 내일의 일정을 위해 알흔 섬으로의 진출은 일단 후퇴하여 주변에 숙소를 빌렸다. 쉽게 이방인의 발길을 허락하지 않는 바이칼 호수가 잠시 얄밉고 섭섭했다. 예정에 없던 상황이라 일행들은 여기저기 흩어져 숙소를 정하고 여정을 풀었다. 나와 룸메이트 둘은 통나무집 2층에 배정되었다. 방에 들어와도 귀신 울음소리 같은 바람 소리는 그칠 줄 모르고 밤새 창을 때렸다.

춘원 이광수의 문학 말기의 작품은 영(靈)의 구원 모색에 대해 토로한다. 그때 쓴 〈유정〉에는 '세상을 움직이는 것은 인정이다.' 라고 서술하고 있다. 소설에서 바이칼 호수에 대해 묘사한 대목이 있다.

- 연일 풍랑이 높은 바이칼 호를 바라보면서 고국에 남긴 오직 하나뿐인 벗인 형에게 편지를 쓰고 있소. -(중략) - 우르르 탕하고 달빛을 실은 바이칼의 물결이 바로 어촌 앞의 바위를 때리고 있소. -(생략)

우리가 머물던 그날 밤 폭풍이 몰아치던 바이칼 호수의 광경을 이광수가 서술하고 있는 것 같았다.

바이칼이 시베리아의 눈이라면 알혼 섬은 바이칼의 심장이라고 불린다. 또한 샤머니즘의 시원지가 이곳 알혼 섬이다. 한민족의 근원이며 문화유적의 시작이기도 하다. 어린 시절 할머니에 대한 기억이 새롭다. 커다란 키에 코도 높고 눈은 움푹 들어가고 손발도 커서 마치 서양 사람을 보는 듯했다. 발에 맞는 신이 없어 남자 고무신을 신고 긴 곰방대를 물고 다녔다. 그런 할머니가 늘 새벽녘이면 장독대에 물을 떠 놓고 자손들을 위해 손을 모아 기도하는 것을 보았다. 손지들이 아프면 박바가지를 엎어놓고 '둥둥' 소리를 내며 한 손은 아픈 곳을 문지르며 무슨 주문 같은 소리를 노래처럼 읊었다. 지금 생각하면 할머니는 외모나 정신이나 분명 러시아 쪽 샤머니즘 혈통을 물려받은 게 틀림이 없는 듯하다.

예로부터 우리나라에는 마을마다 성황당이 있었고, 그 나무에는 오색천들이 마을의 안녕과 풍년 그리고 자손들의 성공을 기원하던 조상들의 풍습이 있었다. 가다 보니 언덕 위에 돌무더기가 있었다. 돌무더기 안에 긴 장대가 꽂혀 있고 끝에는 오색 헝겊 조각들이 달려있었다. 먼 길을 떠날 때 이곳에 들러 돌을 얹고 주변을 돌며 행운과 안녕을 빌고 떠나는 풍습이 있다고 한다. 우리의 성황당과 같은 느낌, 분명 우리가 한 뿌리였음을 어렴풋이 감지했다.

아침이 밝자 언제 그랬냐는 듯 하늘은 쾌청했다. 알혼 섬을 뒤로 하고 바이칼 호수 유람선을 타고 한 바퀴 호수를 돌기로 했다. 10명씩 배를 타고 호수를 돌았다. 러시아 보드카와 '오믈'(연어과 훈제생선)을 안주로 먹으며 바이칼에 드디어 몸을 실었다. 아침에 숙소 통나무집에서 일찍 일어나 절벽 주변을 산책했었다. 해변을 돌며 호숫물을 손으로 직접 만지고 바람을 만끽했었던 순간과는 또 다른 느낌, 바이칼은 나를 안아 그 품으로 품어주었다. 하늘은 높고 햇빛은 빛나고 바람도 살랑살랑 노래했다. 지중해보다 더 푸른 하늘빛과 그보다 더 맑은 호수 물빛에 취하는 순간이었다. 내 버킷리스트 또 한 줄이 사라졌다.

차창 밖에 빗물이 하염없이 내리고 바깥 풍경을 보려고 닦고 또 닦아도 습기에 창문이 자꾸만 뿌옇게 흐려졌다. 창밖으로 자작나무가 줄지어 지나가고 있었다. 가끔씩 소 떼들이 거리를 무단 횡단하는 바람에 버스가 급정거를 하기도 하고 출렁출렁 비포장도로를 춤을 추듯 달렸다. 방금 전 관람한 발콘스키의 집이 자꾸만 눈에 아른거렸다. 톨스토이의 〈전쟁과 평화〉의 안드레이 발콘스키의 집은 가히 충격이었다. 톨스토이의 숙부이기도 한 발콘스키의 삶이 드라마틱하게 영화 필름처럼 지나간다. 1825년 러시아 최초 민주혁명의 시도가, 그것도 기득권층 귀족장교들에 의해 시도되었다는 것이 놀라웠다. 자유·평등·박애 정신에 입각해 '농노제 폐지' '압제정치 폐지'를 요구했던 혁명은 실패했다. 데카브리스트 혁명 주모자급들은 처형되었고 가족들은 귀족 신분을 몰수당하여 시베리아로 유배당했다. 박물관이 된 발콘스키의 집은 전시된 가구며 모든 물건들이 그 당시의 것으로는 믿기지 않을 만큼 깨끗하고 근대적인 모습으로 보존되어 있었다. 물건만 보아도 그들이 어느 정도의 상류층 귀족들이었는지 가히 짐작이 갔다. 그곳에서 유배자들끼리 새로운 문화를 형성하고 시베리아의 또 다른 교육과 문화의 선봉 도시가 되었다. 어두운 회색 도시가 휴머니스트들에 의해 다시 꽃을 피우며 살아났다.

폴란드 국민작가 스와보미르 므로제크는 그의 저서 〈초보자의 삶〉에서 "혁명이란 방안에 옷장, 책상, 침대의 위치를 바꾸는 것" 이라 말했다. 이번 여행은 내게 분명 혁명이었다. 일상에 갇혀서 밋밋하게 살던 나에게 주는 보너스였다. 여행을 다녀오면서 무언지 모를 뭉클한 것이 내 안에 들어왔다.

몽골 대초원 이태준 열사도 러시아의 발콘스키도 혁명을 시도했고, 나 또한 다시 작은 혁명을 꿈꾼다. 창밖에 빗물인지 내 눈물인지 모를 물방울이 내 옷섶에 툭 떨어졌다.

(2014. 8월 몽골, 러시아 문학기행 〈2015. 2 한국산문 몽골특집 86쪽〉)

평양식당

민족 고유의 명절 추석이다. TV에서는 고향을 떠나온 외국인과 탈북자들을 위한 프로들이 난무한다. 말끝에 묻어나는 북한 사투리로 봐서 평양 출신 탈북자인 듯한 여자가 화면 가득 클로즈업 된다. 출연자 모두들 고향에 대한 추억과 명절에 얽힌 이야기들을 나누고 있다. 몇 해 전 러시아 이르쿠츠크의 세계 최대 담수호 바이칼 호수를 보러 갔었다. 관광을 마치고 예약을 해둔 이르쿠츠크 근처 평양식당으로 이동했다. 마치 우리나라 지방 외곽에나 있을 법한 오래된 식당의 익숙하고도 촌스러운 간판이지만 한복을 곱게 차려입은 아리따운 평양 아가씨들의 춤과 노래와 악기 다루는 솜씨는 일품이었다.

사업차 중국 광저우에 잠시 머물 때 가 보았던 평양식당과 캄보디아 앙코르와트 여행 때 보았던 평양식당 모두 비슷한 콘셉트로 식당 운영을을 하고 있었다. 손님은 대부분 한국인 관광객이 많았다. 다른 외국인들은 유일한 분단국가이며 동토의 나라에 대한 궁금증이 이 식당으로 발길을 옮긴 듯했다. 식사는 별로였고 공연 위주로 운영하고 있었다. 상당히 숙련된 공연은 각종 대중 악기를 연주하면서 노래하고 춤추는 소위 요즘 방송에 잘나가는 소녀그룹을 연상하게 했다. 민속무용과 현대식을 적절히 섞어서 또 다른 문화를 만들고 있는 수준 높은 공연에 관객 모두들 반응은 뜨거웠다.

한복 허리를 잘록하게 묶고 물동이를 이고 무대 양옆에서 두 사람이 발 빠르게 움직이며 무대 중앙 쪽으로 향하며 사뿐사뿐 춤을 춘다. 무대 뒤에는 춤사위에 맞게 고전 악기와 현대 악기를 자유자재로 다루는 악사들이 흥겹게 연주를 펼친다. 곧이어 양쪽에서 여러 명의 물동이 춤꾼들이 무리를 지어 합세한다. 커다란 원을 그리며 물동이를 머리에 이고 쓰러질 듯 빙그르르 돌며 혼연일체 춤사위를 뽐낸다. 흥겨운 한판 춤이 끝나고 이어지는 현대판 빨간 캉캉원피스 아가씨들의 탭댄스가 현란한 구둣발 소리와 함께 이어진다. 또다시 바이올린과 건반 연주로 이어지며 우리 귀에도 익숙한 영화 음악들이 흘러나온다. '마이웨이', '오버 더 레인보우' 등등. 마치 우리나라 교포 연주자 '유진 박'이 전자 바이올린으로 율동과 함께 현란한 연주를 하듯이…. 음악이 끝나고 다른 연주나 춤으로 이어질 때마다 관객들은 우레와 같은 박수 소리를 보낸다. 휘파람과 더불어 환호도 빠지지 않았다.

서울 아가씨 못지않은 세련된 미모와 몸매들이다. 반면 서늘하게 경계하는 눈빛이다. 한순간 현란한 몸짓들은 공연이 끝나자 돌연 빠르고도 묵묵히 손님들 식사 안내를 한다. 한 치의 농담과 여유를 허락하지 않는다. 그녀들은 공연을 위해 살찌는 것을 방지하려고 한 끼 식사도 물 말아서 몇 숟가락 뜨고 연습과 홀 서빙에 전념해야 한다는 현지 가이드의 후담이다. 그들이 벌어들인 외화는 전부 국가에 헌납하는 외화 앵벌이인 셈이다. 대부분 엄마 치마폭에서 용돈 받아 쓰며 대학 다닐 나이의 앳된 처녀들이다. 한국 사람들은 흥미롭게 그들을 관찰하고 기념촬영도 한다. 그들도 당연히 그 순간들을 묵묵히 수행한다. 그 또한 그들의 영업전략 중 하나란다. 일행 중 아이를 동반한 가족이 있었다. 유난히 그 아이를 부러운 듯 물끄러미 쳐다보던 북한 아가씨의 눈에 이슬이 살짝 맺히는 것을 나는 보고 말았다. 아마도 고향에 두고 온 동생이 생각난 듯…….

하늘은 높고 푸르다. 그 위를 날아다니는 새들은 자유롭게 공중을 활주한다. 남쪽과 북쪽을 자유롭게 오가는 새들이 오늘따라 새삼스럽게 보인다. 새들도 공중에서 그들 나름대로 질서가 있으리라. 사철 피고 지는 꽃들도 자기의 때를 알아 피어나고 계절이 다 되어 사라져야 할 때를 안다. 하물며 인간이랴!

감시와 배고픔에서 벗어나고자 그리고 자유에 대한 갈망으로 저들은 수시로 탈출을 시도한다. 출신 성분이 좋은 자녀들만 해외로 나올 수 있으며 혹독한 정신 교육을 받은 그들일지라도 자유 앞에서는 어쩔 수 없었나 보다. 물론 대한민국에 입국한 탈북자 중 다른 경로를 통해 들어온 이들도 많다. 그들 대부분 탈출 도중 붙잡혀 본국으로 송환되어 강제노동 수용소에 갇히는 경우도 비일비재 하지만 그것도 불사하며 재탈출 시도를 멈추지 않는다. 무엇이 저들을 혈육에게서 마저 멀어지게 하는 비장한 행동을 감행하게 하였을까.

저들이 목숨의 위험을 무릅쓰고 혈육과 이별의 아픔을 감수하고도 탈출을 시도하는 이유가 그것이었던가. 대자연의 흐름처럼 인간의 폐부와 혈관에 흐르는 자유를 향한 호흡을 거부할 수 없었던 것일까.

지금 대한민국에 사는 우리는 물질 만능의 시대에 살고 있다. 자유가 만연하여 때론 방종이 되기도 한다. 사소한 것에 목숨을 걸고 핏대를 세우고 무슨 이유건 자살이 비일비재한 시대다. 과연 우리에게 간절한 것은 무엇일까? 소중하고 숭고한 그것이 있기는 하였던가?

추석, 떠들썩한 TV 프로를 보면서 캄보디아의 평양식당 소녀들이 생각났다. 열악한 환경에서 밤낮으로 일하며 간절히 자유를 갈망하던 그녀들의 처연한 눈빛이, 그 눈에 매달린 눈물이 자꾸만 눈에 밟힌다.

서울을 마감하며

2015년 12월 3일 학년말 시험을 마지막 마감하며 내일 나는 서울을 떠난다. 서울 종로구 무악동에서 어린 시절을 보내고 서울 은평구로 시집와서 56년의 삶이 오롯이 묻어 있는 서울이다. 무엇을 향해 달려왔는지 인생의 오후쯤 되는 이 시간, 다시 돌아보는 지난날이다. 결혼 후 20여 년 동안의 직업이었던 의류매장을 접으면서, 이사할 짐들을 꾸리면서, 자꾸만 돌아보아 지는 지난날들이다. 거리에는 크리스마스트리와 함께 캐럴들이 울려 퍼지고, 구세군 자선냄비에서는 '쨍그랑' 종소리가 울려 퍼지고 있다.

나의 내부와 외부에서 한꺼번에 마감을 종용하는 종소리들이 시끄럽게 나를 몰아친다. 어린 시절 이때쯤이면 몇 장의 예쁜 카드를 사서 지인들에게 쓸 글귀들을 떠올리며 즐거운 고민을 했다. 결혼을 하고 아이를 낳아 키우면서 무럭무럭 크는 아이들과 남편 사업의 분주함에 정신 없이 세월 가는 줄 몰랐던 시간이었다.

어느 날 IMF와 함께 몰아친 남편 사업의 부도 소식과 함께 쓰나미처럼 쓰러졌던 일상들이 마치 낡은 영화를 다시 리와인드 해서 보듯이 눈앞에 펼쳐진다. 그 뒤 아둥바둥 그저 앞만 보며 달려왔지만 그 또한 돌아보면 제자리인 듯 덧없다.

'쨍그링' 맑고 두밍한 소리를 내는 고급 크리스탈 잔에 와인을 마시며 우아한 디너파티를 즐기는 삶을 꿈꾸지 않은 여자가 어디 있으랴. 서울 깍쟁이란 말을 들으며 살아온 나. 격에 맞는 차림과 말투와 약간은 사치스런 모임을 오가며 도시의 도도한 여자이고 싶었다. 하지만 인생은 누군가 그려 놓은 커다란 스케치에 끼워 맞춰지고 빗나가고 툭툭 아무데나 내던져져서 상상하지 않던 아련한 수채화로 그려지곤 했다. 내 자아는 고장난 기계처럼 어긋나고 그때마다 조금씩 마모되고 단련이 되어갔다. 눈앞에 닥친 이 고개를 넘으면 평평한 길이 나오리라 마음먹으며 묵묵히 길을 걸었다. 열두 고개쯤 넘었을까? 마음은 그랬다. 차라리 뒤돌아본 초입 길이 더 평안했던 길이었던 것 같다. 굽이굽이 잘도 견디며 살얼음판 길을 건넜다.

돌아보니 나는 항상 마감을 하듯이 인생을 살아온 듯했다. 한 시간을 마감하고, 한 달, 그리고 일 년…. 내 아이들이 대학을 졸업하고 군대를 다녀오고 그때쯤이면 홀가분하게 서울을 떠나리라 내심 마음을 먹었었다. 내 계획에서 너무 늦지도 이르지도 않은 시점, 결국 서울을 마감하는 시간까지 오게 되었다. 오십 년 넘게 살아온 서울을 미련 없이 떠나리라 생각했다. 늘 마감에 쫓기듯 살아왔지만 그래도 행복한 시간이었다. 흐지부지 살지 않았고 자존심 강한 여자답게 살았다고 자부했다. 내년 2월이면 바람대로 대학교 문예창작과도 졸업한다. 그래 이만하면 많은 것을 이루었다고 스스로 위로했다. 잃어버린 세월과 더 많이 잃어버린 꿈과 사라져버린 돈은 미련 없이 잊기로 했다. '애초에 우리 것들이 아니었던 게지' 그렇게 치부하기로 했다. 아니다, 나의 혈관과 근육과 기억의 씨실과 날실 속에 차곡차곡 쌓여져가고 있으리라. 많은 친구들이 말하길 "넌 어디서건 씩씩하게 잘해 낼 거야." 했다. 난 그 말을 믿고 싶었다. 아니 믿었다. 늘 나 자신에게 그렇게 최면을 걸면서 살았다.

이제 곧 제주도에서 나는 제2의 인생의 뿌리를 내려 보고자 한다. 연말의 분위기와 함께 서울을 마감하며 2016년 1월이면 제주의 맑은 하늘 아래에서 나는 두 팔을 활짝 펼치며 달려가고 있으리라. 많은 책을 읽고 많은 글도 쓰리라. 많은 사람을 만나고 더 많이 웃고 더 많이 행복하리라. 그리하여 서울 마감이 끝이 아닌 내 인생의 마감을 향해 힘차게 달려가리라.

(2015. 12. 3 문창과 졸업시험 〈주제 : '마감'〉)

보리밭 풍경

추운 겨울 모진 풍파를 견디고 새순이 돋았다. 짓밟아야 잘 큰다며 이 사람 저 사람이 어린 순을 밟고 또 밟고 지나갔다. 한동안 아픈 듯 누운 듯하더니 다시 씩씩하게 일어나 깊은 뿌리를 내리고 있었다. 아직 한겨울, 옆 빈 들판이 휑하게 바람만 휘몰아칠 때에도 보리밭은 푸르른 잎들로 당당히 사람들의 눈길을 사로잡았다. 연약한 줄기로 혼자서는 쓰러지지만 모둠으로 살을 부대끼며 모진 풍파와 싸우며 서로를 보듬었다. 초록빛 물결이 거센 바람에 온몸을 맡기고 좌우로 흔들며 우수수 합창을 했다. 빳빳한 수염을 하늘로 향해 세우고 기세등등하게 춤을 췄다. 그 모습이 마치 잔잔하고 평온한 파도처럼 듬직해보였다. 한 덩어리로 너울지는 그 모습이 깃털처럼 가벼워 보여 그 위에 눕고 싶다는 충동마저 들었다. 쓰러졌다 일어서고 흔들렸다 바로 서고를 반복하며 푸르른 보리알이 영글어갔다.

조금씩 몸이 무거워지며 바람 앞에 '쏴아아' 소리를 지르기도 했다. 온몸으로 비바람과 싸우며 더욱 굳은 뿌리를 땅 밑으로 내렸다. 이제 곧 보리알갱이가 야무지게 영글어 추수할 때가 다가오고 있다. 누렇게 무거워진 몸을 가눌 수가 없어 점점 고개가 숙여졌다. 어느 결에 그들 사이사이를 이름 모를 풀들이 고개를 든다. 일찍이 빳빳했던 보리줄기에 가리어 숨죽이고 있던 잡초들이 이제 자기들이 더 잘났다고 고개를 쳐들고 있다. 묵묵히 보리 곁을 지키고 있던 그들도 이제 자신의 때를 찾았다고 아우성들이다. 분명 처음부터 소리 없이 저들도 자기 몫의 자리를 차지하고 묵묵히 버티고 있었던 거였다. 단지 때를 기다리고 있었을 뿐이었다.

사노라면 예상했던 대로 마음먹었던 대로 살아갈 수 없는 상황들이 곳곳에 돌출되어 급브레이크를 밟게 되는 경우가 비일비재하다. 순간 당황하고 아수라장이 되고 어찌어찌 상황은 종료 되지만 그 여파는 지워도 지워지지 않는 지문처럼 흔적으로 남아있게 된다. 한편, 그 시간이 지나고 보면 그때 그 사건이 왜 일어났었는지가 명확하게 전개되는 경우가 종종 있었다. 우연을 빙자한 필연처럼, 꼭 들어맞는 퍼즐의 한 조각처럼 엮어지는 시간의 파편들을 도무지 불편했던 그 상황에서는 이해 불가였다. 단지 아프다고 소리치고 있을 뿐이었다. 결국 시간이 지나고나서야 알곡과 가라지가 구분되는 것이다. 그 평온했던 보리밭 풍경 속에도 숨은 가라지의 역할이 꼭 필요했으리라. 보리는 보리의 역할에 충실했고 가라지는 가라지의 역할에 충실했다. 실제로 잡초의 뿌리는 땅이 엉겨 붙어 딱딱해지는 역할을 방지하기도 한다. 사물이 눈에 보인다는 것은 단순한 색과 빛과 그림자로 존재하는 것만은 아니리라. 그 이면에 존재하는 스토리가 있어야 진정한 오브제로서의 의미를 간직하리라. 보리 편에서 보면 풀이 가라지겠지만 풀의 입장에서 보리가 가라지일 수도 있겠다.

보리가 사람들의 발에 밟혀 눕고 다시 일어설 때, 잡초는 사람들 손에 잡혀 뽑히고 더러는 남겨지기도 한다. 주연 같은 조연과 조연 같은 주연. 저 멀리 하늘에서 내려다보면 하나의 커다란 풍경일 뿐인데 개미처럼 옹졸한 눈앞의 것에 아옹다옹 연연해 하지는 않았나? 사는 일에 너무 조급해하지 않았나? 작은 아픔에 너무 힘들어하지 않았나? 신중한 일을 너무 이른 결론을 내려 그르치지는 않았나? 매사에 터부시하지 않았나? 어차피 한 인간에게 주어진 삶이라는 무대에 시간과 공간이 정해져 있다면, 나는 과연 한겨울 추위를 이기고 독야청청 푸르른 보리였을까. 가라지였을까.

문득 보리밭 풍경에 넋이 나가 내 정신 줄이 너무 멀리 산책을 나왔나 보다.

자작나무 숲에서

본디 너는 비단결 피부의 곧고 희디 흰 족속이었지
아름다운 너를 질투해서
너의 날개를 하나씩 꺾을 때마다
상처 하나둘 생겨나
그 핏자국이 가시지 않는 멍울 되었네

세월이 흘러갈수록
그것은 불멸의 아름다운 무늬가 되었다네
혼자 있어도 도도한 자태를 뽐내는 너
무리져 있을 때 더욱 멋지다네

러시아 붉은 12월 혁명에서
피 흘리며 사라진 발콘스키와 친구들
햇빛 빛나는 앙가라 강변
자작나무 숲에서 나는 보았네

조용히 강은 흘러 거대한 바이칼 호수에 이르고
모든 것을 삼킬 듯 폭풍우가 몰아치던
전날의 광란은 사라진 지 오래
다시 시치미 뚝 떼고 깊은 침묵으로 일관하네

-2014년 8월, 러시아 기행 중-

마음속 풍경

5부

앗싸! 춤바람

가지치기

2015년 12월 초 우리 부부는 제주로 무작정 내려가 보기로 했다. 56년 동안 살았던 서울에서 벗어나고 싶었다. 오랫동안 의류 관련 일을 하면서 나태해진 몸과 내 어깨를 무겁게 누르는 책임감, 그리고 도시의 갑갑한 갑옷들을 벗고 싶었다. 뒤늦게 시작한 문학 수업 4학년 마지막 학년 말 시험이 끝나는 날을 D-데이로 잡기로 했다.

새벽부터 서둘러 서울을 떠나 고속도로로 향했다. 경부선을 거쳐 서해안 고속도로를 지나 완도까지 6시간을 페달을 밟으며 운전하는 남편 곁에서 졸음운전 방지를 위해 평소 안 하던 수다를 떨었다. 제주에서 한 달 이상 살아야 하기에 우리의 발이 되어줄 애마에 가득 짐을 싣고 달렸다. 완도에서 배에 차를 싣고 출발 시간에 맞추기 위해 몇 시간을 기다렸다. 드디어 배가 출발하여 제주시 조천읍 언니 집에 도착하니 서울을 떠나 12시간을 거쳐 온 셈이다. 겨울이지만 제주의 훈훈한 훈풍이 우리를 맞아 주었다.

도착한 이튿날부터 우리는 감귤밭 체험에 뛰어들었다. 멋모르고 작업복을 입고 따라나섰다. 몸빼 바지에 미국 서부개척 드라마의 여자들이 쓰는 챙이 넓은 천 모자를 쓰고 장화를 신고 도저히 서울에서는 상상할 수 없는 모습으로 흙 속으로 뚜벅뚜벅 걸어 나갔다. 묵묵히 많은 사람들 대열에 끼여 귤 따는 가위 소리만 여기저기시 들러왔다. 커다란 귤나무 위아래에 조랑조랑 매달린 주황색 탐스러운 귤들을 가위로 잘라냈다. 자른 꼭지가 다른 귤의 표피를 찔러 상처 내지 않게 짧게 다시 자른 후 바구니에 담는 단순 작업이었다. 귤나무 특성상 땅 밑까지 처진 나뭇가지 밑에 기어 들어가서 따거나 나뭇가지 위에 올라가 꼭대기 가지 위 열매를 자르는 일이 결코 만만치 않았다. 바닥이 돌밭이어서 발의 피곤감은 두 배였다. 지그재그로 수없이 뻗어 있는 가지들 사이사이를 오가며 앉았다 일어섰다를 반복했다. 탐스러운 감귤을 떼어 낼 때마다 축 늘어졌던 가지들이 살포시 가지를 튕기며 내게 고맙다고 인사라도 하는 듯했다. 단순 작업을 계속하다 나중엔 중독 들린 사람처럼 멈출 수 없는 가위 소리에 빠져들었다.

'싹둑싹둑, 탁탁'

심하게 가지가 엉겨 붙어 있는 나무는 다음 해에 열매를 잘 맺게 가지를 잘라 주어야 한다. 가지가 많다고 해서 많은 열매를 맺는 것은 아니었다. 햇볕을 잘 받을 수 있고 공기가 잘 통하도록 묵은 가지를 쳐주고 관리를 해 주어야 좋은 열매를 맺는 것이다. 노후된 가지에 맺힌 열매는 껍질이 조금 억세고 새 가지에 맺힌 열매는 연하고 색깔도 부드럽고 맛도 있었다. 적당한 가지치기야 말로 한해 감귤 농사의 승패를 좌우하는 셈이었다.

귤나무는 한국, 일본, 중남미, 흑해 등지에 분포하는 상록성 소교목이다. 인도가 원산지이며 히말라야 동부와 중국의 양쯔 강 상류 지방에서 고대부터 재배되었다. 연평균 기온이 섭씨 15도 이상 되는 난대지역에 잘 맞으며 우리나라는 남해안 기후대에서 재배되고 조생종, 중생종, 만생종 등 10여 종류가 있다. 기온이 높고 물 빠짐이 잘되는 제주 돌밭이 대표적 생산지로 오래 전부터 자리 잡았다. 보통 6월에 백색의 꽃을 피워 7~8월에 열매를 솎아내고 11월 하순에서 12월 상순 사이에 수확한다.

첫날의 귤밭 체험이 끝나는 순간이 왔다. 난생처음 해본 육체노동에 도시에서 철벅이던 나의 육체가 놀라 온통 얼굴이 부어오르고 손과 발 마디마디가 아파왔다. 저만치서 몰래 나를 바라보는 남편의 모습도 마찬가지였지만 우리는 애써 서로의 눈빛을 외면했다. 그는 차마 내 눈빛을 보지 못하고 슬며시 고개 돌렸다. 서로의 눈가에 붉은 기운이 서리는 것을 못 본척했다. 집으로 돌아와 샤워를 한 후 남편이 내 어깨를 두드리며 “또 할 수 있겠냐?”며 물었다. “도저히 못 하겠다”고 말했다. 우린 밤새 끙끙 앓다가 곯아떨어졌다. 절대 자리에서 일어나지 못할 것 같았지만 다음 날 아침에 우린 부활하듯 일어나 어느새 작업복을 갈아

입고 있었다. 몸은 원치 않지만 약속을 어길 수 없었고 나 자신의 나약한 모습에서도 벗어나고 싶었다. 도시 삶에 익숙해서 영육이 나약한 우리는 바람 앞의 등불처럼 나풀거렸다. 이상과 현실이 다른 괴리를 체험하고 있었다.

사실 우리 부부는 인생 후반을 전원생활을 하기로 계획하고 있었다. 다람쥐 쳇바퀴 같은 삶에서 벗어나 숨 쉬고 심장이 팔딱거리는 사람처럼 살고 싶었다. 모든 것이 속도를 강요하는 도시 삶에서 탈출하여 쉬고 싶을 때 쉬고, 일하고 싶을 때 일하며 게으르고 느린 삶을 꿈꾸었다. 그 일환으로 작은아들이 취업해 있고 언니가 있는 제주도로 무작정 와서 몸으로 부딪치며 체험해 보기로 했다.

인생은 알 수 없는 길로 가는 미로인 것만은 확실했다. 2015년 지는 해와 2016년 뜨는 해를 제주에서 맞으며 제주에서 살기로 결단했다. 그동안 무심코 내가 쳐 놓은 곁가지에서 쓸데없는 열매가 맺어 나무의 중심을 흔들고 뿌리마저 흔들고 있는 것은 아닐까. 최소한의 것으로 최대의 만족을 누리는 법을 배우는 학교에 자원 입학했다. 인생 후반전 터닝 포인트! 타이트한 도시 생활을 벗고 헐렁한 농촌의 삶을 입기로 했다. 흙을 밟으며 대자연의 섭리에 순응하고 천천히 단순하게 살아가는 내 인생의 가지치기를 하고 있는 중이다. 바야흐로 몸도 마음도 가볍게 햇볕에 널어 바람 '숭숭' 통하는 헐렁한 가지로 재생하고 있는 중이다.

꼼씨꼼싸

바람이 분다. 하늘로부터 다이아몬드 조각을 우수수 쏟아내듯이 햇볕이 부서지는 8월 한낮이다. 뒤꼍 담장 삼나무에 튼튼히 매어 놓은 빨랫줄에 홑이불이 한가로이 춤을 추고 있다. 그 옆 장독대 위에 대나무 소반에는 붉은 고추가 탐스럽게 나란히 누어 일광욕을 즐기고 있다. 출렁이는 빨래들 사이로 언뜻언뜻 보이는 제주 돌담들이 정겹다. 오전의 바쁜 일들을 잠시 멈추고 차 한 잔을 마신다. 창가 식탁에 앉아 펄럭이는 빨래들을 바라보며 눈빛은 멍하게 상념에 젖는다. 근거를 알 수 없는 뿌듯함이 가슴속에 밀려온다. 이런 감정을 감히 '행복'이라는 단어로 표현해도 되는 건지.

제주로 귀촌하고 나서 하루의 일과는 도시에서의 그것과는 다른 삶이 되었다. 평범하고 소소한 일상이 이어져서 삶이 되고 인생이 되는 것이리라. 누군가는 '행복은 마음속에 있는 것'이라고 말했고, 또 누군가는 '순간순간 감사할 거리를 찾아가는 여정'이라고 말했던가. 내게는 괴로워 죽을 것 같은 '오늘'이 어제 삶을 마감한 누군가에겐 미치도록 살고 싶은 '내일'이었다던데.

무더운 날씨가 연일 계속되고 폭염주의보가 핸드폰 문자로 전송되어 온다. 밖의 활동을 되도록 자제하고 실내에서 머물기를 권하며 물을 많이 마시라고 한다. 더위 덕분에 새벽 5시부터 하루를 열이 집 짓고 텃밭 가꾸는 일과를 시작한다. 한낮엔 집안일을 하며 시간을 갈무리한다. 더위도 잊을 겸 영화 한 편을 다운받아 감상이나 할까. 미국 영화를 볼까. 아니면 국산, 오랜만에 프랑스 영화를 보기로 했다. 바람이 '슝슝' 볼 사이로 새어 들어가며 귀를 간질이는 프랑스어를 듣다가 한 단어에 귀가 솔깃해졌다. 샹송 가사에서 자주 듣던 단어이기도 했다. '꼼씨꼼싸'(comme ci comme ca) 구어로 그럭저럭, 그런대로 (ni bien ni mal) 그런 뜻이다.

사람들은 꿈을 꾼다. 희망을 갖는다. 오늘을 담보로 내일이라는 희망을 향해 눈앞의 고통들을 잘도 이겨낸다. 참 좋은 견딤 맞다. 한때 나 또한 그런 삶을 살아왔다. 그런데 조금씩 생각도 바뀌어갔다. 내일도 행복하고 오늘도 행복했으면 좋겠다는 생각을 했다. 한 걸음 한 걸음씩이라도 마음속에 달콤한 생각들이 똬리를 틀고 뿌리내려지기를 행동으로 옮기기로 했다. 그럭저럭 그런대로 살아가는 모습이 우리들 모두의 모습인 것을 눈치 채기로 했다. 멀리 내다보는 미래만이 드림월드가 아니라는 것을 깨닫기로 했다. 그래서 '오늘을 행복하자.' '아주 사소한 작은 것들을 즐기자.' 이렇게 마음먹기로 했다.

이를테면 직접 재봉틀로 바지 밑단을 줄이고, 화단에 좋아하는 꽃씨를 심고, 처마 끝 바람소리에 같이 울어주는 풍경(風磬)을 달고, 누룩으로 막걸리를 빚고, 가끔은 바쁜 일상을 던져버리고 친구와 커피숍에 앉아 아주 오랫동안 수다를 떨고, 때로는 예쁜 반항도 하고, 가벼운 무리를 해서라도 혼자 여행을 떠나보는 것. 그래도 지구는 그런대로 돌아가니까…….

서양에 '꼼씨꼼싸'와 비슷한 의미로 우리나라 신라 선덕왕 시대에 유명한 부설거사(浮雪居士)의 팔죽시(八竹詩)가 있다. 전문을 다시 한 번 음미해 본다.

此竹彼竹 化去竹(차죽피죽 화거죽) 이런대로 저런대로 되어 가는 대로
風打之竹 浪打竹(풍타지죽 랑타죽) 바람 부는 대로 물결치는 대로
粥粥飯飯 生此竹(죽죽반반 생차죽) 죽이면 죽 밥이면 밥 되는 대로 살아왔지.
是是非非 看彼竹(시시비비 간피죽) 옳으면 옳고 그르면 그른 대로 보고
賓客接待 家勢竹(빈객접대 가세죽) 손님 접대는 집안 형편대로
市井賣買 歲月竹(시정매매 세월죽) 시정 물건 사고파는 것은 세월대로
萬事不如 吾心竹(만사불여 오심죽) 세상만사 내 마음대로 되지 않아도
然然然世 過然竹(연연연세 과연죽) 그렇고 그런 세상 그런대로 보낸다네.

거스릴 것 없이 혼자서 널널하게 잘 사는 한 친구가 부러운 때가 있었

다. 알고 보니 집 나간 남편의 배신감에 삶을 포기하고 싶다가도 옆에 있는 아이들이 불쌍해 속울음을 삼키며 억지로 웃어야만 한단다. 외제차에 명품 백화점과 럭셔리한 레스토랑을 드나들던 또 다른 친구도 부러움의 대상이지만 몸이 많이 아픈 아들과 한 치 앞도 볼 수 없는 견딤을 겸허하게 치르고 있는 중이란다.

멀리서 바라보는 타인들의 삶은 유쾌, 상쾌해 보인다. 자세히 들여다보면 우리 모두는 억지로든 의무나 책임감 때문이든 그럭저럭 그런대로 살아간다. 거창한 꿈을 꾸며 오늘을 불편하게 살아도 내일은 오고, 지금 내 곁에 다가온 조그만 기쁨을 누리며 살아도 내일은 온다. 나만 삶의 비굴함 속에서 허둥대며 아등바등 살아가는 것 같아 억울해 할 필요는 없다. 꽃집에 널려있는 수많은 예쁜 꽃 중에 나만의 꽃 화분을 사들고 와 내 마음 밭에 가져다 놓고 흐뭇하게 바라보며 웃을 수 있는 그런 조촐한 하루를 그물질하며 살기로 했다.

하여 누군가 내게 요즘 근황을 묻는다면 이렇게 답하리라. 서구 영화 속에서나 봄직한 과장된 몸짓으로 어깨를 한껏 곧추세우고 양손을 벌려 떨떠름한 표정으로 외치리라.

"꼼씨꼼싸(comme ci comme ca)!"

2016년 8월

동백

제주에 집을 지을 때 마을 지인으로부터 동백나무 두 그루와 철쭉 몇 그루, 그리고 멋지게 키운 소나무 한 그루를 선물 받았다. 비스듬히 누운 소나무는 텃밭과 잔디마당의 경계 중앙에 심었다. 주변에 큰 바위와 어우러져 정원의 품격이 달라졌다. 동백은 마당 끝에 울타리 삼아 심었다. 옆집과 우리 집 거실에서 사이좋게 보이는 장소였다. 담이 없어서 멀리 마을 돌담들이 보이고 제주 특유의 돌담창고와 우물터까지 덤으로 시야에 들어왔다. 바라만 보아도 한 폭의 풍경화였다.

가을에 심은 동백은 그해 겨울이 지나고 2월부터 하나씩 꽃봉오리를 터뜨렸다. 하루에 수십 개의 꽃이 피어나지만 바람이 육지의 태풍 수준이어서 꽃이 피어 채 눈도장을 찍기도 전에 '투툭' 떨어져 버리는 거였다. 붉은 꽃송이 안에 노란 수술이 쏙쏙 올라와 아직 싱싱하기만 한데

목이 똑 끊어져 바닥에 이리저리 나뒹구는 것이 안타까웠다. 마치 아직 피지 못한 내 꿈이 바닥에 사정없이 내동댕이쳐져서 슬픈 피눈물이 흥건히 고여 있는 것 같았다. 가슴을 쓸며 며칠이 지났다. 그러자 꽃이 떨어진 그 옆에서 또 다른 꽃들이 하나둘 피어났다. 급기야는 방실방실 웃기까지 하며 마음에 위로를 주는 것이었다. '그래 꽃이 필 때 꽃이 질 때 참 많이 아픈 거라지.'

집 지으며 많은 우여곡절이 있었다. 장애에 부딪칠 때마다 막막함에 퍼질러 앉아 울고만 싶었다. 아는 사람 없는 외지에서 가까운 사람한테 실망하고, 중단된 공사현장을 보며 서너 달 동안 앞이 캄캄하던 시간이었다. 대부분 중단된 공사는 다른 업자들이 손대고 싶지 않아 했다. 그때 우리를 위로하고 보듬어 주는 건 새로운 인연이었으며 대자연의 변화였다. 우리를 지켜보던 이웃들이 자원해서 사람을 소개해주고, 나무를 기증해주고, 스스로 재능기부까지 하며 중단되었던 공사가 다시 이어졌다. 정 씨는 거미줄처럼 얽혀 있는 전기 내선 공사를 돈 한 푼 받지 않고 깔끔하게 마무리해 주었다. 고 씨는 자기 농장에 나무를 종류별로 트럭에 실어와 직접 심어주었다. 앞집 박 씨 아저씨는 수시로 건너와서 서툰 우리들의 작업을 수정해주고 손수 거들어 주었다. 건축사는 남은 설계비 몇백만 원을 받지 않고 마무리해 주었다. 사람한테 받은 상처를 또 다른 사람으로부터 치유 받았다. 시일은 좀 걸렸지만 결국 공사는 끝이 났다.

그새 겨울이 왔다. 수북이 쌓인 눈 속에서 붉은 동백꽃이 고개를 빼꼼 내밀고 있었다. 모든 역경을 온몸으로 받아 이겨내는 야생의 변화들이 많은 생각을 하게 했다. 한 곳에서 작열하는 태양과 섬 특유의 모진 비바람, 폭설과 한파를 우두커니 다 맞아가며 자신의 때를 기다렸다. 휘어지기도 하고 때론 약한 잎들을 떨쳐내며 최소한의 품위를 유지했다. 스스로 움직여야 할 때가 오면 조용히 고개를 들어 자연의 이치를 알렸다. 가지를 뻗고 잎을 내고 꽃망울을 틔우고 분주해졌다. '그래 세상사 모두 다 각자의 때가 있는 거지.'

4월이 다가오면 제주에서는 동백꽃 모형을 가슴에 달고 다닌다. 그때쯤이면 동백은 '후두둑' 떨어져 거리 구석구석 핏빛으로 즐비하다. 4·3 학살에 이유 없이 죽어간 양민들의 넋인 양 붉은 동백이 온 동네를 붉게 물들인다. 수십 년간 감히 입 밖에도 내밀지 못했던 이 사건이 최근 수면 위로 올라와 재조명 되고 있다. 그동안 외면만 하던 국가는 12년 만에 문재인 대통령이 4·3 기념식에 찾아와 참배를 올렸다. 더불어 유가족들에게 국가의 대표로서 진심으로 고개 숙여 지난 과오를 사죄드렸다. 일제 해방 후 어수선한 시국에 공권력으로 자행한 이 사건이 6·25 전쟁 이후 또 다른 양민학살 사건이었다. 당시 제주도 인구의 십분의 일인 3만여 명이 이유 없이 무자비하게 죽어갔다. 남겨진 유가족들은 '공산당 가족'이라는 말도 안 되는 분홍글씨를 가슴에 달고 긴 세월을 숨죽이며 버텼다. 오랜 기다림 끝에 지금이라도 고인들의 억울함이 벗겨지고 그 유가족들이 대놓고 통곡이라도 할 수 있어서 다행이었다. 그들의 억울한 넋을 기리기 위해 동백꽃을 가슴에 단다. 시간은 어둠을 참아 낸 자에게 빛을 내어 주는 것일까.

간밤 폭풍우에 도로 양옆이 붉은 카펫을 깔아 놓은 듯 유혹적이다. 애잔한 그 모습에 운전을 하다가도 흘깃흘깃 시선이 머문다. 그냥 지나칠 수 없어서 차를 세우고 젖은 꽃길 따라 살며시 걸었다. 걸음을 멈추고 떨어진 꽃을 한참 동안 들여다보았다.

'빠앙~' 거센 크락션 소리에 놀라 뒤돌아보니 달리던 차 안에서 욕설이 튀어나온다.

"차를 그따위로 대고 뭐해?" 다짜고짜 반말이다. 참 어이없었다. 무조건 "미안합니다." 하고 고개를 숙였다. 비상 깜빡이도 켜지 않고 잠시 정차한다는 게 동백에 취해서 그만…….

'생이 소리'를 소개합니다

동산에 지저귀는 새와 닮은 사람들이 모여 이룬 동아리가 있습니다. 순수 제주어로 '새 소리' 라는 의미의 '생이 소리' 실버오카리나 동아리입니다. 평균 연령 63세의 남녀들입니다. 각자가 태어난 곳도, 살아 온 곳도 다른 사람들이 이곳에 모여서 하나의 목적을 가지고 함께 동행합니다. 제주시에서 시행하는 도서 산간지역 복지 차원에서 시작한 교양사업의 일환으로 여러 가지 활동 중 한 과목입니다. 나이만큼 살아온 인생 이력도 다양한 이들이 모여서 한 소리로 오카리나를 연주합니다. 40대 후반부터 70대 후반까지 연령층도 다양합니다. 40대가 70대를 부를 때 호칭은 '언니 오빠'로 통합니다. 10여 명의 회원들이 서로가 서로에게 형제자매처럼, 때론 부모 · 자식처럼 챙겨주기도 합니다.

처음에는 악보도 볼 줄 모르던 사람들이 오카리나 소리에 반해 모여들었습니다. '떴다떴다 비행기 날아라날아라' 겨우 한 소절을 연주하고 신기해 했던 H. 나이 때문에 호흡이 짧아서 도저히 못하겠다고 중간에 포기하려던 W. 하는 일이 많아서 두 시간 수업 중 한 시간만이라도 참여하려 애쓰는 A. 사고로 장애를 입어 손가락으로 악기의 공기 구멍이 잘 짚어지지 않는 K. 입단 시기는 대선배인데 1년 넘게 초급반에 머물고 있는 G. 앞서거니 뒤서거니 그들에게 이제 더 이상 개인의 연주 실력은 문제가 되지 않습니다. 누군가 사정이 생겨 그룹에서 누락 될 것 같으면 서로 손을 내밀어 다시 복귀하게 합니다. 그때 농담처럼 '조직의 쓴 맛(?)'을 보여 준다며 모두들 입을 모아 말합니다.

"들어오는 것은 마음대로지만 나가는 것은 맘대로 안 됩니다."

흙 피리 오카리나 소리가 새 소리와 닮았고 또 절묘하게 '생이 소리'라는 팀명과 닮은 팀원들의 모습이 아름다워서 서로에게 끈끈하게 빠져듭니다. 때로는 휘파람새가 되었다가 두견새도 되었다가 딱따구리, 부엉이, 긴 꼬리딱새…. 무엇보다 우아한 백로를 닮은 단장님 부부의 활약이 없었다면 '생이 소리'팀은 제대로 이어갈 수 없었을 것입니다. 일주일에 한 번씩 모여 새로운 곡을 배우고 연습합니다. 배운지 1년 만에 발표회를 갖고 이곳저곳에 불려 다니며 연주 실력을 뽐내고 있습니다. 물론 프로 실력은 아닙니다. 동네 노인정 위로 공연과 이웃 마을 요양원 잔치나 축제에 재능 기부나 봉사활동을 합니다. 보는 사람은 물론 공연을 하는 그들이 더 기뻐하고 행복해합니다. 산다는 건, 지금 서 있는 여기에서 심장이 펄펄 살아 뛰고 있음을 실감하며 사는 것이 아닐까요?

가끔은 야외수업 차 풍광 좋은 곳으로 소풍을 갑니다. 각자 먹거리 조금씩 가져와 포드락 파티를 엽니다. 맛난 먹거리로 입이 즐거워지고, 끈끈한 우정을 나누며 영혼마저 즐거워집니다. 야외에서는 몸도 마음도 더욱 가벼워져서 흥이 절로 납니다. 각자 자신 있는 곡을 독주도 하고 합주도 하며 흥이 돋아지면 블루투스 스피커에 음악을 틀어 라인댄스까지 이어집니다. 시간이 흐르는 줄 모르고 모두들 '하하 호호' 엔도르핀을 따 먹습니다. 정신과 육체가 함께 건강해지는 시간입니다.

3년 차를 맞은 초여름, 절물 휴양림에 '생이 소리' 오카리나 단원들이 1박 2일 M.T를 나왔습니다. 숲에 들어섭니다. 순간 서늘한 기운이 살갗에 묻어납니다. 기분 좋은 숲 냄새가 온몸을 샤워시킵니다. 이름 모를 온갖 새들이 지저귀며 함께 동행합니다. 너도 살고 나도 살고 그렇게 각자의 길을 걷습니다. 작고 예쁜 휘파람새가 걷고 있는 단원들 머리 위로 낮게 날며 아는 체 인사하듯 목청껏 노래를 부릅니다. 햇살이 나무들 사이 구석구석 무지갯빛으로 파고들 때면 숲속 오케스트라 향연이 펼쳐집니다.

'철새는 날아가고', '딱따구리 폴카', '뭉게구름', '연리지', '천년 바위', '산골 소년의 사랑 이야기'….

다음날 아침, 숲에 마침 '생이 소리길'이라는 이름의 오솔길이 있어서 함께 걸어봅니다. 수백 년 세파에 시달리고 시간을 견뎌낸 '절물 휴양림'이 떠들썩해집니다. 비로소 자연과 사람이 하나가 됩니다. 나이를 초월하고 지나온 세월도, 성별도, 삶의 철학도 초월하여 '생이 소리'가 숲 속에서 진정으로 빛을 내는 시간입니다.

순우네 편의점

이른 새벽부터 그녀는 바쁘다. 챙이 너른 밀짚모자를 눌러 쓴 그녀의 뒷모습은 평온해 보인다. 긴 소매 흰 남방을 입고 흰 장갑을 낀 손으로 연신 가위질과 호미질을 해댄다. 꽃을 밥보다 더 좋아하는 그녀, 앞 뒤 마당을 오가며 손발이 쉴 틈 없이 분주하다. 봄에서 여름으로 가는 길목, 그녀는 제일 바쁘다. 가만히 보니 몸이 살짝 불편해 보인다. 10여 년 전 대전에서 살던 그녀는 뇌졸중으로 쓰러져 한쪽 손과 발에 마비가 왔다. 축 늘어진 손발의 쇼크로 누워만 있던 그녀는 우울증까지 와서 한때는 불손한 생각까지도 서슴지 않았다. 자존심 강한 그녀는 흉한 자신의 모습을 주변에 보이기 싫었다. 미련 없이 육지를 훌훌 털고 제주 섬나라에 안착했다. 남편은 밤새 굳어버린 아내의 팔다리를 아침마다 30분씩 정성으로 주물렀다. 근처에 사는 큰딸이 일주일에 몇 번씩 찾아와 엄마와 말동무도 되어주고 운동 친구도 되어주고 가끔은 외식과 드라이브로 기분전환을 시켜줬다. '순우'는 노인의 손녀로 큰딸의 고등학교 다니는 손녀딸 이름이었다. 어느 날부터인가 조금씩 손과 발이 움직이기 시작하자 잠시도 쉬지 않고 꼼지락거리며 일거리를 찾았다. 싱싱하게 살아있는 꽃들이 사계절 피고 지고 변화하는 것들을 눈으로 직접 목격하며 삶의 애착을 갖기 시작했다. 그녀의 꽃밭에는 온갖 종류의 꽃들이 오색 빛을 뽐내며 계절마다 재롱잔치를 벌인다. 제라늄, 백일홍, 천일홍, 데이지, 소국, 채송화, 도라지, 나리, 수국, 미니 해바라기……. 덕분에 길가에 있는 그녀 집 정원은 늘 정갈하고 예뻐서 오가는 이들의 시선을 빼앗는다.

제주시 중산간 도로 '만장굴' 가는 길목에 세대수 100호 정도 작은 마을이 있다. 마을 언저리 도로변에 예쁜 정원의 집과 조그만 구멍가게가 하나 있다. 일 년 열두 달 문을 여는 이 가게 이름이 '순우네 편의점'이다. 그녀의 남편이 호구지책으로 운영하는 가게이다. 가게 일은 물론이고 아내의 뒷수발과 집안 대소사며 온통 궂은 일 도맡아 하는 이 집안의 가장이자 일꾼인 셈이다. 시골 외곽에 있는 작은 가게라 썩 잘 되지는 않지만 하루도 쉬지 않고 새벽부터 문을 연다. 주변 농장에서 일하는 사람들이나 지나가는 관광객들 대상으로 담배, 음료, 물, 간단한 과자류를 판매한다. 말이 편이점이지 사실 파는 물건의 종류는 다 해야 이삼십여 가지 정도다. 흔한 카드 단말기도 없이 현금 결제만 취급한다. 요즘 사람들 대부분이 현금 없이 카드를 선호하다 보니 도로 나가는 사람이 다반사다. 부지런한 노인은 주변에 허투루 놀리는 조그만 땅이 보이면 틈틈이 밭을 일구어 직접 온갖 채소 과일들을 생산해서 자급자족한다. 그는 젊은 시절 육지에서 잘 나가던 건축업자였단다. 부지런하고 힘이 세서 돈도 잘 벌었단다. 적어도 아내가 쓰러지기 전까지는 남들이 부러워하던 가정이었다.

편의점 앞에 커다란 통나무 입간판 하나가 서있다. 삐뚤빼뚤한 컬러 글씨로 '스쿠터 대여' 라고 쓰여 있다. 제주도 특성상 나무가 많은 도로를 젊은 친구나 외국인들이 서핑 하듯이 즐기는 문화가 있다. 하루에 일정 금액을 내고 스쿠터를 빌려 제주의 풍광을 온몸으로 맞으며 질주를 즐긴다. 편의점 아들이 가게 한쪽에 스쿠터를 진열해놓고 대여를 한다. 작은 체구에 다리가 불편한 아들이 취미 삼아 약간의 경제활동을 하는 거였다. 집과 가게 사이에 파라솔과 테이블 의자를 펼쳐 놓았다. 그 그늘 아래 편의점 손님도 쉬어가고 지나가는 이웃들도 모여앉아 도란도란 이야기꽃을 피운다. 풀벌레 우는 불볕 같은 여름날, 이른바 마을 정자 앞에 모여든 사람들처럼 부채질하며 끝없이 대화가 이어진다.

"허허 참, 저것들 데리고 살라니께 힘들어 죽것어. 내가 죽으면 이것들 워찌 살껴?"

어느 날 화가 잔뜩 난 노인이 동네 사람까지 다 들리게 큰소리로 떠들고 있었다. 아내는 수족이 불편하여 모든 것을 곁에서 보조해 주어야 하는 형편이고, 하나밖에 없는 아들은 어려서부터 소아마비로 한쪽 다리를 절었다. 사람 노릇 못 할 줄 알았는데 그래도 성격이 워낙 낙천적이라 다행이었다. 40이 넘어서 서울 여자와 결혼도 하고 늦깎이 딸까지 낳았다. 하지만 며느리 직장이 서울이라 이중생활을 했다. 아이와 떨어져 제주와 서울을 오가며 힘들게 살아가는 아들이 안타까웠다. 어려서부터 아들에게 다가올 생이 안쓰러워 뭐든 부모가 해줘 버릇한 것들이 올무가 되었다. 절뚝거리며 걸어 다니는 아내와 아들을 바라보면 가슴이 미어져 눈을 감을 수가 없었다. 노인은 고혈압과 당뇨병으로 건강이 온전한 상태도 아니었다. 80이 가깝도록 경제활동은 물론이고, 가사일 하나에서부터 열까지 노인의 손길이 거치지 않으면 일이 되질 않았다. 하다 하다 지치면 한숨 쉬듯 내뱉는 소리가 그것이었다.

상식적인 기준으로 겉모습만 본다면 '순우네 편의점'은 불편한 사람들이 사는 곳, 그래서 행복하지 않아 보였다. 70대 중반 중풍병자 아내와 다리가 불편한 홀아비 같은 나약한 아들과 그들을 보필하는 팔순노인의 삶. 하지만 그들의 표정은 자주 웃고 떠들고 밝아 보였다. 아들은 건강하진 않아도 노부모 곁을 지키려 애썼다. 아내는 절뚝거리고 비틀거리지만 남편 곁에서 손수 밥 해주고 살림하며 노년의 시간을 소욕지족(所欲知足) 함께 할 수 있다는 것만으로도 만족해했다. 노인 또한 그들의 필요를 묵묵히 챙기며 다 빠진 이를 활짝 드러내며 순박한 미소를 짓는다. 편의점 가족들은 매일 해맑은 표정들을 햇살처럼 쏟아낸다.

플라톤이 말하는 행복의 다섯 가지 조건은 부족한 재산, 부족한 외모, 부족한 명예, 부족한 체력, 부족한 말솜씨라는데……. 결국 부족함, 결핍이 행복의 조건이란다. 결핍이 결코 행복의 조건일 수는 없으리라.

그것들을 조율하여 상대의 아픔을 이타적인 사랑으로 채우는 과정이 행복으로 가는 길이라고 말하는 것이리라. 편의점 가족들이 그 필요요건을 갖춰서 행복한 것이 아니라 서로의 불편한 부분들을 사랑으로 보듬는 가족애가 있기에 행복해 보였던 것이 아닐까. 각자에게 주어진 운명을 그대로 인정하고 자기 삶에 적용하는 것이 관건이었을 게다. 결국 그들은 주어진 삶 속에서 '긍정적 수용'이라는 마인드를 택했다.

그들 집과 마주한 우리 집, 붉게 노을 지는 서쪽 하늘 밑, 열어젖힌 창문 너머로 그들의 달뜬 웃음소리가 바람결에 살랑살랑 들려온다. 바람이 내게 묻는다.

"너는 사소한 것에 일희일비(一喜一悲)하느라 정말 소중한 것들을 놓치지는 않았니?" "네 결핍만 채우려는 욕심에 더 큰 것을 잃고 악순환을 거듭하지는 않았니?"

곶자왈 숲의 숨은 이야기

제주시 조천읍 선흘리 중산간, 내가 사는 이 동네에는 '동백동산' 곶자왈이 있다. 곶자왈은 제주 방언으로 화산지대 우묵한 바위에 늪 형태의 연못과 덩굴식물들이 자연적으로 숲을 이루고 있는 곳을 일컫는다. 희귀 동·식물 종류도 다양하고 수백 년은 됨직한 나무들이 울창하게 하늘을 가려 숲 터널을 만들었다. 어디선가 타잔이 덩굴을 타고 날아올 것 같다. 그 터널을 걷고 있노라면 가슴이 뻥 뚫리고 호흡이 잔잔해져서 초록 세상을 날고 있는 환상을 본다.

지리적 특성상 제주는 역사적으로 외세의 침입과 난세를 수없이 겪었다. 이름처럼 처음엔 동백나무가 주종을 이루었으나 생사의 기로에서 주민들은 숯을 구워 내다 팔아 삶을 연명했다. 지금도 숲속에는 여기저기 숯가마 터가 있다. 세계에서 보기 드문 희귀한 생태계로 세계자연유산으로 등재된 '한라산' '거문오름' '성산 일출봉'과 맥락을 같이 한다. 긴 세월을 우직하게 버티고 견뎌온 숲이 후손들에게 귀한 유산이 되고 있다. 동백 곶자왈 숲은 마을 사람들이 오래전부터 부르는 지명이다. 세계 람사르 협회가 생태습지로서의 중요성을 인정받아 지정, 등록 보호하는 습지를 람사르 습지라 일컫는다. 제주에는 4개의 람사르 습지가 있다. 동백동산이 있는 '선흘곶 람사르 습지'는 2011년 지정되었다. 이곳에는 세계에서 유일하게 열대 북방계 식물과 남방한계 식물이 공존한다. 살아있는 천연의 생태계이다.

오늘도 그 숲길을 천천히 산책하다가 도틀굴 앞에 섰다. 그곳은 제주 사람이라면 한동안 금언처럼 여기던 4·3사건의 흔적이 고스란히 남아 있는 동굴이다. 혼란한 시기에 군인과 경찰 그 누구도 믿을 수 없는 마을 사람들은 목숨을 부지하기 위해 동굴로 숨어 들어갔다. 이곳에서도 10여 명이 학살을 당했다. 중산간 지역 어디를 가나 그 흔적들은 즐비하다. 참, 다루기도 조심스러운 4·3사건! 제주에 살면서 비로소 새롭고 진지하게 알게 된 사건이다. 일제 강점기를 막 벗어나 시국이 어수선할 때에 이념과 정권의 아귀 다툼이 낳은 민간인 대량 학살사건. 당시 제주 인구의 십분의 일 가량이 학살된 어마어마한 사건이었다. 주민들은 이유도 모르고 무작정 끌려가 총살당하거나 교도소에서 장기 징역살이를 했다. 유가족들은 그 억울함을 호소하며 재심 판결과 보상 문제로 제주 언론은 늘 시끄럽다.

얼마 전 제주시 구좌읍에 있는 다랑쉬 오름에 다녀왔다. 다랑쉬는 높은 봉우리라는 뜻이고, 오름은 산이라고 하기에는 약간 부족한 작은 언덕 같은 기생화산을 뜻하는 제주 방언이다. 제주도에는 이러한 크고 작은 오름이 368개 있다. 다랑쉬 오름은 한라산 지형을 축소한 모양의 화산 지대이다. 정상에 오르면 움푹 패인 곳에 습지가 있고 온갖 습지 생물들이 서식하고 있다. 그 둘레를 한 바퀴 돌아 내려와 다시 아래 둘레를 돌다 보면 그곳 역시 4·3사건 학살이 있었던 다랑쉬 굴이 있다. 동쪽 해발 170m에 위치해 있고 한 사람이 겨우 들락거릴 정도의 60cm의 동굴 입구가 있다. 야만적인 토벌대를 피해 깜깜한 굴속으로 숨어든 주민들을 입구에 불을 질러 질식사로 죽였다 한다. 그 입구에 서 있으려니 그들의 비명소리가 들리는 듯 가슴이 먹먹해졌다.
중산간 곶자왈 숲이나 동굴로 쫓기듯 숨어들어간 민중들은 살아남기 위해 못할 게 없었다. 서로가 서로를 고발하고 초근목피로 목숨을 연명하던 시절이었다. 땔감이나 숯 용도로 베어낸 숲은 나날이 황폐해져갔다. 그 자리는 다른 습지 식물들이 저절로 자리를 잡아 숲을 이루었다. 갓난아기를 업고 땅굴로 숨어 들어가 아기의 울음소리에 다른 일행 모두가 잡힐까봐 아기 입을 틀어막기도 했다. 한 마을에 남자들이 거의 떼죽음을 당해 아낙들이 유난히 많은 해안가 마을도 있다. 제주는 돌, 바람, 여자가 많아서 삼다도라더니 그런 이유도 한몫을 했으리라. 중산간 마을 입구마다 학교 마당에도 동네 곳곳에 추념비가 장식처럼 즐비하게 자리 잡고 있다. 조상 제삿날은 마을 대부분의 제삿날이 되었다. 지금도 중산간 마을 곳곳에 가해자의 가족과 피해자의 후손들이 버젓

이 이웃을 이루고 살아간다. 속으로는 원수처럼 서로 욕을 하면서도 묵묵히 살아가고 있다. 그 누구를 탓하랴, 무고하고 험난한 시절에 태어난 세월 탓이려니 하면서….

동백 숲을 걷고 있노라면 그분들의 억울한 혼령들이 바람을 타고 울음소리를 내는 듯하다. '먼물깍'이라 부르는 늪에 서서 잠시 역사의 희생자인 그분들을 생각해 본다. 먼 물가라는 의미의 연못이다. 화산지인 제주 특성상 물이 다 빠져버리는 건천이 대부분이다. 물이 귀하던 시설 동네 주민들은 물론, 숲속의 새들과 동식물들이 이곳에서 목을 축이고 쉬어가는 곳이다. 나무, 돌, 바람, 햇볕, 이끼와 덩굴들, 굽이굽이 자락마다 역사의 아픔을 뒤로한 채 선흘곶 람사르 습지는 한 겨울 폭설 속에서도 여전히 처연하게 아름답기만 하다.

시간이 만들어 주는 귀한 것. 이끼, 숲, 생태계, 신뢰, 역사…. 단순한 아름다움을 넘어 깊은 침묵과 함께 민중의 아픈 이야기가 깃들어 있다.

적당한 거리

동네 장이 선다기에 오일장에 다녀왔다. 5일마다 서는 장이라 오일장이다. 내가 사는 함덕 장날은 1일과 6일 장이 선다. 그러니까 11일, 16일, 21일, 26일에 장이 서는 것이다. 시골 장날은 특별히 필요한 물건이 있어서이기도 하지만 사람 구경도 하고 군것질도 하고 계절에 따른 새 상품 구경도 하고 새로운 정보도 얻는다. 국밥이나 국수 한 그릇에 배가 빵빵해지고 기분도 한층 상승되어 이것저것 구입한 봉투를 들고 집으로 향한다.

모종 파는 집 앞에서 한참을 서성이다가 몇 종류를 사서 집 앞 텃밭에 심기로 했다. 고추, 상추, 가지, 깻잎, 호박…….

땅을 고르고 골을 파내어 정성스레 모종을 심었다. 모든 밭작물은 주인의 발자국 소리를 들으며 성장한다고 그랬던가. 아침 저녁으로 텃밭을 돌아보며 가꾸기에 여념이 없었다. 이웃 어른의 조언을 얻어 거름도 주고 잡초도 뽑아주었다. 조금씩 자라면서 따먹는 재미가 쏠쏠했다. 몸집이 점점 커지면서 자리가 비좁아 서로가 살을 비비며 성장을 멈추고 열매도 덜 열리었다. 중간중간 솎아내니 그제야 숨 쉬듯 다시 가지를 뻗고 열매를 내놨다.

'그래 너희들에게도 적당한 거리가 필요했겠구나!'

모든 사물에는 적당한 거리가 필요하겠지. 건물과 건물 사이, 인간과 인간 사이, 하다못해 야생동물들도 자신들의 영역을 위해 목숨 바쳐 거리를 유지한다.

제주로 이주를 하면서 가장 마음 쓰였던 부분이 같은 필지를 나누어 언니와 나란히 집을 짓는 일이었다. 최대한 피하려 했지만 운명처럼 그 땅을 사게 되고 집까지 짓게 되었다. 가장 좋을 것 같은 조건들이 오히려 가장 어려운 환경을 만들지는 않을까 하는 염려를 금기처럼 묻었다. 모두들 말리는데 그래도 씩씩하게 잘 견딜 수 있을 거라 자신했다. 자매들끼리는 분쟁의 소지를 줄여가며 살 수 있지만 옆구리에 혹(?) 하나씩 끼고 있는 터라 많이 망설였던 것이 사실이었다. 그것도 각자 성격이 달라도 너무 다른 두 동서가 과연 잘 적응하며 살 수 있을까를 염려했다. 언니가 먼저 집을 지었다. 그 집에 우리 부부가 함께 머물며 우리 집을 짓기로 했다. 준공이 떨어지기 전 대충 들어가 살만하다고 생각하고 이사를 강행했다. 사건은 그때부터 이어지기 시작했다. 여기까지 오면서 섭섭했던 것들이 각자의 입을 통해 쏟아지기 시작했다. 작은 분쟁의 소지가 점점 확대 해석이 되고 마음이 상해지기 시작했다. 서로의 감정에 걷잡을 수 없이 휘발유를 붓듯 타오르기 시작했다. 급기야는 공사까지 중단이 되고 서로 삭막한 분위기가 되고 말았다.

지척에서 보지 말아야 할 것들을 바라보고, 듣지 말아야 할 말을 들으며 견뎌야 하는 아픔이 덤으로 쫓아왔다. 칼릴 지브란이 읊조린 시가 한 줄 한 줄 살아서 내 마음에 꽂혔다. 문장이 걸어 나와 공허한 메아리 되어 내 가슴을 후볐다.

칼릴 지브란 〈함께 있으되 거리를 두라〉

함께 있되 거리를 두라 그래서 하늘 바람이 너희 사이에서 춤추게 하라
서로 사랑하라 그러나 사랑으로 구속하지는 말라
그보다 너희 혼과 혼의 두 언덕 사이에 출렁이는 바다를 놓아두라
서로의 잔을 채워 주되 한쪽의 잔만을 마시지 말라
서로의 빵을 주되 한쪽의 빵만을 먹지 말라
함께 노래하고 춤추며 즐거워하되 서로는 혼자 있게 하라
마치 현악기의 줄들이 하나의 음악을 울릴지라도 줄은 서로 혼자이듯이
서로 가슴을 주라 그러나 서로의 가슴속에 묶어 두지는 말라
오직 큰 생명의 손길만이 너희의 가슴을 간직할 수 있다
함께 서 있으라 그러나 너무 가까이 서 있지는 말라
사원의 기둥들도 서로 떨어져 있고 참나무와 삼나무는 서로의 그늘 속에선 자랄 수 없다.

피한다고 피해지지 않는 것이 운명이겠지만 적당한 거리에 서로가 존재했더라면 좋았을 것을…. '덜 보고, 덜 아파하고, 덜 미안해하며 살아

갈 수 있었을 것을' 하는 뒤늦은 후회가 앞선다. 가깝고 절친한 사이일수록 거리는 더욱 필요하리라. 꼭 물리적인 거리뿐 아니라 정신적인 거리까지 포함해서 말이다. 긴 호흡을 하고 조금은 뒤를 돌아볼 정도의 거리, 바람이 휘돌아쳐 한 박자 속도가 느려지고 통풍이 될 만한 거리, 오후의 그림자가 서로에게 밟히지 않을 정도의 거리, 삶의 비린내가 풍겨 와도 부끄러움이 가려질 만큼의 거리, 거친 파도가 밀려와도 휩쓸려가지 않을 만큼의 거리…….

지천명을 건너가는 길이 갈수록 녹녹치 않다는 것을 느끼는 요즘이다. 그저 오늘 내게 다가오는 시간들을 잘 추스르고 견뎌내고 감당해야만 하리라. 다만, 얼마간의 시간이 흐른 후 아팠던 상처에서 새 살이 돋아나 전보다 더 튼실해지기를 기도해본다.

이 또한 지나가리니…….

핸섬 그랜드 파파

제주시 구좌읍 비자숲길 62번지에 있는 비자림에는 '핸섬 그랜드 파파'가 산다. 그는 주변에 셀 수 없는 많은 자손을 두고 있으며 엄청난 영향력으로 사람들의 발길을 끌어들이고 있다. 내가 그를 방문하던 날 오후는 섭씨 34도의 기온이 웃돌던 7월의 따가운 햇볕이 열기를 뿜어내고 있었다. 이상기온으로 고온인네도 불구하고 많은 이들의 발길이 그를 보러 끊임없이 이어지고 있었다. 숲길로 들어서자 서늘한 기운이 온몸을 감쌌다. 숲 안과 밖의 실감 온도 차가 5도는 너끈히 되었다. 은은한 비자나무향이 머리를 상쾌하게 했다. 하늘을 빼곡히 덮은 비자 가지들이 숲길을 더욱 은밀하고 고즈넉하게 만들었다. 발밑은 송이석이 깔려 있어서 마치 붉은 카펫 위를 걷고 있는 듯했다.

남녀노소 가릴 것 없이 앞다투어 걷고 있었다. 노닥노닥 거니는 사람도 있었고 바쁘게 그를 향해 걷는 사람도 있었다. 병색이 완연하고 나이가 많은 노인들도 휠체어에 몸을 의지한 채 무념무상으로 숲길을 가고 있었다. 마음은 그를 빨리 보고 싶었지만 숲길에 매료되어 나도 모르게 아끼듯 천천히 서성거렸다.

숲길 중간쯤 이르자 그의 울타리가 보였다. 많은 사람들이 집 주변에서 서성거리고 있었다. 곧이어 거대한 몸체에 하늘을 찌를 듯 당당하고 기세가 우람한 풍채가 드러났다. 주변을 압도했다. 나이가 900년이 다된 모습은 잘 생기고 인자한 할아버지 그대로였다. 키는 15m가 넘고 가슴 둘레도 6m 이상이며 주변이 반들반들 윤기가 흐르고 잘 뻗은 가지들이 거대한 그늘을 만들어 주변에 많은 이들의 땀방울을 식혀주고 있었다.

2000년도에 산림청의 조사에 의하면 830~900살 정도로 예상하고 있다고 한다. 지금도 계속 키와 몸통이 성장하고 있다고 한다. 몇백 년이 흐르며 수많은 고난의 시간들과 히스토리를 묵묵히 간직한 채 굳세게 자신을 지켜왔다. 주변의 오래된 비자나무들이 풍파에 잘리고 꺾이고 산불에 태워 사라지고 때론 장기판 재료로, 가구용 목재로 재물이 되어 갈 때도 무사히 버텨낸 격전의 용사였다.

최근 들어 비자림의 효과가 알려지면서 숲을 잘 지켜온 역사에 대한 예의로 그를 사랑하는 사람들에 의해 그의 이름이 만들어졌다. 숲 해설가들과 비자림을 자주 찾는 사람들이 딱 그와 어울리는 '핸섬 그랜드 파파'로 명명해서 부르기로 했다. 물론 그 주변엔 '터프가이 그랜드 파파' 도 있다. 말 그대로 잘 생기고 멋진 할아버지와 울퉁불퉁 거친 할아버지가 머물고 있는 비자림은 500~800년생 비자나무 2,800여 그루가 밀집해 있고 천연기념물 제374호로 지정되어 있으며 세계적으로도 보기 드문 비자나무 밀집 지역이다.

삼국시대를 거쳐 고려시대, 조선시대를 지나치며 수많은 난관과 고초들이 섬사람들을 폐쇄 격리시켰다. 섬이라는 특수한 지리적 위치를 활용하여 본국에서는 죄인들의 귀양과 감금을 자행해왔다. 그런 와중에도 힘없고 순박한 섬사람들은 비자 열매를 임금님께 진상하기 위해 숲을 열심히 다듬고 관리하였다. 척박한 땅에서 그들만의 방식으로 나라님을 섬기던 모습이 세월이 흘러 큰 숲을 이루었다. 그 노고가 현시대에 와서 빛을 본다 하겠다.

〈동의보감〉에 비자나무 열매는 '눈을 밝게 하고 양기를 돋운다' 하여 강장, 장수를 위한 비약(祕藥)이라 하였다. 콜레스테롤 제거 효과와 고혈압 예방, 요통, 빈뇨 예방에 좋다 하여 예로부터 줄곧 약재로 쓰이고 있다. 이 밖에도 여러 가지 기능으로 사람들의 사랑을 받고 있다. 특히 비자나무로 만든 바둑판은 시중에서 보기 힘들 만큼 고가로 판매되고 있다. 또한 고급 가구나 장식재 등으로도 쓰이는 귀중한 재료이다. 그 무엇보다도 숲이 주는 효과는 이루 다 말로 형용할 수 없는 치유의 기능을 발휘한다.

새벽부터 저녁까지 끊이지 않는 관광객들의 발길이 말해주듯 숲에 들어서는 순간, 머리가 맑아지고 코가 '펑' 뚫리며 기분이 상쾌해졌다. 새벽녘 물안개 내린 비자숲길은 장관이다. 은은한 비자 향과 더불어 물안개 젖은 숲길을 걷노라면 이게 바로 무릉도원이 아니겠는가. 한 그루의 나무가 숲이 되고 그 숲이 또 다른 수많은 동식물들의 서식지가 되고 살아있는 생태계를 만들며 인간인 우리는 그곳에서 쉼을 얻는다. 사람들이 모이는 곳에는 이유가 있다. 오라고 소리 지르고 과대광고 하지 않아도 저절로 발길이 머문다. 소리 소문없이 일파만파 출렁인다. 현시대는 인위적인 것을 탈피하여 자연과 인간이 하나가 되는 곳에 많은 이들의 발길이 머문다. 콘크리트와 플라스틱 공해 ,그리고 가공적인 것들에 넌덜머리가 난 현대인들이 가고 싶고, 쉬고 싶고, 머물고 싶은 곳. 그것은 하루아침에 이루어진 것들이 아니었다. 결국 사람이 만들어 놓은 편한 것들의 덫에서 벗어나 사람이 쉴 수 있는 곳은 대자연의 품속이었다. 조용히 주변의 소리에 귀 기울이고 묵묵히 품어주는 900살이 다된 '핸섬 그랜드 파파'의 그늘 밑 같은 곳 말이다.

(2016. 10 〈한국산문〉)

앗싸! 춤바람

화요일 오후쯤이면 가슴이 두근두근 설렌다. 애써 무관심한 척 콧소리에 살짝 애교까지 곁들여 이른 저녁을 차려 놓고 집을 나선다. 집을 나서면 꾹 눌러 놓았던 발걸음이 공중을 난다. 초저녁 노을이 지고 있는 서쪽 하늘이 붉게 타고 있다. 건너편 길가에 이름 모를 노란 들꽃이 아른아른 춤을 춘다. 한 손에 댄스화를 넣은 신주머니를 흔들거리며 지난번에 배운 동작을 홀로 연습하며 마을길을 겅중겅중 투스텝을 밟아본다. 누군가 뒤쪽에서 부르는 소리가 난다. 아니 저 앞쪽에서도 나를 흘깃 바라보며 손짓한다. 다들 손에 신주머니 하나씩 달랑 들고 화들짝 웃는다. 하하 호호 떠들며 걸어서 3분 거리 마을 체육관으로 향한다.

매주 화요일 저녁 7시가 되면 시골 마을이 시끌시끌해진다. 마을 사람 친목 도모 겸 보건 건강 차원에서 국가에서 지원하는 운동시간이다. 강사가 신바람 나는 음악을 틀어 놓고 동작 하나하나를 가르친다. 10명~15명 정도 인원이 모여서 춤을 춘다. 라인댄스 시간이다. 앞으로 갔다 뒤로 갔다, 옆으로 돌고 뒤로 돌고, 원스텝 투스텝 바쁘게 눈동자가 돌아간다. 덩달아 몸도 마음도 바쁘다. 조용한 시골 마을에 이른바 공공연한 춤바람이 불어온다.

70이 가까운 언니들과(무조건 언니라 불러야 좋아한다.) 30대가 어울려 춤을 춘다. 같은 동작을 여러 번 반복하여 가르쳐도 잘 안 되는 언니도 있다. 젊은 세대는 역시 빠르게 동작을 익혀서 리듬에 몸을 맡긴다. 중간 세대인 나는 순서를 익히면 동작이 안 되고 동작을 익히면 순서를 까먹곤 했다. 몇 주가 흐르면서 스트레스 받아 안 나오는 사람도 있지만 젊은 세대는 하나둘 느는 추세다. 답답했던 동작이 시간이 흐르면서 유연해지기 시작했다. 익숙해질 무렵이면 여지없이 강사는 다른 음악으로 바꾸면서 춤도 바뀐다. 한 시간 남짓 초집중 상태로 춤을 추다 보면 머리끝에서부터 흐르는 땀방울이 등줄기를 타고 다리까지 주르르 흐른다. 어느 순간부터는 틀리는 것에 개의치 않고 후끈 달아오른 열기를 즐기게 되었다. 음악이 끝나면 다들 아쉬워했다. 조금 더 흔들고 싶다는 생각을 모두들 하는 것 같았다. 힘이 들고 나른하지만 온몸이 개운했다.

강사가 가고 난 후 작당을 했다. 다른 요일 하루를 잡아 다시 모여 운동 삼아 연습하자고……. 모두들 좋아라! 했다. 보건소장이 대장인 단체 카톡 방에 약속한 그 날 공지가 떴다. '오늘 저녁 7시 라인댄스 연습

합시다.' 모두들 '네, 넵, 옛 썰…….' 등등 다양한 답 글이 올라왔다. 진짜 그 시간이 되자 오히려 정규시간보다 더 많은 인원들이 나와 체육관이 떠들썩했다. 젊은 엄마 한 사람이 앞에 나와 리드를 하고 순서를 구령 붙여가며 가르쳤다. 조금 지나자 일사불란하게 라인을 맞추어가며 춤을 췄다. "앗싸!" 누군가 뒤에서 소리 질렀다. 순서와 동작이 헛갈려 스텝이 엉키던 왕언니가 이제 비로소 잘 되었다는 신호였다. 모두들 내 일처럼 기뻐서 박장대소하며 축하해주었다.

선흘리는 본토 사람과 육지 사람이 자연스럽게 섞여 산다. 선흘은 '착한 기상이 높게 뻗어나가라'는 뜻이다. 태풍과 해일이 잦은 바닷가는 바라보고 관광하기는 좋은데 사람이 살기에는 불편한 것이 많다. 선흘은 해안가를 벗어나 자동차로 10분쯤 되는 중산간 지역으로, 살짝 분지처럼 움푹 들어가 있다. 바람 많은 제주에 천연으로 바람막이가 되어 살기 좋은 환경이다. 하여 나날이 이주민들이 늘고 있는 실정이다. 타운 하우스와 전원주택들이 갈수록 생겨나고 마을 분교 초등학교에도 아이들의 웃음소리가 커지고 있다. 본토 사람과 객지 사람들이 함께 어울려 정보를 교환하고 일상을 나눈다. 마을 이름처럼 선한 사람들이 모인 곳이다.

전원생활 처음은 정원 가꾸고 자연을 즐기고 누구의 간섭도 받지 않고 자유롭게 살고 싶어 한다. 그게 반복되는 일상이 되다 보면 어느 순간 단조로움에 일탈의 필요성을 느낀다. 사람들은 개체에서 방전되면 여럿이 어울리며 일상의 충전을 한다. 더러는 그 반대로 단체에서 피로

감을 느껴 개체로 돌아가기도 한다. 그렇게 삶은 돌고 도는 것이리라. 우리나라 어느 지역을 막론하고 경제 수준이나 문화 수준이 높아져서 여가 시간이 많이 생겼다. 대부분 취미생활이나 봉사활동을 하고 싶어 했다. 그런 욕구들을 적당히 해결하는 차원에서 국가는 지방자치단체에게 많은 혜택을 주고 있다. 잘 알아보고 찾아보면 무료로 제공되는 혜택이 많다. 그것을 찾아서 잘 받아먹는 것은 개개인 각자의 몫이리라.

보건소장의 봉사로 선흘리 마을에 춤바람이 확산되고 있다. 적어도 춤을 추고 있는 동안 우리는 아줌마가 아니라 댄서다. 무아지경 춤을 춘다. 사랑도, 노래도, 일을 하는 것도, 오늘을 살아가는 것도 그 누가 아닌 내 자아가 만드는 것. 알프레디 디 수자가 노래했듯이…….

춤추라, 아무도 바라보고 있지 않는 것처럼
사랑하라, 아무도 사랑하지 않은 것처럼
노래하라, 아무도 듣지 않는 것처럼
일하라, 돈이 필요하지 않는 것처럼
살라, 오늘이 마지막 날인 것처럼

새벽길 단상

새벽 4시가 되면 저절로 눈이 떠진다. 알람은 4시 15분에 맞추어 놓았지만 4시쯤이면 어김없이 눈이 떠진다. 차로 15분 거리의 교회에 새벽 예배를 가기 위해서다. 부스스 자리를 털고 일어나 덜 깬 잠을 씻어내고 나갈 채비를 서두른다. 현관문을 나서면 몇 걸음 건너 고장난 가로등 불빛이 졸고 있다가 눈소리에 깜짝 놀라 번쩍 불빛을 비춰준다. 봄 가을엔 뭉글한 안개와 이슬이 상큼하게 나를 맞아주고, 여름날은 어스름 어둠 속에서 산들바람이 졸음을 깨워준다. 또 겨울엔 알싸한 찬바람이 냅다 두 볼을 후려치면 영락없이 잠은 달아나고 만다. 때로는 눈이 소복하게 쌓인 가로등 불빛 아래 도로 위를 바라보면 마치 저녁 잠자리 요를 깔아 놓은 듯 포근하고 따뜻하게 느껴져 눕고 싶은 유혹이 일기도 했다. 옆집 동갑네기 친구와 카풀을 하면서 이동한다. 캄캄한 시골길에

동무와 함께 찬양 CD를 들으며 말없이 어둠을 뚫고 달린다. 함덕 해변 자락 멀리 십자가 불빛이 반갑게 우리를 맞아준다. 예배당 안은 언제나 먼저와 계신 권사님, 장로님들이 앞자리에 앉아 있다. 5시, 귀한 말씀과 함께 줄줄이 이어지는 기도 제목들이 쏟아진다.

어느 새벽길, 그날따라 혼자 가는 길이었다. 그날은 부슬부슬 봄비가 내렸다. 게다가 안개까지 가득했다. 와이퍼를 흔들흔들 켜놓고 꼬불꼬불 시골길을 달렸다. 창가에 뿌옇게 안개가 끼어 답답했다. 시야는 좁아지고 안개등을 켰다가, 전조등을 켰다가 손이 바빴다. 비가 오니 창문을 열 수도 없고, 히터를 켜자니 답답했고 에어컨은 춥고 묘한 상황이 연출되었다. 아니나 다를까 사거리 교차로에서 추돌 사고가 났다. 앞에 경찰차와 견인차가 번쩍거리며 사이렌이 울리고 있었다. 새벽길 차가 없는 시간 방심하고 신호를 무시하며 고속 주행하던 트럭과 교차로를 건너려는 승용차가 충돌했다. 순간 미끄러지며 가로등을 넘어트려 지나가던 차까지 삼중 추돌 사고가 났다. 그 앞을 슬금슬금 지체하다가 경찰의 손 신호로 눈치를 보며 지나쳐왔다. 구급대원들이 찌그러진 승용차 문 사이로 이마에 피를 흘리고 있는 운전자를 끄집어내고 있었다. 심장이 두근두근거렸다. 창문을 살짝만 열었다가, 히터를 틀었다가 요동을 치며 15분 주행거리를 25분 만에 겨우 완주했다. 얼마 되지 않은 짧은 시간에도 삶은 요동을 쳤다. 살면서 황당한 일들이 수시로 우리의 발목을 사로잡는다. 손을 쓸 수 없는 무력한 상황들이 부지불식간에 우리를 점령하게 되는 순간들이 있다. 지나고 나면 별거 아닌 일들이 직면하는 순간에는 머리가 하얗게 되어 생각이 마비되어 버리곤 한다.

오늘따라 혼을 담은 기도가 이어진다. '깨어 있으라.' 어디선가 들리는 음성 따라 흔들리는 활자들이 춤을 춘다. 나는 누구인가? 너는 누구인가? 무엇을 위해 하루를 사는가? 왜 사는가? 지금 가장 힘든 갈등이 무엇 때문인가? 끊임없는 의문들이 나를 노크한다. 기도를 했는지 철학을 했는지 한 시간이 흘러가고 다시 집으로 향한다. 밖은 어둠을 뚫고 서서히 여명이 밝아오고 있다. 가끔은 해변가 편의점 간이 의자에 앉아 따끈한 커피 한 잔과 함께 해돋이를 바라보며 여유를 부려본다. 커피의 안주로 세상 속 우리들 수다도 한 접시 얹어 놓으며…….

새벽녘 하루의 시작을 뿌듯하게 채우고 돌아오는 발걸음이 가볍다. 벌써 해가 차창 유리를 뚫고 눈부시게 반짝였다.

언제부턴가 생활 패턴이 아침형이 되었다. 전에는 밤 늦게까지 영화를 보거나, 책을 보거나, 글을 쓰거나 늦게 자고 늦게 일어났었다. 새벽 기도를 다니면서 그 습관을 버리고 일찍 자고 일찍 일어나는 새 나라의 어른이 되었다. 처음엔 알람이 울리면 다시 눌러 버리고 자버리기도 했다. 차츰 습관이 들면서 몸이 시계가 되었다. 이상하게도 새벽기도가 없는 일요일과 월요일은 또 편안히 늦게까지 잠을 자기도 했다. 사람이 살아가는데 정신력이 참 중요한 것 같다. 마음 먹기에 따라 자신은 물론 주변을 살리기도 하고 죽이기도 한다.

내게 지금은 인생의 새벽을 지나 오후쯤인 어설픈 퇴직 후의 시간이다. 요즘 들어 부쩍 사색하는 시간이 많아졌다. 바빴던 청년기를 벗어나 중년을 걸쳐 후딱 지나가 버린 지난날들이 하루처럼 느껴졌다. 과연 잘 살아왔는지 겹겹이 여러 결의 생각의 꼬리가 문득문득 멍하게 만든다. 젊은 날, 모든 순간이 처음 접해보는 상황이라 무모하고 씩씩했다. 낯설고 어설프고 익숙하지 않은 몸놀림으로 순간순간 다가오는 날들을 맞이했었다.

아이가 성장하여 결혼과 더불어 어른이 되고 불쑥 부모가 되고 그 자녀가 성장하여 또 출가를 한다. 이어서 하나둘 양가 부모님들이 세상을 달리하고……. 인생의 순환기를 매번 처음 맞으며, 매번 당황하면서 서서히 노을빛으로 익어갔다. 그렇게 삶은 새벽 어스름 빛에서 시작하여 다시 칠흑 같은 어둠의 밤 속으로 달려간다. 하루의 순환과 인생의 순환이 어쩜 이리 닮았는지. 어쩌면 그 어둠이, 휴식의 시간이며 잠의 시간이라 생각하면 이젠 차라리 편안해진다. 내일은 또 다른 새벽이 다시 올 테니까. 또 이대로 밤이 지속된대도 아쉬울 것은 없으리라. 뜨겁게 삶을 사랑했고 새벽을 열어 지금까지 달려왔으니까.

허물벗기

현관 앞 돌담 옆에 30~40cm 정도의 길쭉하고 검은 물체가 볕에 말라 비틀어져 있다. 자세히 들여다보니 뱀이 허물을 벗고 달아난 것이다. '움찔' 소름이 돋았다. 바위 어느 틈엔가 몸집이 더 커진 그 녀석이 숨어서 혀를 널름거리며 나를 노려다 보고 있을 것만 같았다. 뱀은 1년에 두 번 이상 허물을 벗는다. 자신의 몸십이 커지면 다른 옷을 갈아입듯이 껍질을 벗어 몸집을 키운다. 거칠거칠한 바위가 그들의 작아진 옷을 벗는 데는 안성맞춤인 격이다. 문득 뱀의 허물을 우두커니 바라보면서, 삶의 껍질을 통째로 벗고 지금의 상황을 벗어나고 싶다는 생각을 했다.

제주로 이사를 했다. 물론 언니가 있어서 제주로 방향을 틀었고, 작은 아들이 제주에서 취업하고 있어서 쉽게 결론을 내렸다. 우연찮게 한 필지의 땅을 언니와 반으로 나누게 되었다. 언니가 먼저 반 필지에 집을 지어 입주하며 나머지 반 필지에 내가 오기를 바랐다. 평소 나는 '절친한 사람일수록 너무 가까이서 살지 않는 게 좋다'는 지론이었다. 나는 내 원칙대로 "그 땅으로는 가지 않겠다"고 의사 표현을 했다. 가까운 사이일수록 조금쯤 거리를 두어 서로를 그리워하며 살고 싶었다. 가까이 있으면서 알게 모르게 서로에게 비린내를 풍기는 인간을 더러 목격했다. 하여 나는 계속 다른 곳으로 눈을 돌려 땅을 보고 집을 보러 다녔다. 우리가 물건이 맘에 들어 결정지으려 하면 그다음 날 문제가 생겨 계약을 못 하게 되는 경우가 몇 번인가 지속되었다. 다시 서울로 돌아갈까? 하는 생각까지 들 무렵 무엇에 홀렸는지 묘한 상황이 전개되었다. 어느 결에 우리는 언니 집 옆 땅을 계약하고 집을 짓고 있었다. 7남매 중에 가장 친한 사이였고 두 살 터울 바로 위아래로 국경을 넘어서도 평생 붙어 다니다시피한 자매 사이였다. 평소 배짱이 두둑한 언니와 마음 밭이 넓은 형부를 믿었다.

'별일이야 있겠어? 더군다나 형부는 목사님이신데….'

집을 짓는 과정에서 건축가와 건축 문제로 언쟁이 붙었다. 건축가를 소개한 형부가 이쪽저쪽 의견 수렴을 하다가 동서지간에 트러블이 생기고, 남편들의 입씨름에 마침내는 언니와 나에게까지 불똥이 튀어 아귀다툼이 되고 말았다.

처음 꿈은 이랬다. 350평 땅에 담장 없이 필지 끝과 끝에 집을 짓고, 가운데는 정원과 텃밭을 공유하기로 했다. 길가 쪽 입구에는 카페를 하기로 했다. 일요일은 그곳에서 예배도 보고 예배자들과 담소 나누며 꽃

같은 하루들이 우리들의 노후에 마련되기를 꿈꿨다. 모든 것은 신기루였다. 집 문제뿐만 아니라 인간 관계까지 모든 것이 물거품이 되고 말았다. 심장에 저릿한 통증이 밀려왔다. 본래 가장 가까운 사람들과 상처를 주고받는다더니, 이 무슨 운명의 장난인지…. 하기야, 예수도 자기 마을에서는 배척을 받았고, 다윗도 왕권을 지키기 위해 자신의 사랑하는 아들로부터 쫓김을 당하지 않았던가.

무엇이 우리의 꿈을 앗아가 버렸을까? '언니 곁에 오지 않았더라면….' 하는 뒤늦은 후회가 앞섰다. 사소하게 오간 말들이 씻을 수 없는 상처를 가져왔다. 시비를 가려 다시 그 진흙탕 같은 문제 속으로 들어가고 싶지는 않았다. 작든 크든 분명 서로에게 문제는 있었을 것이고, 이러한 결과는 당연히 예정된 순서였는지 모르겠다. 이 결과를 초연하게 받아들여야만 한다는 현실 앞에 나 혼자만의 어떤 결정도 소용이 없다는 것이 문제였다. 양쪽 집 구조상 하루가 시작되고 눈만 뜨면 서로를 바라보아야만 하는 어쩔 수 없는 상황이었다. 깊어질대로 깊어진 감정의 옹이가 도저히 파헤쳐지지 않았다. 껍질을 벗지 않는다면 결국 그 어둠 안에 계속 머물러야 한다는 사실이 난감하고 두려웠다. 그러니 그저 도피라도 하고 싶은 심정이 반영되어 홀라당 허물을 벗고 다른 유기체로 살고 싶었을까? 단지 지금의 어정쩡한 상황에서 벗어나고 싶었을까? 벗어나기 위해 발버둥쳐봤자 결국 '이사'라는 물리적 행위 밖에 할 수 없었다. 이사도 마음먹는다고 아무 때나 갈 수 있는 것도 아니었다. 많은 세금을 내든지, 준공 후 2년이라는 시간이 흘러야 팔 수 있단다. 사랑하는 사람과 헤어져야 하는 고통과 미워하는 사람을 바라보며 사는 이중의 고통으로 처절하게 내전을 벌이고 있다. '나의 죄' 또는 '너의 죄'를 속죄하듯이, 지금 우리 모두는 서로에게 '몹쓸 시간'을 견디는 중이다.

'산다는 건 절반의 꿈과 절반의 실패로 사는 것인가!' 뱀이 더 이상 쓸모가 없어진 자신의 껍질을 벗어 버리고 다른 옷으로 갈아입듯이, 나는 지금의 이 상황이 삶의 더 커진 몸집을 위한 꼭 거쳐야만 하는 '어떤 견딤'이 아닐까 생각해본다. 부딪치고 아프고 찢기며 허물을 벗는 중이다. 이 구정물에 발을 담가야만 건너갈 수 있는 길이라면 피할 수 없는 길이지 싶었다. 세상 모든 사람들이 똑같은 상황에서 똑같은 결론을 얻을 수는 없으리라. 오직 나에게만 주어진 시간, 나에게만 하달된 명제, 이를 통해 조출한 깨달음이 우리를 거듭나게 하리라는 희망으로 지금을 견뎌내는 중이다. 순간순간 다가오는 '지금'이라는 허물을 벗으며 가는 길이 삶이 되는 거니까.

하루

삶이 잉잉거리는 오늘 같은 날
나는 함덕 해변으로 달려간다
철썩이며 아우성치는 파도를 보며
그래 너 잘났다
냅다 소리 지르고 돌아온다
그새 쪼르록 따라온
바닷내음이 토닥토닥 나를 위로한다.

녹슨 시계 바늘이
찌그덕 거리며 보채면
마지못해
어제 같은 하루가 밀려오고
또 내일을 데려다 놓겠지

긴 하루가
창가에 지루하게 걸쳐있을 때
저만치서
초록 그림자를 삼키며
노을이 불쑥 걸어오고 있다.